500만 독자 여러분께 감사드립니다!

세상이 아무리 바쁘게 돌아가더라도
책까지 아무렇게나 빨리 만들 수는 없습니다.

길벗은 독자 여러분이
가장 쉽게, 가장 빨리 배울 수 있는 책을
한 권 한 권 정성을 다해 만들겠습니다.

독자의 1초를 아껴주는
정성을 만나보세요.

미리 책을 읽고 따라해 본 2만 베타테스터 여러분과
무따기 체험단, 길벗스쿨 엄마 2% 기획단,
시나공 평가단, 토익 배틀, 대학생 기자단까지!
믿을 수 있는 책을 함께 만들어주신 독자 여러분께 감사드립니다.

인기 유튜브 크리에이터가 추천한
초등학생을 위한 유튜브 크리에이터 무작정 따라하기

어린이가 유튜브를 처음 시작했을 때, 어떤 것부터 시작해야 하는지 바로 알려줄 수 있는 책이에요! 유튜버가 되고 싶은데 지금 당장 뭘 해야 할지 모르겠다면 이 책과 핸드폰을 들고 바로 시작해 보세요!

▶ 유튜브 말이야와 친구들

이 책은 유튜브 개설부터 기획, 촬영, 편집, 채널 운영까지 꼼꼼하게 알려주고 있어 크리에이터를 꿈꾸는 친구들에게 매우 유용한 책이에요. 여러분의 창의적인 아이디어에 이 책에서 알려주는 노하우를 더해 유튜브 크리에이터로 한 발짝 더 다가가 보세요.

▶ 유튜브 유리야놀자 채널 대표

책에서 알려주는 대로 따라하기만 하면 어느새 멋진 유튜브 크리에이터가 되어 있을 거예요! 초등학생 눈높이에 맞춰 쉽고 재미있게 배울 수 있어 크리에이터를 꿈꾸는 모든 어린이에게 추천합니다!

▶ 유튜브 토깽이네

이 책에는 유튜브의 시작부터 끝까지 모두 담겨 있어 어떻게 유튜버가 되어야 하나 더 이상 고민할 필요가 없어요! 이 책은 유튜브를 이제 막 시작한 여러분에게 참 좋은 선생님이 되어 차근차근 알려주는 길라잡이가 될 거예요!

▶ 유튜브 사랑아놀자

마이린 TV는 지난 6년 동안 스마트폰으로만 촬영해 왔어요. 스마트폰과 이 책만 있으면 유튜브 채널을 개설하고 운영하며, 영상을 촬영, 편집하는 모든 과정을 완벽하게 배울 수 있답니다. 유튜브를 처음 시작하는 친구들도 이 책과 함께 유튜버에 도전해 보세요!

▶ 유튜브 마이린 TV

이 책에는 실제 초등학생들을 가르치고 있는 신샘님의 교습법과 제이제이튜브 채널의 운영 노하우가 잔뜩 담겨 있어요. 따라서 크리에이터를 꿈꾸는 학생들과 학부모님들이 부담 없이 유튜브를 시작할 수 있도록 도와줄 거예요!

▶ 유튜브 라임튜브 -라임파파-

영상을 찍어 유튜브에 올리고 싶어 하는 아이들은 많지만 대부분 어떻게 시작해야할지 막연해하는 경우가 많아요. 이 책은 누구나 쉽게 따라 할 수 있는 친절한 설명과 유튜브 운영 노하우가 가득 담겨 있어 아이들도 금방 익힐 수 있답니다.

▶ 유튜브 뉴욕이랑 놀자

유튜브를 이제 막 시작한 아이들, 이미 운영 중이지만 고민이 많은 친구 모두에게 추천하는 책이에요. 선생님과 인기 크리에이터가 마치 내 옆에 함께하는 느낌으로 하나씩 차근차근 알려줄 테니까요. 여러분도 이제 유튜브 스타가 될 수 있어요!

▶ 유튜브 애니한 TV

혼자서도 척척!

초등학생을 위한

유튜브 크리에이터
무작정 따라하기

YouTube Kids

초등학교 선생님 이진, 손진영 | **제이제이튜브 채널 운영자** 김승태 지음

길벗

 **초등학생을 위한**

유튜브 크리에이터 무작정 따라하기

The Cakewalk Series - YouTube Creators for Elementary School Students

초판 발행 · 2020년 9월 30일
초판 5쇄 발행 · 2023년 5월 8일

지은이 · 이진, 손진영, 김승태
발행인 · 이종원
발행처 · ㈜도서출판 길벗
출판사 등록일 · 1990년 12월 24일
주소 · 서울시 마포구 월드컵로 10길 56(서교동)
대표 전화 · 02)332-0931 | **팩스** · 02)322-0586
홈페이지 · www.gilbut.co.kr | **이메일** · gilbut@gilbut.co.kr

기획 및 책임 편집 · 박슬기(sul3560@gilbut.co.kr)
표지·본문 디자인 · 박상희 | **제작** · 이준호, 손일순, 이진혁
영업마케팅 · 전선하, 차명환, 박민영 | **영업관리** · 김명자 | **독자지원** · 윤정아, 최희창

편집진행 · 황진주 | **전산편집** · 이도경 | **CTP 출력 및 인쇄** · 교보피앤비 | **제본** · 경문제책

- 잘못된 책은 구입한 서점에서 바꿔 드립니다.
- 이 책은 저작권법에 따라 보호받는 저작물이므로 무단전재와 무단복제를 금합니다.
  이 책의 전부 또는 일부를 이용하려면 반드시 사전에 저작권자와 ㈜도서출판 길벗의 서면 동의를 받아야 합니다.

ISBN 979-11-6521-297-1 73000
(길벗 도서코드 007082)

정가 16,000원

> 사용하는 컴퓨터의 사양과 설치한 인터넷 브라우저, 유튜브나 앱의 업데이트 상황에 따라
> 화면의 모양이 다를 수 있으나 학습에는 무리가 없습니다. 스마트폰 화명 캡처는 아이폰을 사용하였으며 키네마스터 앱 화면 캡처는 안드로이드 폰을 사용하였습니다.

독자의 1초까지 아껴주는 길벗출판사

㈜**도서출판 길벗** · IT교육서, IT단행본, 경제경영서, 어학&실용서, 인문교양서, 자녀교육서 www.gilbut.co.kr
길벗스쿨 · 국어학습, 수학학습, 어린이교양, 주니어 어학학습, 학습단행본 www.gilbutschool.co.kr

페이스북 ▶ www.facebook.com/gilbutzigy
네이버 포스트 ▶ post.naver.com/gilbutzigy

머리말

이 책을 고른 친구들, 정말 반가워요! 혹시, 즐겨 보는 유튜브 속 스타처럼 되고 싶은 마음에 이 책을 열어 보았나요? 하고 싶었던 일에 주저하지 않고 한 발자국 다가간 여러분의 용기를 칭찬해 주고 싶어요. 물론 걱정이 앞서기도 하겠지요. 멋지고 재미있는 크리에이터들은 세상에 너무나도 많으니까요. '과연 내가 잘 할 수 있을까?' 하는 생각에 고민이 많아질지도 몰라요.

하지만 시작은 누구나 있는 법이지요. 모든 크리에이터들의 시작은 '구독자 수 0'이었다는 것을 알고 있나요? 그들도 어려운 부분에서는 '쿵' 하고 부딪히기도 하고, 어떻게 해야 재미있을지 많은 고민도 했을 거예요. 우리도 그들처럼 힘차게 앞으로 한 발자국 더 디뎌 볼까요? 힘겨운 여정이 될지, 신나는 여정이 될지는 여러분의 마음가짐이 정하는 것이지만요!

여러분에게 이 약속 하나는 꼭 할게요.

차근차근 이 책과 함께 유튜브에 도전한다면, 이 외의 또 다른 어떤 일에도 겁먹지 않고 도전할 수 있을 거라는 것! 용기 있는 여러분을 환영합니다!

이 책을 쓴 초등학교 선생님 **이 진**

유튜브를 크리에이터를 꿈꾸는 어린이 여러분! 크리에이터라는 꿈을 꾸고, 목표를 이루기 위해 노력하는 여러분들의 모습이 기특하고 멋지네요. 저는 여러분들이 유튜브 크리에이터로서의 첫걸음을 내딛기 전에 이 질문들에 대해 한번쯤은 꼭 생각해 보았으면 좋겠어요.

'나는 어떤 유튜브 크리에이터가 되고 싶은 걸까?'
'어떻게 하면 많은 사람들에게 기쁨을 줄 수 있을까?'

친구들마다 다양한 생각들이 있을 수 있지만 '다른 사람들에게 많은 기쁨을 안겨주는 행복한 유튜브 크리에이터가 되고 싶다'는 마음만큼은 모두가 같겠지요?

'기쁨을 주는 사람만이 더 많은 기쁨을 즐길 수 있다'는 프랑스의 소설가 알렉산더 듀마가 한 말입니다. 다른 사람들에게 기쁨과 희망을 주고, 그 과정에서 스스로도 행복할 수 있는 직업이 바로 유튜브 크리에이터가 아닐까요? 여러분들도 이 책과 함께 차근차근 그리고 꾸준히 노력한다면 그 꿈을 이룰 수 있다고 믿어요.

빛나는 꿈과 끼가 담긴 영상으로 선한 영향력을 펼치는 멋진 유튜브 크리에이터가 될 여러분들을 응원할게요!

이 책을 쓴 초등학교 선생님 **손진영**

초등학생들의 희망진로에 크리에이터가 높은 순위에 있다는 건 이제 특별한 뉴스가 아니에요. 저는 여러분이 잠깐 인기 있는 크리에이터가 되기보다는 오래도록 사랑받는 좋은 크리에이터가 되기를 바랍니다. 그럼 어떻게 하면 그렇게 될 수 있을까요?

첫째, 사람들에게 좋은 영향을 미치는 영상을 만들어야 해요.

단순히 조회수를 많이 올리기 위해 만든 자극적인 영상은 좋은 영상이라고 보기 어려워요. 내 동생, 내 친구, 우리 부모님이 볼 수 있음을 늘 생각하고, 부끄럽지 않은 내용을 담을 수 있도록 노력해야 해요. 좋은 말과 행동을 영상 만들 때만 연출해서 잠깐 담아내는 것이 아니라, 일상생활에서 올바른 말과 행동, 생각을 가질 수 있도록 노력한다면 더 좋은 영상을 만들 수 있을 거예요.

둘째, 자기가 좋아하고 잘하는 것을 찾아야 해요.

어떻게 하면 시청자들이 그 많은 영상 중에서 나의 영상을 보게 할 수 있을까요? 바로 나만의 개성이 나타나는 영상이어야 해요. 개성을 찾으려면 내가 잘하는 것 좋아하는 것에 집중을 해야 해요. 꼭 인기 콘텐츠가 아니어도 괜찮아요. 진짜 자기가 좋아하고 잘하는 걸 업로드 해 보세요.

여러분은 무한한 가능성을 가지고 있거든요. 영상을 기획하고 제작하며 그런 가능성을 많이 발전시키는 기회가 됐으면 좋겠어요. 이 책이 여러분에게 도움을 줄 겁니다.

이 책을 쓴 유튜브 크리에이터 **김승태**

부모님을 위한 도움말

21세기 현재, 아이들이 갖춰야 할 필수적인 역량으로 가장 손꼽히는 것은 창의성, 의사소통 능력, 미디어 활용 능력입니다. 그래서 이 책은 일상 속 자신의 흥미로운 아이디어나 이야기(창의성)를 자신이 의도한 대로 유튜브 구독자가 이해할 수 있도록(의사소통 능력) 동영상을 편집, 업로드하고 관리하는(미디어 활용 능력) 내용을 다루고 있습니다.

부모님이 자녀와 함께 이 책을 학습할 때 다음의 내용을 참고하세요.

이 책은 초등학생을 대상으로 만들어졌습니다. 하지만 1학년부터 6학년까지 초등 수준의 범위가 넓고, 학생들 개인의 컴퓨터 조작 능력차도 크기에 초등 3~4학년 수준의 컴퓨터 조작 능력이 어느 정도 있는 학생을 기준으로 집필하였습니다. 따라서 학생의 컴퓨터 활용 수준차에 따라 부모님의 도움이 필요한 경우가 있습니다(특히 폴더나 파일 같은 컴퓨터 용어나, 종료나 텍스트 등의 어려운 단어에 대한 질문이 있을 수 있습니다). 이럴 때는 부모님께서 함께 실습해 주세요.

학생들에게 필요한 자료는 길벗출판사 홈페이지를 참고하시기 바랍니다.

저자 **이진, 손진영, 김승태** 올림

베타테스터 학습 후기

이 책을 먼저 읽고 학습해 본 친구들이 보내준 후기입니다.

김보경
논산동성초 6학년

유튜브 크리에이터가 되는 길에 한 발짝 다가섰어요!

평소에 유튜브는 보기만 할 뿐, 제가 유튜브 크리에이터가 될 수 있을 거라고는 전혀 생각하지 못했어요. 그런데 이 책을 차근차근 따라해 보면서 유튜브 크리에이터에 한 발짝 다가선 거 같아요. 물론 유튜브 크리에이터가 되는 길이 쉽지는 않겠지만 이 책과 함께 열심히 해 볼 거예요.

허서윤
용남초 5학년

영상 편집에 대해 배울 수 있어요!

예전에 사촌들과 함께 찍은 영상을 재미삼아 유튜브에 올린 적이 있었어요. 하지만 나중에 영상을 다시 보니 너무 민망하고 이상해서 영상 편집에 대해 제대로 공부하고 싶던 중 이 책을 만났어요. 책을 따라하며 영상 편집을 쉽게 배울 수 있었고, 다시 한 번 유튜브에 도전하고 싶다는 용기도 생겼어요!

김민석
논산동성초 6학년

인기 유튜브 크리에이터가 될 수 있다는 자신감이 생겨요!

유튜브에 올릴 동영상을 만드는 것은 아주 어려울 거라고 생각했어요. 그런데 이 책을 통해 영상을 정말 쉽게 만들 수 있게 되었고 동영상 편집에 더욱 관심을 갖게 되었어요. 또한 저도 인기 유튜브 크리에이터가 될 수 있다는 자신감을 갖게 되었답니다.

신예은
용남초 5학년

나에게 꼭 맞는 맞춤 책 같아요!

유튜브에 관심이 많은 편이라 영상 편집, 채널 운영에 대해 인터넷에서 찾아봤지만, 검색 시간도 오래 걸리고 제가 원하는 정보는 잘 없었어요. 하지만 이 책은 유튜브 크리에이터가 되는 과정을 순서대로 알려 주고 있어 마치 저를 위한 맞춤 책처럼 쉽게 보고 배울 수 있었어요!

THANK YOU!

<초등학생을 위한 유튜브 크리에이터 무작정 따라하기>와 함께해 준 베타테스터 친구들 고마워요!

김민욱(논산동성초 6학년), 김서준(상원초 2학년), 김지우(상원초 5학년), 김희율(용남초 5학년), 박예성(용남초 5학년), 박예찬(용남초 5학년), 방수연(한양초 4학년), 성민아(신목초 4학년), 안세용(논산동성초 6학년), 안정환(용남초 5학년), 이다현(태랑초 2학년), 이예령(용남초 5학년), 이유림(논산동성초 6학년), 이희성(수리초 6학년), 장예준(용남초 5학년), 최민준(용남초 5학년), 최지안(상원초 5학년), 최혜진(논산동성초 6학년)

* 베타테스팅은 도서가 출간되기 전에 원고를 먼저 읽어보고 오류나 개선 사항 등을 알려주는 활동을 말해요.

한눈에 펼쳐보는 학습 구성

이번 주에 배울 내용

지유와 은호, 선생님의 대화를 살펴보고 이번 주에 배울 내용을 이해합니다.

개념 쏙! 이해 쏙!

유튜브를 배우며 알아두면 좋을 개념이나 기능들을 이해하기 쉽게 설명하였습니다.

무작정 따라하기

유튜브 채널을 운영하거나 동영상을 촬영 및 편집할 때 알아둬야 할 내용들을 직접 책을 따라하며 익힐 수 있습니다.

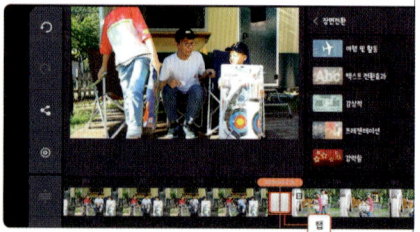

잠깐만요

본문에 나온 내용 이외에 알아둬야 할 기능이나 정보들을 모아둔 구성입니다.

Tip Talk

선생님이 가르쳐 주듯이 유튜브를 배우는 중간중간 놓칠 법한 것들을 짚어서 알려줍니다.

도전! 미션 해결

앞서 배운 내용을 바탕으로 스스로 미션을 해결해 보세요.

인기유튜버 제이제이에게 물어요!

인기유튜버에게 유튜브에 대한 궁금한 점들을 물었어요. 유튜브 채널을 운영하면서 알게 된 노하우들을 담았으니 한번 살펴보세요.

목차

- 머리말 … 3
- 부모님을 위한 도움말 … 4
- 베타테스터 학습 후기 … 5
- 한눈에 펼쳐보는 학습 구성 … 6
- 실습 파일 받기 … 12
- 기적의 공부방에서 함께 공부해요! … 13
- 유튜브, 무엇이든 물어보세요! … 13

첫째마당 ─ 안녕! 유튜브와 신나게 놀아볼까요

WEEK 01 유튜브가 무엇인지 알아봐요

[개념 쑥↑ 이해 쏙!]	'유튜브'란 무엇일까요	17
[무작정 따라하기 01]	크롬 브라우저 설치하기	19
[무작정 따라하기 02]	유튜브 둘러보기	22
[무작정 따라하기 03]	스마트폰에서 유튜브 둘러보기	29
[도전! 미션 해결]	내가 만들고 싶은 유튜브 채널의 색깔 찾기	31

WEEK 02 유튜브 크리에이터가 될 준비를 해봐요

[개념 쑥↑ 이해 쏙!]	유튜브 크리에이터가 되는 4단계	33
[무작정 따라하기 04]	구글 계정 만들기	35
[개념 쑥↑ 이해 쏙!]	개인 정보 보호하기	40
[무작정 따라하기 05]	유튜브에 나만의 채널 만들기	42
[인기유튜버 제이제이에게 물어요! JJ]	구독자를 부르는 채널을 소개해요	49

둘째마당 동영상을 촬영하고 편집해요

WEEK 03 스마트폰으로 영상을 촬영해요

[개념 쑥↑ 이해 쏙!]	촬영할 영상의 주제를 생각하고 기획하기	53
[개념 쑥↑ 이해 쏙!]	흔들리지 않고 선명한 영상 촬영하는 방법	56
[개념 쑥↑ 이해 쏙!]	다양한 동영상 촬영 방법	60
[개념 쑥↑ 이해 쏙!]	여러 각도로 촬영하는 방법	64
[개념 쑥↑ 이해 쏙!]	조명 없이도 조명 효과를 내어 촬영하기	66
도전! 미션 해결	다양한 주제의 동영상 촬영하기	69
인기유튜버 제이제이에게 물어요!	제이제이는 촬영할 때 이렇게 해요	70

WEEK 04 스마트폰 앱으로 동영상을 편집해요 1

[무작정 따라하기 06]	키네마스터 앱 설치하기	73
[무작정 따라하기 07]	키네마스터에서 영상 편집 시작하기	76
[개념 쑥↑ 이해 쏙!]	키네마스터 시작 화면 살펴보기	82
[무작정 따라하기 08]	편집할 영상 파일 불러오기	84
[무작정 따라하기 09]	영상의 순서 바꾸기	88
[무작정 따라하기 10]	영상 삭제하거나 추가하기	90
[무작정 따라하기 11]	장면 전환 효과 넣기	92
[무작정 따라하기 12]	영상 자르고 효과 넣기	95
도전! 미션 해결	키네마스터로 동영상 간단히 편집하기	101

WEEK 05 스마트폰 앱으로 동영상을 편집해요 2

| [무작정 따라하기 13] | 장면 전환 효과 넣기 | 103 |
| [개념 쑥↑ 이해 쏙!] | 기타 효과 살펴보기 | 106 |

[무작정 따라하기 14]	영상에 배경 음악이나 효과음 넣기	114
[개념 쑥↑ 이해 쏙!]	동영상을 제작할 때 꼭 지켜야 할 저작권	121
[무작정 따라하기 15]	레이어 기능 익히기	미디어	124
[무작정 따라하기 16]	레이어 기능 익히기	효과, 오버레이	133
[무작정 따라하기 17]	레이어 기능 익히기	텍스트	137
[무작정 따라하기 18]	음성 기능으로 목소리 녹음하기	146
[무작정 따라하기 19]	완성된 동영상을 갤러리(사진첩)로 내보내기	149
도전! 미션 해결	키네마스터로 나만의 영상을 만들기	153
도전! 미션 해결	키네마스터의 다양한 기능으로 편집하기	154
인기유튜버 제이제이에게 물어요!	영상 편집, 이것만은 꼭 알고 시작해요	155

셋째마당 편집한 동영상을 유튜브에 업로드해요

WEEK 06 누구나 오고 싶도록 내 채널을 꾸며요

[개념 쑥↑ 이해 쏙!]	프로필과 배너란	159
[무작정 따라하기 20]	프로필 만들기	160
[개념 쑥↑ 이해 쏙!]	기기에 따라 다르게 보이는 배너 영역	166
[무작정 따라하기 21]	배너 만들기1	도형과 텍스트 입력하기	168
[무작정 따라하기 22]	배너 만들기2	사진 넣기	175
인기유튜버 제이제이에게 물어요!	프로필과 배너를 만드는 노하우	181

WEEK 07 나의 첫 작품! 동영상을 업로드해요

| [개념 쑥↑ 이해 쏙!] | 메타데이터 이해하기 | 183 |

[무작정 따라하기 23]	동영상 업로드 기본 설정하기	184
[무작정 따라하기 24]	채널 설정하기	188
[무작정 따라하기 25]	재생목록 만들기	190
[무작정 따라하기 26]	동영상 업로드하기	192
[개념 쑥↑ 이해 쏙!]	미리보기 이미지(섬네일)란	201
[무작정 따라하기 27]	미리보기 이미지(섬네일)를 파워포인트에서 만들어 보기	203
[무작정 따라하기 28]	직접 만든 미리보기 이미지로 업로드하기	208
[무작정 따라하기 29]	스마트폰으로 동영상 업로드하기	214
[무작정 따라하기 30]	동영상을 '공개' 또는 '예약'으로 바꿔 설정하기	217
[무작정 따라하기 31]	스마트폰으로 동영상을 '공개'로 바꿔 설정하기	219
[개념 쑥↑ 이해 쏙!]	내 동영상의 조회수를 높여줄 수 있는 최종 화면과 카드	221
[무작정 따라하기 32]	최종 화면과 카드 넣기	223
도전! 미션해결	동영상을 유튜브에 업로드해 보기	231
인기유튜버 제이제이에게 물어요!	제목과 섬네일을 만드는 노하우	232

넷째 마당 — 반짝반짝 빛나도록 채널 운영하고 분석해요

WEEK 08 구독자를 부르는 채널 홈 화면을 꾸며요

[개념 쑥↑ 이해 쏙!]	구독자 수가 많은 채널을 만드는 방법	237
[무작정 따라하기 33]	내 채널 홈 화면에서 주목 받는 영상 설정하기	239
[무작정 따라하기 34]	섹션 추가하여 채널 홈 화면 구성하기	244
[무작정 따라하기 35]	추천 채널 설정하기	250
도전! 미션해결	내 채널 홈 화면을 구성해 보기	252
인기유튜버 제이제이에게 물어요!	구독자를 부르는 채널을 만드는 노하우	253

WEEK 09 스타가 되는 디딤돌, 유튜브 스튜디오로 분석해요

[개념 쑥↑ 이해 쑥!]	YouTube 스튜디오와 친해지기	257
[개념 쑥↑ 이해 쑥!]	채널 분석을 한눈에! 대시보드 메뉴 살펴보기	259
[개념 쑥↑ 이해 쑥!]	트래픽 소스를 통해 동영상의 인기 분석하기	261
[무작정 따라하기 36]	유튜브 스튜디오 [대시보드] 메뉴 살펴보기	263
[무작정 따라하기 37]	유튜브 스튜디오 [분석] 메뉴 살펴보기	270
인기유튜버 제이제이에게 물어요! JJ	내 채널을 분석하는 노하우	272

WEEK 10 나는 똑똑이 유튜브 크리에이터! 전략을 짜고 적용해 봐요

[개념 쑥↑ 이해 쑥!]	[동영상] 메뉴 살펴보기	275
[개념 쑥↑ 이해 쑥!]	동영상 설정 화면의 메뉴들	277
[무작정 따라하기 38]	[세부정보] 메뉴 살펴보기	279
[무작정 따라하기 39]	[동영상] 메뉴의 기타 기능 살펴보기	285
[무작정 따라하기 40]	[재생목록] 메뉴 살펴보기	289
[무작정 따라하기 41]	스마트폰으로 유튜브 스튜디오 활용하기	295

실습 파일 받기

길벗 홈페이지(www.gilbut.co.kr)에서는 《초등학생을 위한 유튜브 크리에이터 무작정 따라하기》실습에 필요한 실습 파일을 다운로드할 수 있도록 제공하고 있어요.

1 길벗출판사 홈페이지(www.gilbut.co.kr)에 접속합니다. 검색창에 '초등학생을 위한 유튜브 크리에이터 무작정 따라하기'를 입력하고 [검색]을 클릭합니다.

2 [자료실]에 들어가 해당 도서의 부록/학습자료를 내 컴퓨터에 내려받은 후 파일 압축을 풀어주세요.

3 실습이 필요할 때 활용하세요.

기적의 공부방에서 함께 공부해요!

길벗스쿨 공식 카페 『기적의 공부방』에 방문해 보세요. 책 기획 과정 참여부터 꾸준한 학습 관리까지 엄마표 학습을 위한 다양한 노하우와 학습 자료를 제공합니다.

기적의 공부방 가입 혜택

기적의 공부방 ▶ http://cafe.naver.com/gilbutschool

① 꾸준한 학습이 가능해요!
- 스케줄 관리를 통해 책 한 권을 끝낼 수 있는 학습단에 참여해 보세요!
- 도서 관련 학습 자료와 선배 엄마들의 노하우를 확인할 수 있어요!
- 궁금한 것이 있다면 Q&A 서비스를 통해 카페지기와 선배 엄마들의 답변을 들을 수 있어요!

② 책 기획 과정에 참여해요!
- 독자기획단을 통해 전문 편집자와 함께 아이템 선정부터 책의 목차, 책의 구성 등을 함께 만들어가요!
- 출간 전 도서를 체험해 보는 베타테스트를 통해 도서의 장/단점을 파악하여 더 나은 도서를 만드는 데 기여해요!

③ 재미와 선물이 팡팡 터져요!
- 매일 새로운 주제로 엄마들과 댓글 이야기를 나누고 간식도 받아요!
- 매주 카페 활동왕을 선정하여 푸짐한 상품을 드려요!
- 사진 콘테스트 등 매번 색다른 친목 이벤트로 재미와 선물을 동시에 잡아요!

유튜브, 무엇이든 물어보세요!

『초등학생을 위한 유튜브 크리에이터 무작정 따라하기』를 따라하다 헷갈리거나 모르는 부분이 나오면 길벗 홈페이지의 [고객센터]-[1:1 문의] 게시판에 질문을 등록해 보세요. 지은이와 길벗 독자지원센터에서 친절하게 답변해 드립니다.

[문의 방법]

길벗 홈페이지
(www.gilbut.co.kr)
회원 가입 후 로그인하기

→

고객센터 → 1:1 문의
→ 도서이용에서
책 제목 검색하기

→

이미 등록된 질문 검색
또는
새로운 질문 등록하기

첫째 마당

안녕! 유튜브와 신나게 놀아볼까요

여러분은 평소에 스마트폰으로 무엇을 하나요? 게임? 카톡? 아마 스마트폰으로 할 수 있는 재미있는 것들을 하겠지요? 하지만 이 책을 고른 친구라면 그 어떤 것보다도 유튜브(YouTube) 동영상을 재미있게 시청한 경험이 있을 거예요. '유튜브'에는 우리가 즐길만한 영상이 무궁무진해요. 그러니 여러분도 영상을 보기만 하지 말고 유튜브 속 주인공이 되어 신나게 놀아보는 건 어떨까요?

WEEK 01 유튜브가 무엇인지 알아봐요

 너 어제 'jj(제이제이)튜브'에 올라온 공룡 영상 봤어?

 jj튜브가 뭔데?

 진짜 몰라? 구독자가 250만 명이나 되는 유명한 유튜브 채널이잖아.

 정말? 유튜브 채널에 들어가 봐야겠다.

 나도 저렇게 유명해지고 싶어!

 그럼 우리도 유튜브를 시작해 보는 게 어때?

 그런데 난 유튜브에 대해 잘 몰라. 어쩌지?

 친구들, 무슨 얘기를 그렇게 재미있게 하고 있어요?

 선생님! 저희도 유튜브를 해 보고 싶어요.

 유튜브에 대해 제대로 알고 시작해야 하지 않을까요?

 맞아요. 사실 유튜브에 대해 잘 모르거든요. 알려주세요 선생님!

'유튜브'란 무엇일까요

여러분은 언제, 무엇을 하기 위해 처음 유튜브에 접속했나요? 내가 좋아하는 가수를 보거나 게임의 전략을 배우기 위해, 또는 재미있는 예능 프로그램을 보기 위해 접속한 친구들도 있을 거예요. 어른들도 종종 유튜브에서 실생활에 필요한 정보를 얻거나 취미생활을 공유하고 외국어를 배우기도 해요.

이처럼 요즘 유튜브는 우리 생활 속에서 떼려야 뗄 수 없는 매체가 되었지요. 유튜브는 어떻게 이렇게 우리와 밀접한 존재가 되었고, 왜 많은 사람들이 유튜브에 열광하는 걸까요? 재미있고 유용한 정보를 주는 다양한 영상들은 TV로도 볼 수 있는데 말이죠.

그 이유는 바로 **동영상을 업로드한 사람과 시청하는 사람이 실시간으로 소통할 수 있다는 점 때문입니다.** 유튜브에 동영상을 업로드하고, 영상에 달리는 댓글과 커뮤니티 기능으로 시청자들의 반응을 실시간으로 확인할 수 있어요. 그리고 시청자의 의견을 반영하여 더욱 재미있고 유용한 동영상을 만들 수 있답니다.

이렇게 유튜브로 인기를 얻게 된 사람들은 유명 연예인이나 운동선수 못지않게 사람들에게 많은 영향을 주게 되었어요. 심지어 그 영향력이 유튜브를 타고 우리나라뿐만 아니라 전 세계 곳곳에 퍼진다고 하니 참 대단하지요! 좋아하는 가수의 안무 영상부터 요리 레시피, 반려동물을 키우는 방법까지 무궁무진하고 귀중한 정보가 담겨있는 영상을 유튜브에서 공짜로 볼 수 있어요. 그래서 **유튜브는 전 세계 최대의 무료 동영상 공유 사이트**라고 할 수 있어요.

유튜브의 영향력이 커지면서 **유튜브에 업로드하는 영상이나 예술을 창작하는 '크리에이터'**라는 직업도 주목 받게 되었어요.

2019년 교육부에서 실시한 〈초등학생 희망직업 조사〉에 따르면 많은 초등학생들이 장래희망으로 유튜브 등의 콘텐츠를 제작하는 크리에이터를 꿈꾸는 것으로 나타날 정도였답니다.

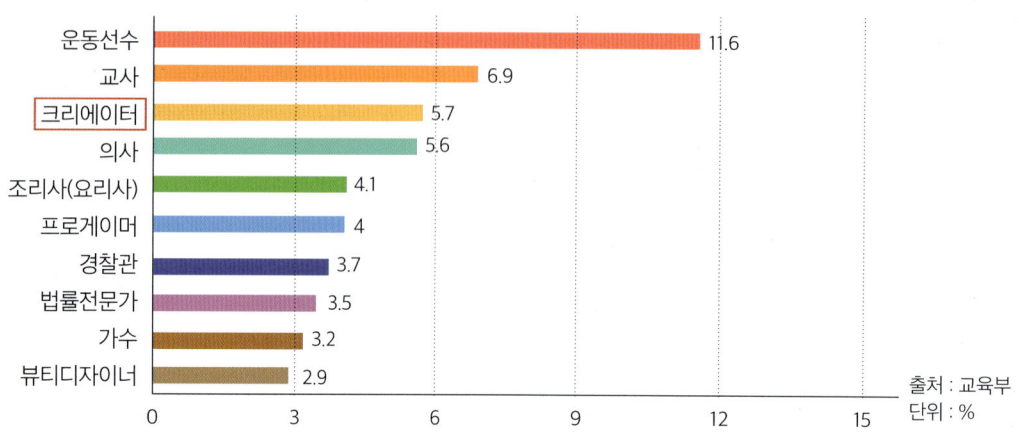

나만의 개성이 드러나는 멋진 유튜브 채널을 갖고 싶지 않나요? 생각에서 멈추지 말고 이제 우리의 꿈을 실현해 보아요! 유튜브 크리에이터로 가는 첫 단계, 함께 출발해요!

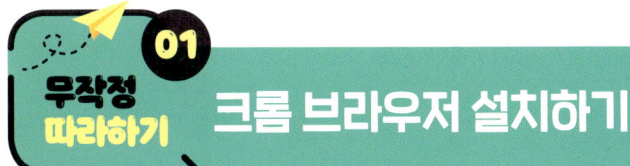

크롬 브라우저 설치하기

유튜브는 구글에서 만든 크롬 브라우저로 접속하는 게 편리해요. 유튜브와 크롬은 모두 같은 회사 소유거든요. 그래서 크롬 브라우저를 다운받는 작업부터 해 볼게요. 만약 컴퓨터에 크롬이 이미 설치되어 있다면 바로 22쪽으로 넘어가세요.

01 일단 컴퓨터에서 인터넷(익스플로러)을 실행하세요. 주소창에 www.google.com/chrome이라고 적고 Enter↵를 누릅니다. 아래와 같이 화면이 나타나면 [Chrome 다운로드]를 클릭하세요.

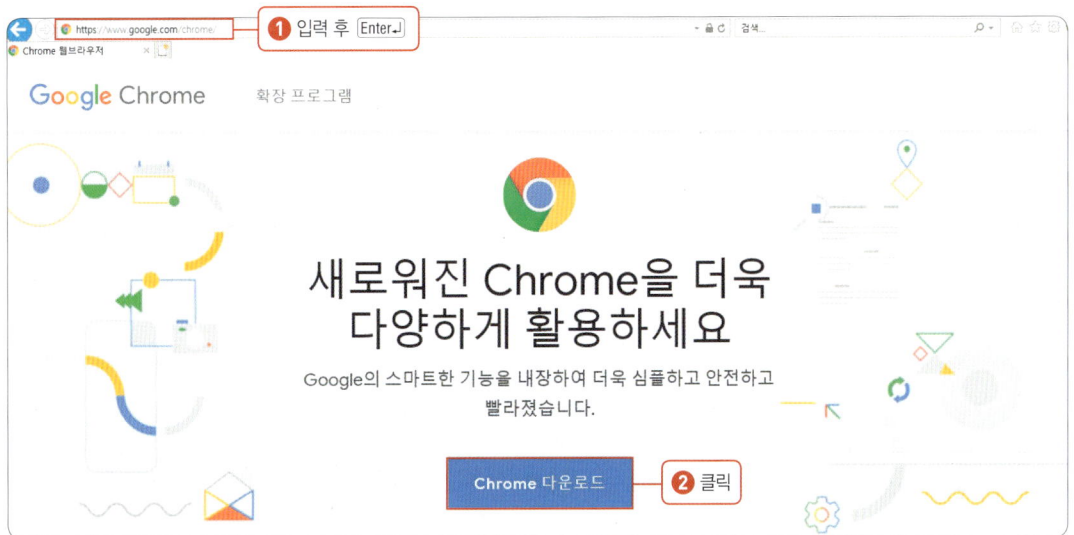

TipTalk 01번의 화면 모습이 책과 달라도 걱정하지 마세요. 화면에서 [Chrome 다운로드] 버튼만 잘 찾아 클릭하면 되니까요.

02 아래와 같은 창이 뜨지요? Chrome 서비스 약관을 부모님과 함께 읽어본 뒤에 동의한다면 [동의 및 설치]를 클릭하세요.

03 화면 아래에 나타난 창에서 [실행]을 클릭합니다.

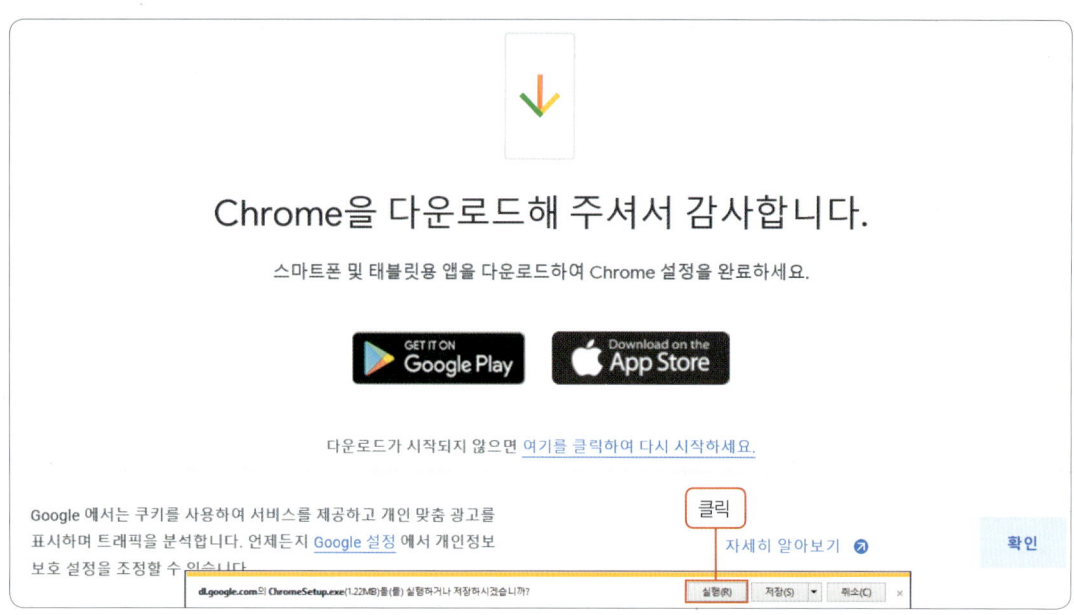

04 자동으로 설치를 모두 마치고 크롬이 실행되면서 구글 사이트에 접속됩니다. 컴퓨터에 크롬 브라우저(　) 설치가 완료되었어요.

잠깐만요 **구글과 유튜브에 접속할 때 사용하면 편리한 크롬 브라우저**

'브라우저'란 인터넷 정보를 볼 수 있도록 해 주는 프로그램입니다. 대표적으로 익스플로러, 크롬, 파이어폭스 등이 있습니다.

 ▶익스플로러    ▶크롬   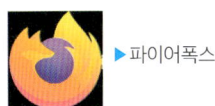 ▶파이어폭스

그중에서 '크롬'은 구글에서 만든 인터넷 브라우저이기 때문에 역시 구글에서 만든 유튜브가 잘 작동되도록 만들어졌습니다. 그러므로 구글과 유튜브를 시작할 때에는 크롬을 통해 인터넷에 접속하는 것이 편리하니 미리 컴퓨터에 설치해 두면 좋습니다.

유튜브 둘러보기

본격적으로 유튜브를 시작하기에 앞서 유튜브에 접속하여 어떤 메뉴나 기능들이 있는지 가볍게 살펴볼게요. 이미 유튜브에 접속해 본 경험이 있는 친구들이라면 눈으로 읽고 넘어가도 좋아요.

01 크롬을 실행하고 구글 시작 화면에서 오른쪽 위의 ▦을 클릭하세요.

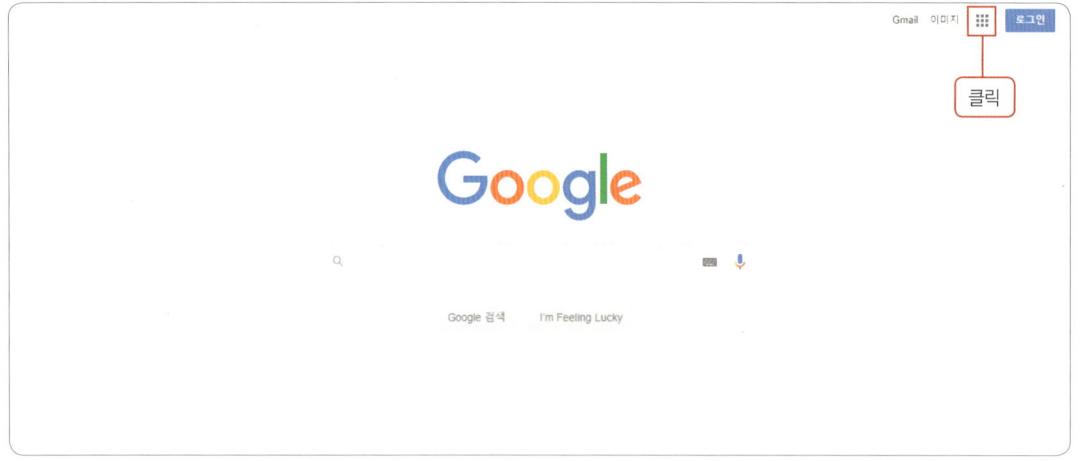

02 그럼 여러분이 자주 보았던 빨간색 유튜브 로고(▶)가 보이지요? [YouTube]를 클릭하세요.

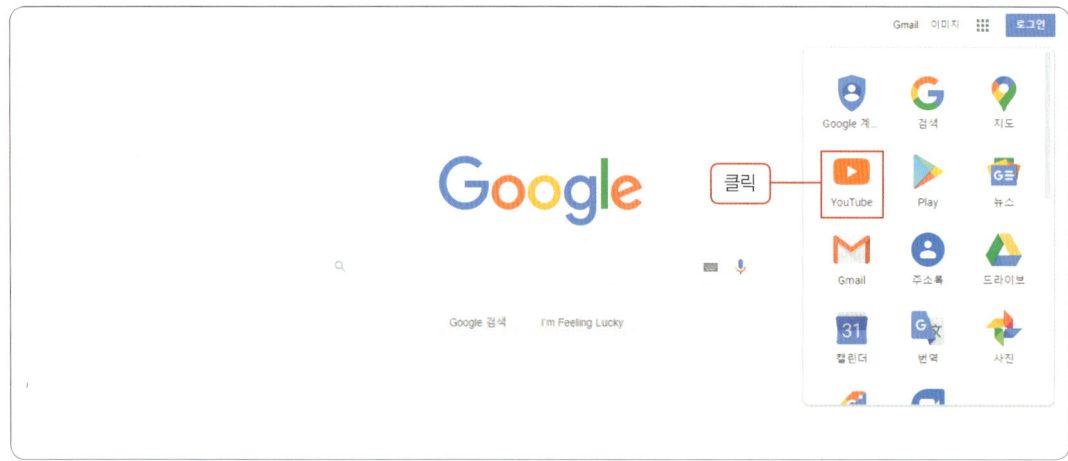

잠깐만요 — 유튜브의 의미와 로고에 대해 알아보기

YouTube(유튜브)는 You와 Tube를 합친 단어예요. 여기서 You는 여러분도 잘 알다시피 '당신'을 의미합니다. Tube는 텔레비전을 구성하는 중요한 부품으로, 미국에서는 Tube를 TV와 같은 의미로 사용해요. 그래서 의미를 합쳐보면, You(당신)이 Tube(TV)를 한다, 즉 당신이 방송을 한다는 의미를 갖고 있어요.

유튜브에서는 계정만 갖고 있다면 누구나 영상을 업로드하며 방송을 할 수 있지요. 그렇게 업로드된 동영상을 TV나 컴퓨터, 스마트폰에서 재생할 때, 여러분은 어떤 버튼을 클릭하나요? [▶(재생)]을 클릭하지요? 빨간색 바탕 안에 들어있는 ▶ 로고는 동영상 속의 재생 버튼을 생각나게 함으로써 유튜브의 의미를 잘 나타낸다고 할 수 있답니다.

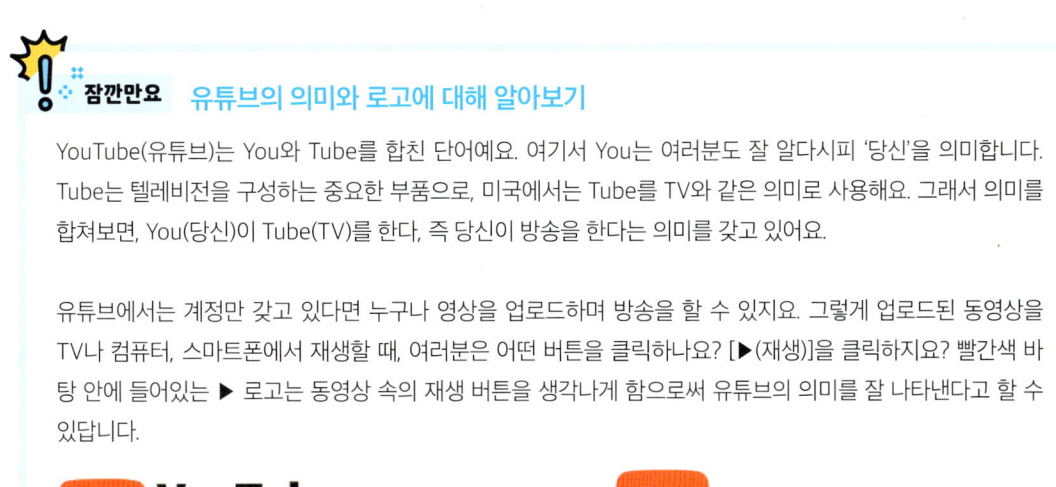

▶컴퓨터에서 보이는 로고   ▶스마트폰에서 보이는 로고

03 유튜브에 접속되었네요. 시작 화면을 자세히 둘러볼까요? 제일 잘 보이는 가운데에는 누군가가 업로드한 다양한 동영상들이 보이지요. 그리고 그 위에는 검색을 할 수 있는 칸이 있어요. 유튜브에서 보고 싶은 주제를 입력해 볼까요?

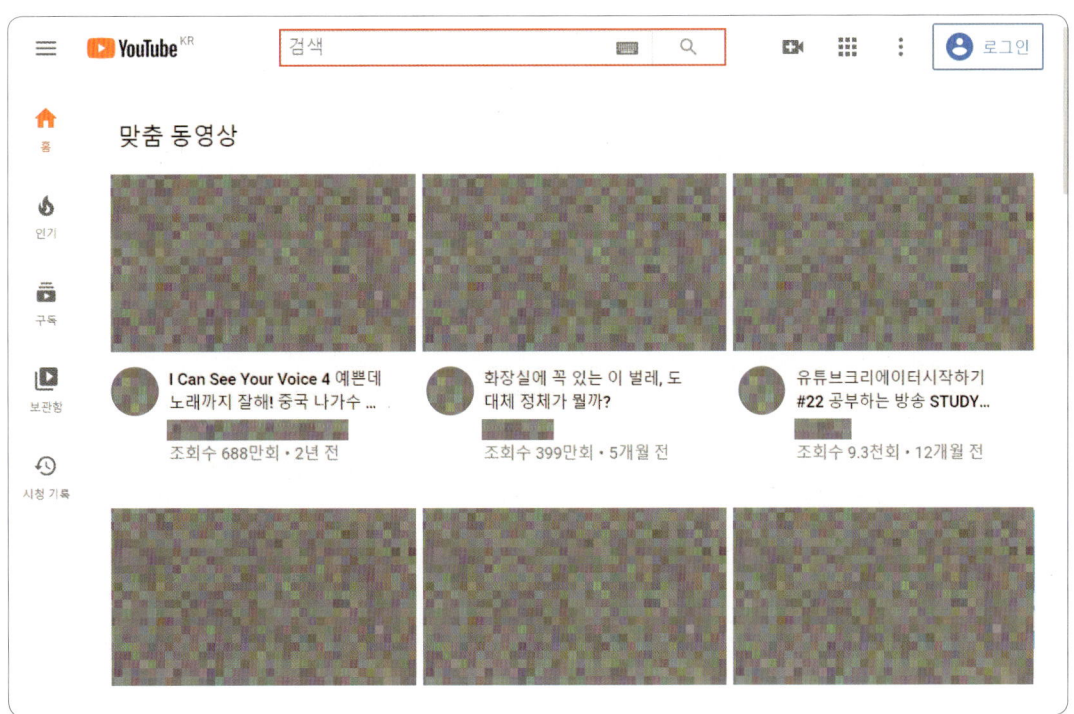

04 '귀여운'만 입력했을 뿐인데 관련된 검색어가 아래에 쭉 나열되어 나와요. 흥미로운 검색어가 있다면 클릭하여 관련 동영상을 볼 수 있답니다.

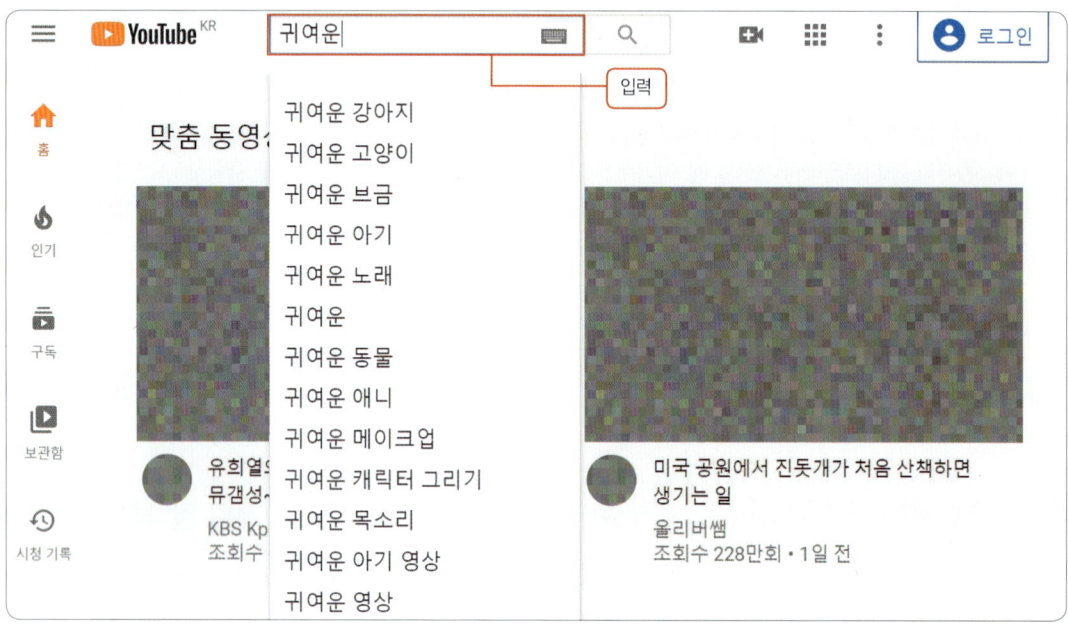

05 이번에는 화면 왼쪽을 볼까요? 유튜브의 주요 메뉴들입니다. 이 중 [홈] 메뉴는 빨간색으로 되어 있지요? 지금 우리가 보는 화면이 홈(시작 화면)이라는 것을 의미해요. 유튜브에 처음 들어왔다면 홈 화면의 맞춤 동영상에 현재 인기가 많은 동영상들이 나옵니다. 반면, 평소에도 유튜브에서 동영상을 본 적이 있다면, 그동안 많이 봐왔던 동영상과 비슷한 종류의 동영상들이 보입니다.

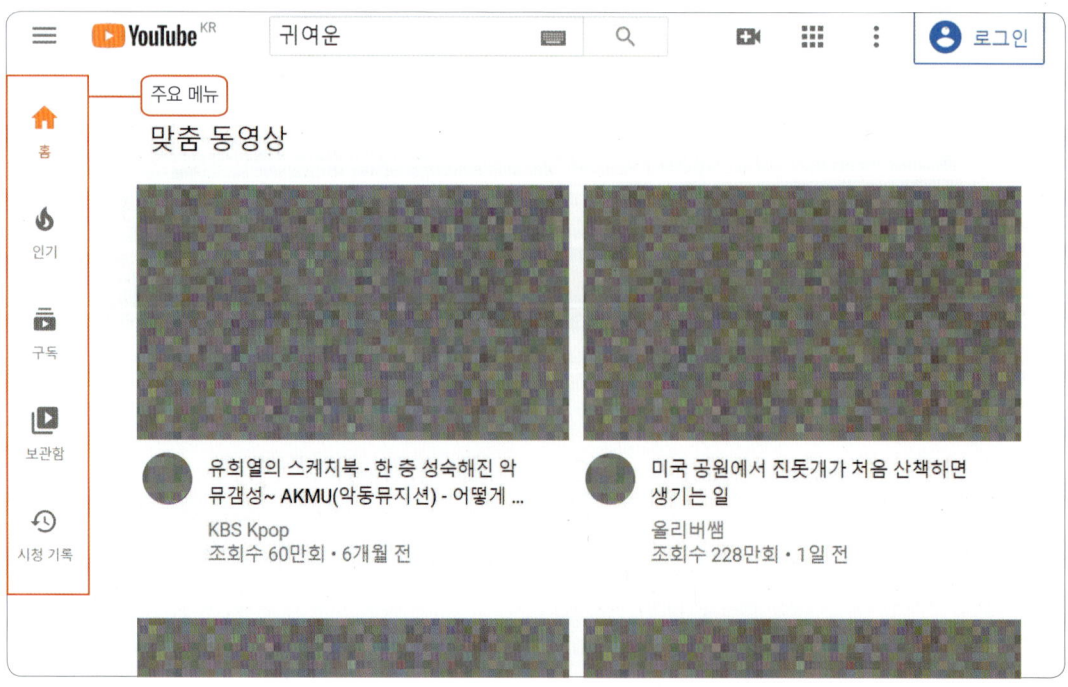

06 두 번째 메뉴인 [인기]를 클릭해 볼까요? 인기 있는 유튜브 영상들의 목록이 나와요. 스크롤을 내려가며 어떤 영상들이 인기를 얻고 있는지 살펴봐요.

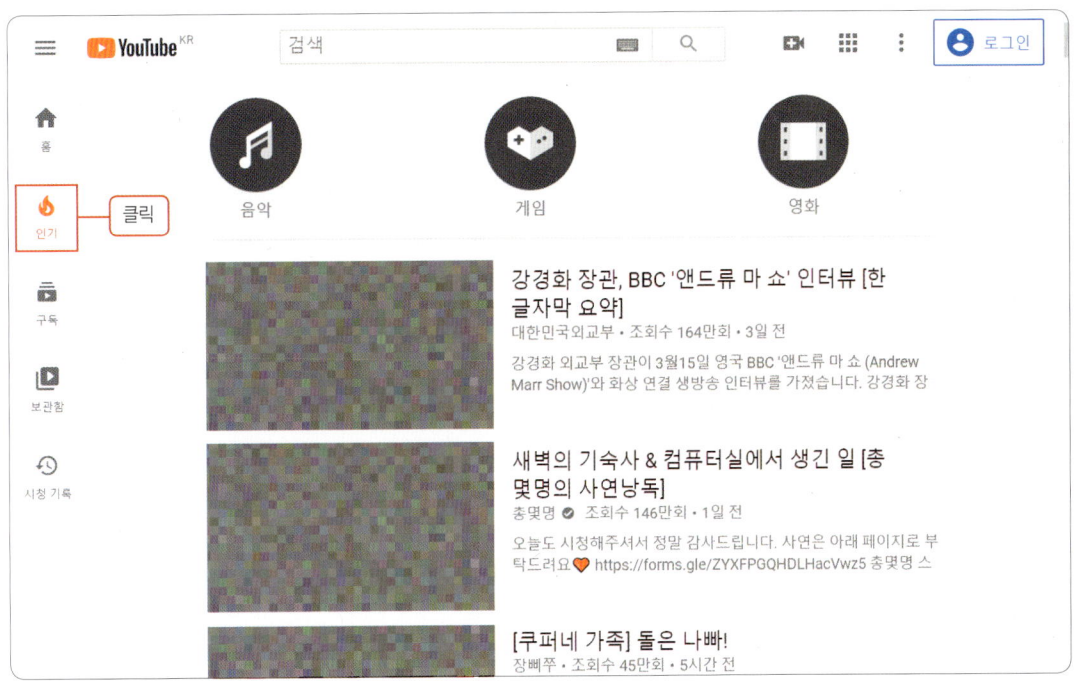

07 [구독], [보관함], [시청 기록] 메뉴는 유튜브 계정을 만들어 로그인을 해야 구독을 하거나 내가 시청한 동영상을 보관하고 기록할 수 있어요. 그래서 이 메뉴들을 클릭하면 아래 그림처럼 파란색 [로그인] 버튼이 뜹니다.

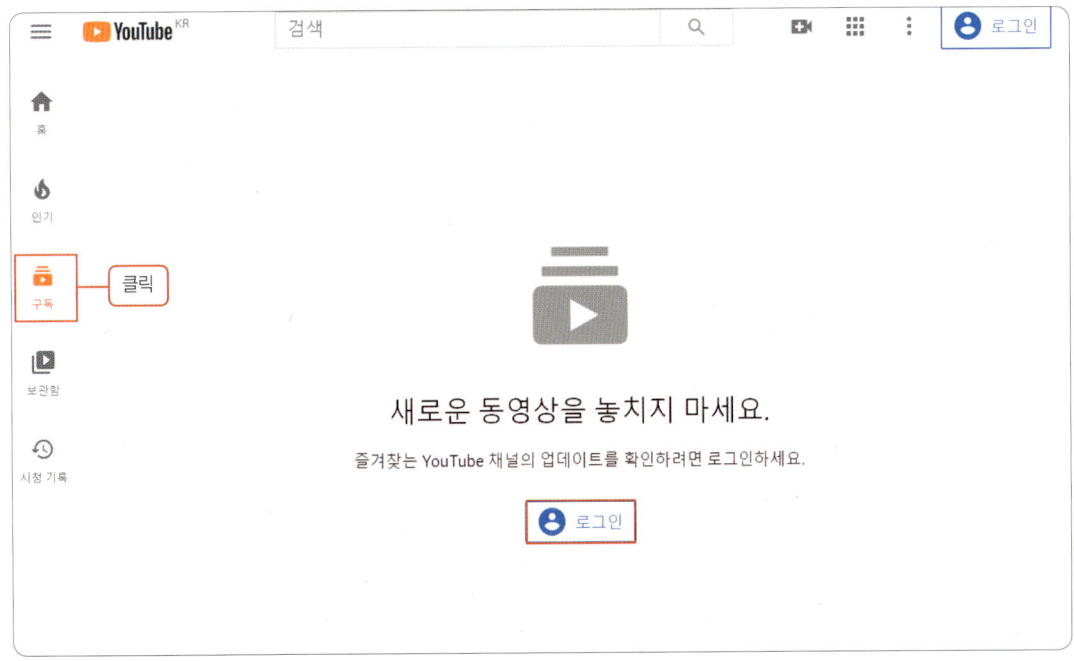

잠깐만요 로그인 했을 경우의 [구독], [보관함], [시청 기록] 메뉴 화면

[구독] 메뉴를 클릭했을 때

인기 유튜브, 인기 상승 중인 크리에이터, 음악, 스포츠, 코미디, 음식 등 각 분야별로 유명한 채널이 등장합니다. 관심 있는 주제가 있다면 바로 [구독] 버튼을 클릭하면 됩니다. 채널에 대해 더 알고 싶다면 그 채널 로고를 클릭하여 들어가 볼 수도 있어요.

계정을 만들고 로그인하여 어떤 채널들을 구독하게 되면, [구독] 메뉴에서 내가 구독한 채널들의 최근 업로드 된 영상목록을 한꺼번에 볼 수 있어요.

[보관함] 메뉴를 클릭했을 때

오른쪽에는 내가 만든 계정이 뜨고 가운데에는 내가 시청한 동영상 목록이 나열됩니다.

[시청 기록] 메뉴를 클릭했을 때

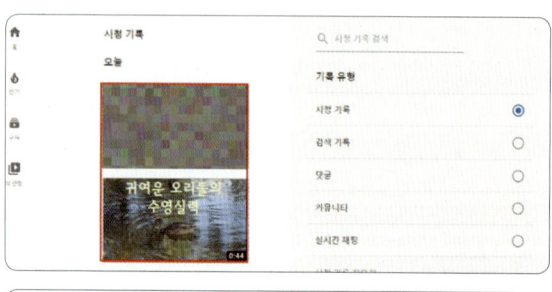

내가 시청한 동영상들이 나와요. 오른쪽에 있는 기록유형 메뉴를 보고 클릭하면 그 종류의 기록들이 뜹니다.

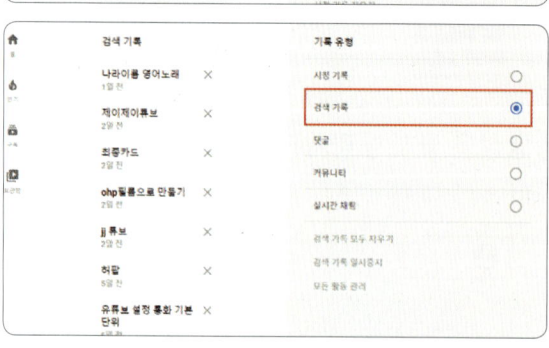

예를 들어 오른쪽에서 [검색 기록]을 클릭하면 내가 검색한 키워드가 등장합니다. 내가 본 영상이나 검색 기록 등의 내용을 나중에 확인하고 싶을 때 이 메뉴가 유용합니다.

08 유튜브 오른쪽 위의 🎥은 로그인하여 채널을 개설했을 경우 동영상을 업로드할 수 있는 버튼입니다. 자세한 내용은 182쪽 Week 07에서 배울 거예요. 참고하세요.

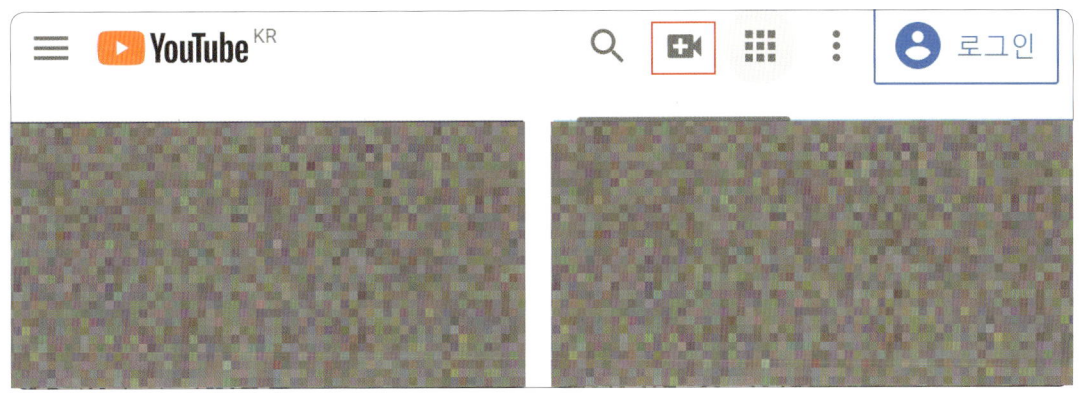

09 ▦을 클릭하면 영어로 된 다양한 채널이 나옵니다. 이 중에서 [크리에이터 아카데미]를 클릭해 볼까요?

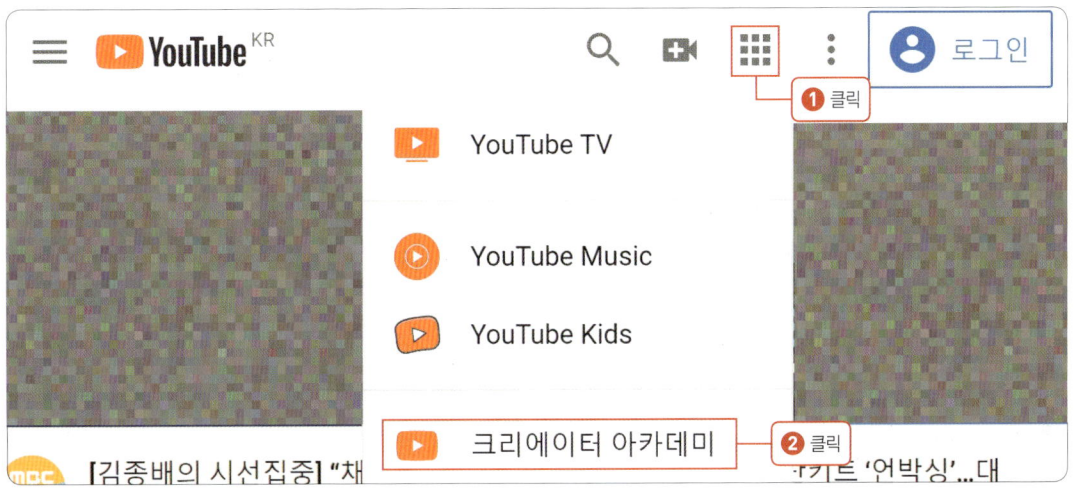

10 유튜브 크리에이터가 알면 좋은 정보들이 이곳에 있어요. 책과 함께 이 부분을 살펴보면 유튜브 스타가 되는 데 도움이 될 거예요.

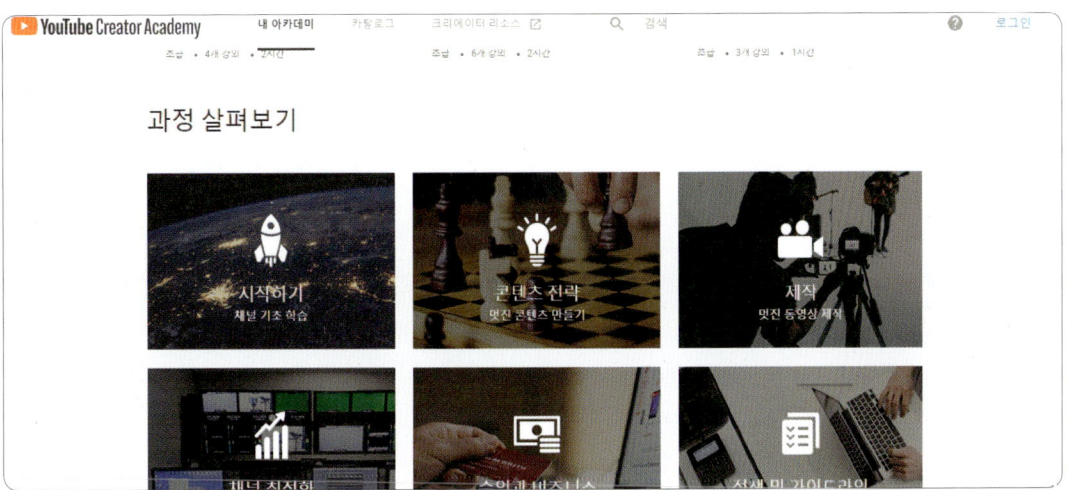

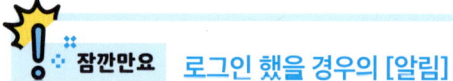 **로그인 했을 경우의 [알림] 메뉴**

계정을 만들고 로그인을 하면 옆에 🔔이 생겨요. 이를 클릭하면 내가 구독중이거나, 내 채널에 새로 달린 댓글 등의 알림 내용을 확인할 수 있어요.

알림 메뉴 오른쪽 위의 [내 계정]-[설정]을 클릭하면, 어떤 내용을 알림으로 받을지 설정할 수 있어요. [구독], [맞춤 동영상] 등 메뉴의 활성화 버튼을 오른쪽으로 드래그하여 파란색으로 활성화시키면 알림 설정이 완료됩니다.

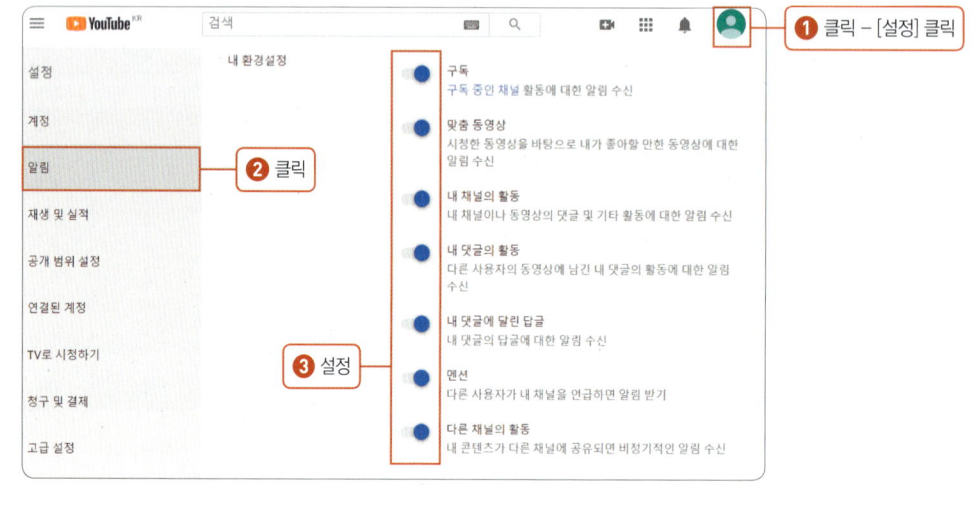

무작정 따라하기 03 스마트폰에서 유튜브 둘러보기

이번에는 스마트폰으로 유튜브에 접속하는 방법을 살펴볼게요. 컴퓨터보다는 주로 스마트폰으로 유튜브에 접속하는 경우가 많을 테니 이미 알고 있는 내용이라면 32쪽으로 넘어가도 됩니다. 대부분의 스마트폰에는 유튜브 앱이 있을 거예요. 만약 없는 경우라면 아래와 같이 다운로드 받습니다. 여기서는 앱스토어(아이폰), Play 스토어(안드로이드 폰)를 나누어 설명합니다.

앱스토어를 사용하는 경우

아이폰 사용자의 경우, 앱스토어에 접속하여 '유튜브'를 검색한 뒤, 유튜브 앱 옆의 [받기]를 탭하여 다운로드합니다.

Play 스토어를 사용하는 경우

01 갤럭시 외 안드로이드 폰 사용자의 경우, Play 스토어에 접속하여 '유튜브'를 검색한 뒤, 유튜브 앱의 [설치]를 탭하여 다운로드합니다.

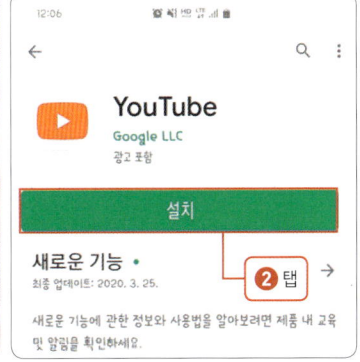

02 유튜브 앱의 시작 화면 아래에 다양한 메뉴가 있습니다. 메뉴들을 탭하며 어떤 기능이 있는지 알아볼까요?

ⓐ **홈** : 유튜브에 접속했을 때 기본적으로 등장하는 화면입니다. 인기 영상들이 나열되어 있지요.

ⓑ **탐색**: [인기], [음악], [게임], [영화], [학습] 등 주제별 영상을 모아 볼 수도 있고, 인기 급상승 중인 동영상들도 볼 수 있어요.

ⓒ **구독** : 내가 구독한 채널에서 업로드한 동영상을 보여주는 공간이에요.

ⓓ **알림** : 내가 받은 알림 내용이 뜨는 공간이에요.

ⓔ **보관함** : 내가 시청한 동영상 목록과 나중에 볼 동영상으로 지정해 둔 영상들을 볼 수 있어요.

도전! 미션해결
내가 만들고 싶은 유튜브 채널의 색깔 찾기

유튜브에서 구독자가 많은 채널에 들어가본 적이 있나요? <제이제이 튜브>나 <자이언트 펭TV>처럼 많은 사람들이 구독하고 찾아오는 유튜브 채널은 공통점이 있답니다. 바로 그들만의 특별한 색깔을 갖고 있다는 것이지요. 그래서 유튜브 채널을 만들고 싶다면 먼저 내 채널의 특색을 찾아야 한답니다. 여러분도 지금부터 아래의 질문에 하나씩 답을 적어보세요. 내 유튜브 채널에 올리고 싶었던 영상은 무엇인지 생각해 보며 내 채널의 색깔을 찾아봅시다.

	질문과 대답
채널 주제	**질문 1** 내 채널의 주제는 무엇인가요? 무엇을 주로 보여 주고 싶나요? 예 나의 반려동물인 예삐와 이곳저곳을 여행하는 영상을 보여 주고 싶어요.
시청 대상	**질문 2** 내 채널은 주로 누가 볼까요? 예 반려동물과 여행에 관심있는 사람들이요. **질문 3** 또래 친구들이나 어린이가 봐도 괜찮은가요? 예 폭력적이거나 선정적인 장면이 없기 때문에 괜찮아요.
다루는 내용	**질문 4** 내 채널의 소재는 내가 잘하고 좋아하는 것인가요? 예 저는 어렸을 때부터 예삐를 키워왔기 때문에 강아지에 대한 정보를 줄 수 있어요. **질문 5** 다양한 방법으로 표현할 수 있는 주제인가요? 예 예삐와 여행가는 장소를 바꿔가며 표현할 수 있어요.
동영상 제작 방법	**질문 6** 동영상은 어떤 방법으로 제작할까요? 예 스마트폰을 삼각대로 고정시키거나 들고 다니며 촬영할 수 있어요. **질문 7** 동영상을 어느 정도의 길이로 제작할까요? 예 5~10분 정도로 제작할 거예요. **질문 8** 동영상을 주로 어떤 시간에 촬영하고 만드는 게 좋을까요? 예 주말에 숙제를 마친 뒤 강아지와 함께 산책하며 촬영할 거예요.

WEEK 02 유튜브 크리에이터가 될 준비를 해 봐요

 유튜브의 영향력이 점점 커지는 것 같아!

 맞아. 유튜브로 스타 된 사람들도 많아지고 말야.

 우리도 어서 강아지 예삐의 영상을 찍어서 유튜브에 올리자.

 그런데 막상 유튜브를 시작하려고 하니 무엇부터 해야 할지 모르겠어. 선생님께 여쭤볼까?

 선생님! 저희가 유튜브를 시작하기로 했는데 무엇부터 시작해야 할지 몰라 막막해요.

오, 유튜브 크리에이터가 되기로 결심했군요! 도전하려는 모습이 멋지네요.

 헤헤, 감사합니다. 선생님, 유튜브 크리에이터가 되려면 어떻게 해야 하나요?

일단 만 13세 미만의 어린이는 보호자의 도움이 필요해요. 보호자의 구글 계정에서 브랜드 채널을 만들면 여러분도 유튜브 크리에이터로 활동을 할 수 있지요.

 아하! 그럼 부모님의 도움을 받아 계정부터 만들어야겠어요. 지금 바로 시작해 볼래요!

조금 어렵지만 금방 해낼 수 있어요! 차근차근 함께 해 볼까요?

# 유튜브 크리에이터가 되는 4단계

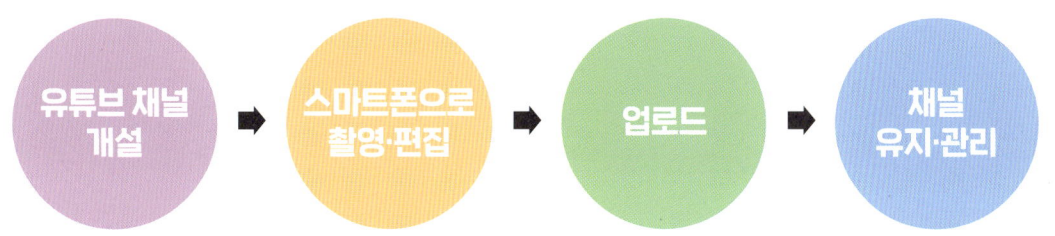

〉 1단계. 유튜브 채널 개설 〈

<mark>유튜브 채널</mark>이란 <mark>내가 동영상을 업로드하여 운영할 수 있는 공간</mark>을 의미해요. 사람들이 내 유튜브 채널에 접속하면 내가 업로드한 동영상을 볼 수 있어요. 그래서 유튜브를 시작할 때에는 먼저 유튜브 채널을 개설해야 해요. ▶43쪽에서 자세히 설명합니다.

〉 2단계. 스마트폰으로 촬영·편집 〈

다음은 여러분이 쉽게 가지고 다닐 수 있는 <mark>스마트폰으로 동영상을 촬영하고, 스마트폰 앱 (키네마스터)으로 편집하는 단계</mark>입니다. 화질이 좋은 카메라로 촬영하고 프리미엄프로 같은 컴퓨터용 전문 편집 프로그램으로 편집할 수도 있지만, 여러분이 이용하기에는 어렵고 비용도 많이 들어요. 따라서 사용이 간편한 스마트폰으로 촬영하고 편집해 봅시다. ▶56쪽에서 자세히 설명합니다.

〉 3단계. 업로드 〈

동영상을 촬영하고 편집했다면 1단계에서 개설한 채널에 그 동영상을 업로드해야겠죠? 간단하게 업로드하고 끝낼 수도 있지만, 많은 사람들이 내 동영상을 시청하도록 하기 위해서는 더 해야 할 일들이 있어요. 예를 들면 사람들이 유튜브에서 키워드를 검색하여 내 동영상을 시청할 수 있도록 태그를 미리 입력할 수도 있고, 호감을 줄 수 있는 동영상 미리보기(섬네일)도 만들어 볼 수도 있겠지요? ▶201쪽에서 자세히 설명합니다.

〉 4단계. 채널 유지·관리 〈

업로드한 동영상을 시청하는 사람들이 많이 생겼다면, 이제는 <mark>유튜브 스튜디오를 통해 동영상을 분석하고 전략을 짜 봅니다.</mark> 예컨대 시청자들이 내 채널에서 어떤 영상에 '좋아요'를 많이 눌렀는지 확인하여 내 채널에 그 영상이 가장 먼저 노출되도록 할 수도 있어요. 또 영상을 가장 많이 보는 시간이나 날짜를 확인해서 언제 영상을 정기적으로 올릴지도 생각해 볼 수 있고요. 이 밖에도 다양한 기능이 있어서 채널을 유지 관리하는 데 도움을 받을 수 있답니다. ▶257쪽에서 자세히 설명합니다.

구글 계정 만들기

유튜브는 '구글(Google)'이라는 회사에서 운영하는 서비스이기 때문에 유튜브 채널을 개설하려면 반드시 구글 계정이 필요합니다. 유튜브는 '구글(Google)'이라는 회사에서 운영하는 서비스이기 때문에 유튜브 채널을 개설하려면 반드시 구글 계정이 필요합니다. 여러분은 만 13세 전이기 때문에 보호자(부모님)의 계정으로 활동해야 합니다. 만 13세가 넘으면 그동안 운영했던 채널을 물려받을 수 있어요. 이제 구글 계정을 만들어봅시다.

01 보호자(부모님)와 함께 크롬에 접속해서 화면 오른쪽 위에 있는 [로그인]을 클릭하세요.

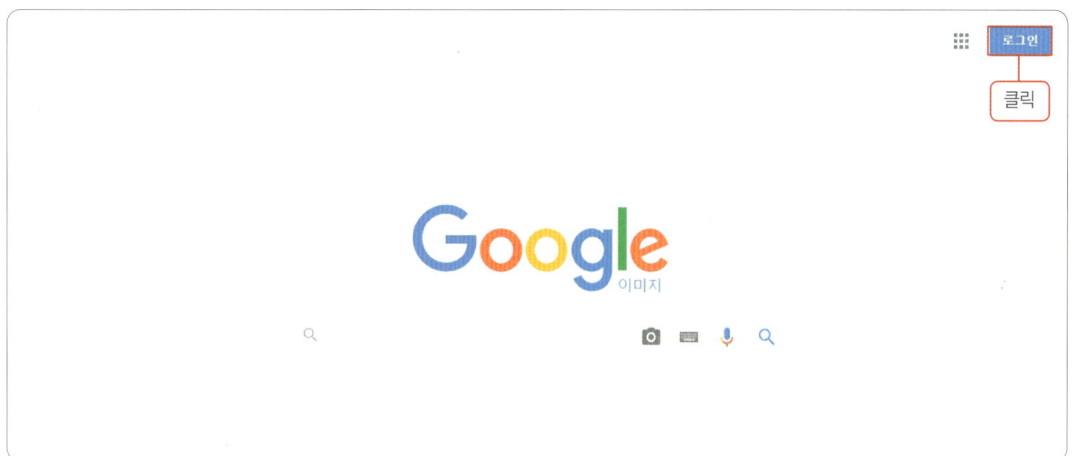

02 [계정만들기]-[본인계정]을 차례로 클릭합니다.

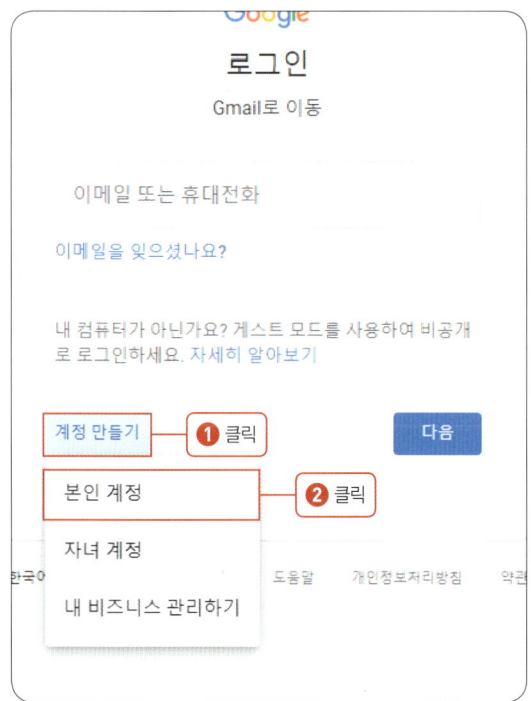

03 보호자(부모님)가 읽어야 할 내용이에요. 함께 읽어보고 [예, 계속합니다.]를 클릭하세요.

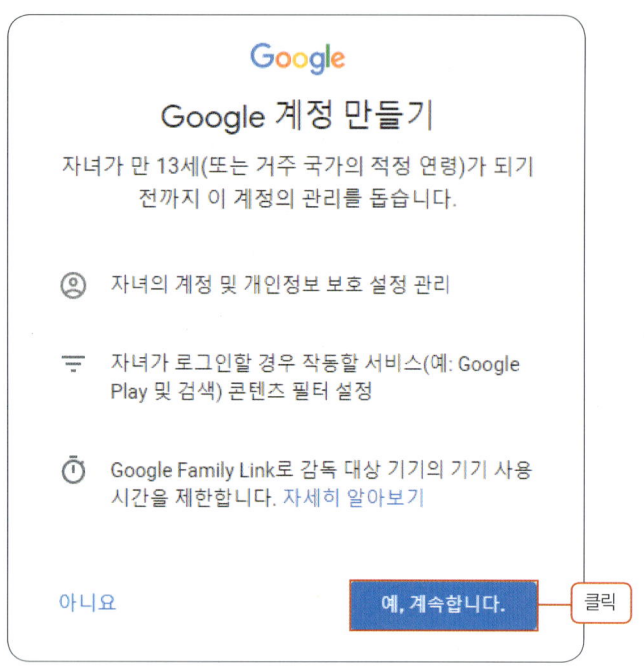

04 자녀의 계정 정보 입력에서 [성]과 [이름]에 내 이름을 입력하고, [사용자 이름]에는 원하는 아이디를 입력하세요. [비밀번호]와 [확인]에 사용할 비밀번호를 한 번씩 입력한 후 [다음]을 클릭하세요.

05 [연도], [월], [일]에 생년월일을 입력하고, 성별도 선택하세요. [다음]을 클릭합니다.

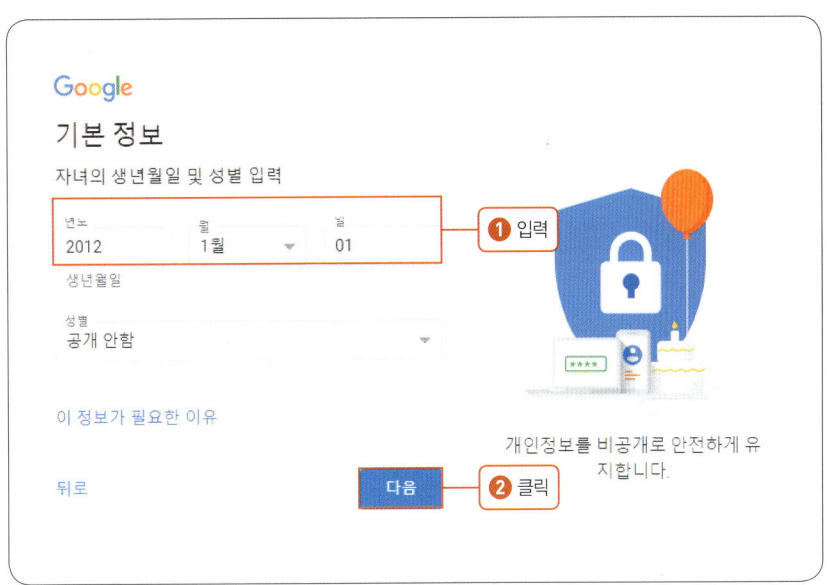

06 보호자(부모님)의 구글 계정 이메일 주소를 입력합니다. 자녀 계정을 관리하는 데 필요해요.

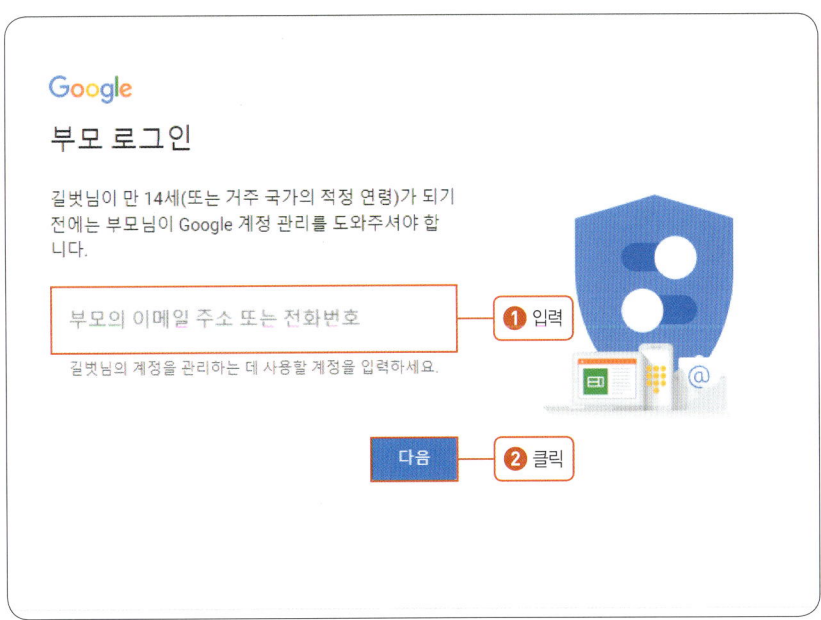

07 보호자(부모님)가 자녀의 개인정보 및 패밀리 링크를 관리할 수 있다는 약관을 읽어보고 동의한다면 체크 박스를 클릭해 체크 표시하고 [동의]를 클릭하세요.

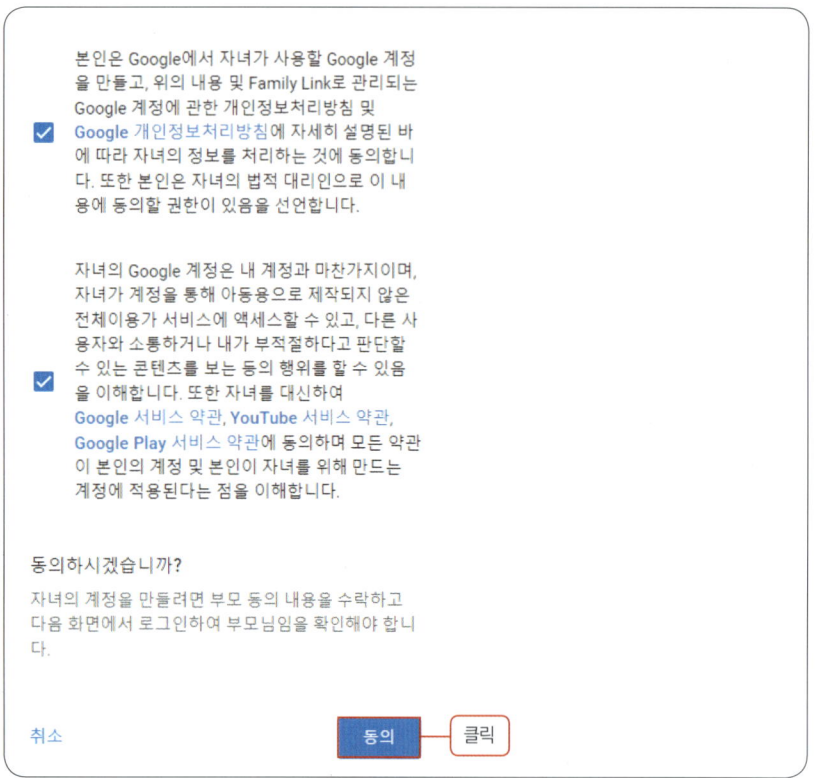

08 보호자(부모님) 계정의 비밀번호를 입력하고 [다음]을 클릭합니다.

09 이제 여러분의 구글 계정이 만들어졌습니다.

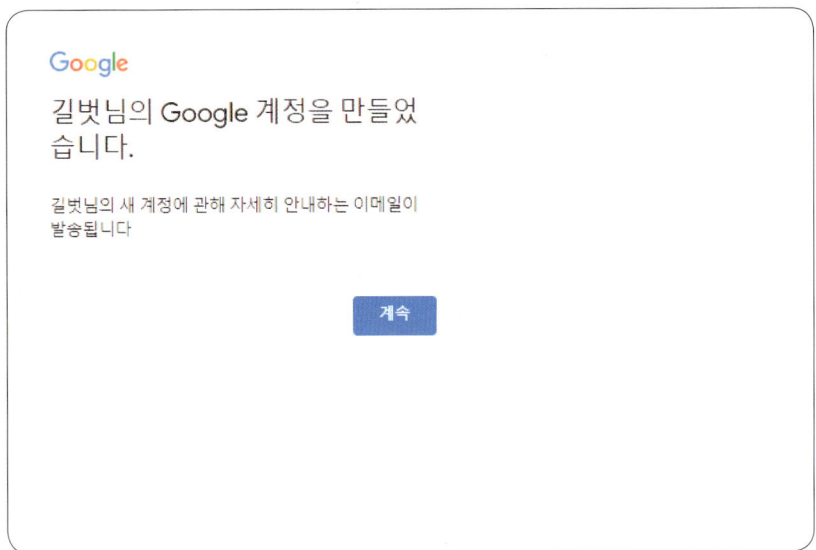

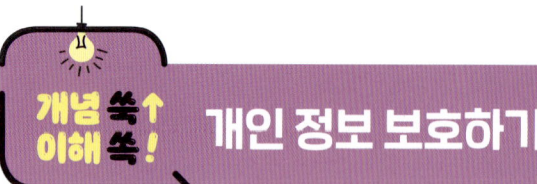
개인 정보 보호하기

학교에서 나누어 주는 '개인 정보 수집·이용 동의서'를 부모님과 작성해 본 적이 있나요? 학교 선생님들은 여러분에 대해 더 잘 이해하기 위해, 더 좋은 수업을 준비하기 위해 여러분의 전화번호, 부모님 연락처, 학생 사진 등 여러분의 개인정보를 수집하는 경우가 있어요. 그래서 선생님이 여러분의 개인정보를 모으고 이용하는 것에 동의한다면 '개인 정보 수집·이용 동의서'에 서명을 해서 제출한 적이 분명 있을 거예요.

==개인 정보==란, ==개인의 이름, 전화번호, 주소, 주민등록번호, 아이디(ID), 내 사진 등 나를 다른 사람과 구별해 주는 정보==입니다. 하지만 우리 학교 선생님이 아니라, 다른 누군가가 나쁜 목적으로 여러분의 개인 정보를 이용하게 되면 어떻게 될까요? 여러분의 사생활, 안전 등에 큰 피해를 입을 수 있어요. 어른의 경우에는 개인 정보가 유출되어 보이스피싱을 당해 재산상의 큰 손해를 본 사례도 있지요. 그렇다면 개인정보를 보호하기 위해서 우리는 어떻게 해야 할까요?

> **TipTalk**  '보이스피싱'이란 전화를 통하여 개인의 금융 정보 등을 알아낸 뒤 이를 범죄에 이용하는 것을 말합니다.

〉 개인 정보 보호 수칙 〈

❶ ==꼭 필요한 인터넷 사이트에만 회원 가입==을 합니다. 회원 정보를 이용하여 범죄에 악용하는 사이트가 있을 수 있기 때문이지요.

❷ 인터넷 사이트에 가입해야 한다면, ==회원 가입 시 개인 정보 처리 방침과 약관을 꼼꼼히 살펴봅니다.== 특히 '마케팅에 활용된다'는 약관(물건 구입을 유도하기 위해 개인정보를 활용한다는 내용)은 꼭 동의하지 않아도 되므로 선택하지 않습니다.

❸ 가입한 사이트의 ==비밀번호는 특수문자, 영어, 숫자를 조합하여 8자리 이상으로 설정==합니다. 비밀번호가 복잡할수록 유출이 어렵기 때문이지요.

❹ **사이트의 비밀번호를 주기적으로 바꿉니다.** 혹시나 비밀번호가 유출됐다 하더라도 비밀번호가 바뀌면 다른 사람들이 사이트에 접속할 수 없기 때문이지요.

❺ **인터넷 사이트 이용 후에 꼭 '로그아웃'을 합니다.** 나만 쓰는 컴퓨터가 아닐 경우, 다른 사람이 내 아이디로 사이트에 로그인할 수 있기 때문입니다.

❻ **인터넷에서 아무 자료나 함부로 내려 받지(다운로드) 않습니다.** 그 파일에 해킹 프로그램이 있을 경우, 내 개인 정보뿐만 아니라 컴퓨터에 있는 모든 자료가 유출될 수 있어요.

이외에도 어떤 실천 방안이 있을까 생각해 보고, 아래에 1가지를 작성해 보세요.

무작정 따라하기 05 — 유튜브에 나만의 채널 만들기

유튜브 채널이란 내가 동영상을 업로드하여 운영할 수 있는 공간을 의미해요. 사람들이 내 채널에 접속하면 내가 업로드한 동영상들을 마음껏 볼 수 있답니다. 구글 계정을 활용하여 유튜브 채널을 개설해 봅시다.

01 크롬으로 유튜브에 접속하여 오른쪽 위의 [로그인]을 클릭하여 보호자(부모님) 계정으로 로그인하세요.

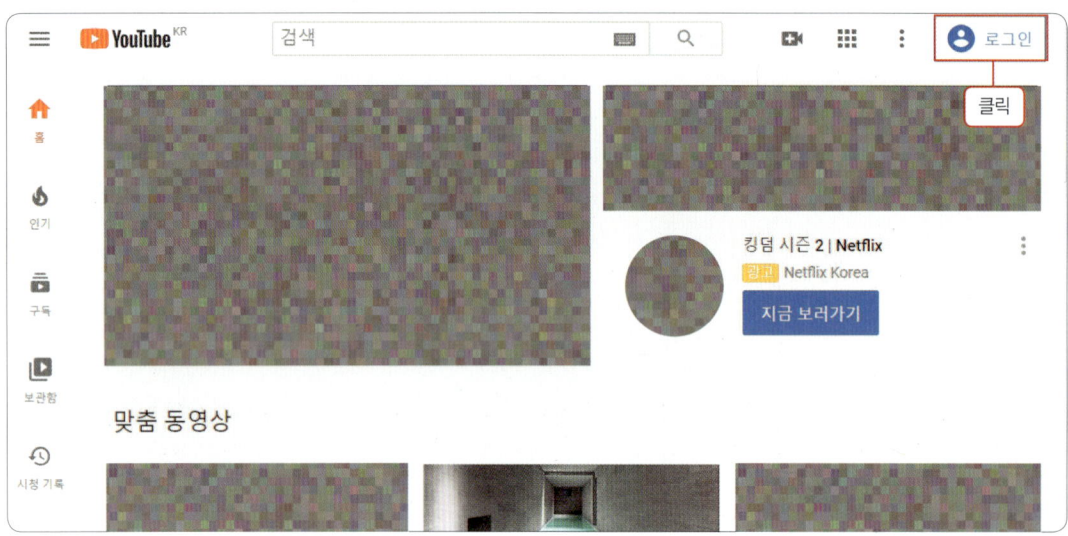

02 유튜브 화면 오른쪽 위에 동그란 모양의 [보호자(부모님) 계정]이 보이면 계정을 클릭해 보세요. 메뉴가 펼쳐지면 [설정]을 클릭합니다.

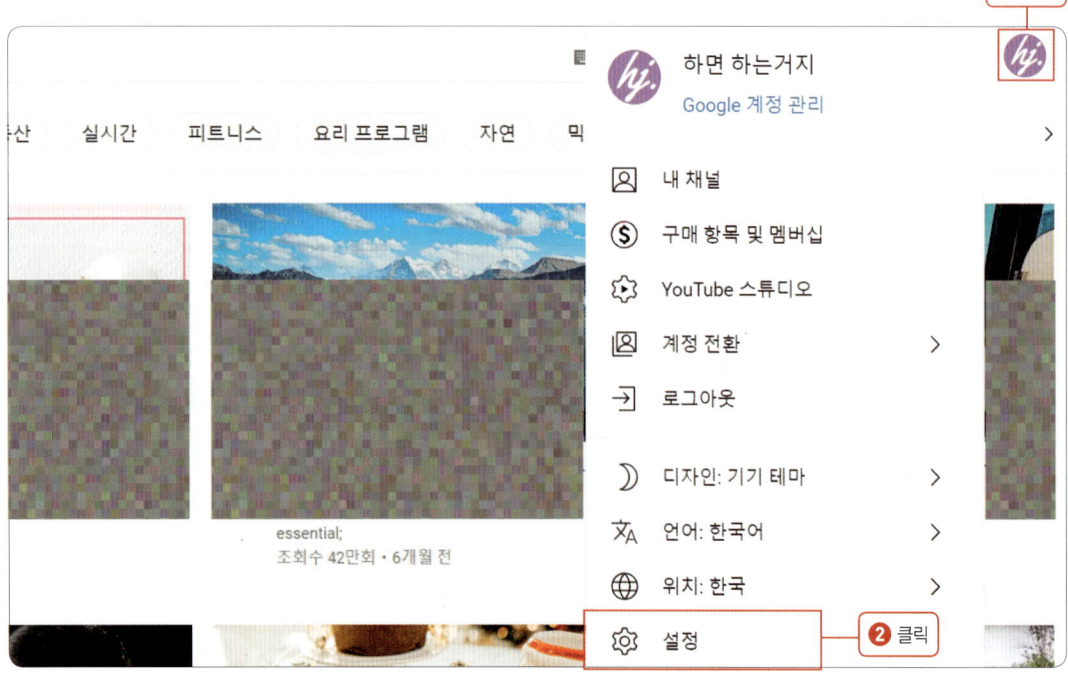

03 [채널 추가 또는 관리]를 클릭합니다.

04 [+채널 만들기]를 클릭합니다.

05 내가 만들고자 하는 채널의 이름을 [채널 이름 추가]에 입력하고 체크 박스를 클릭해 체크 표시를 하고 [만들기]를 클릭하세요.

> **잠깐만요** 　**채널 이름을 선택할 때 생각해 볼 점**
>
> ① **기억하기 쉬워야 해요.**
> 　유튜브 채널을 처음 개설할 때는 기억에 쉽게 남을 수 있는 이름을 만드는 것이 좋아요. 그래야 내 채널을 홍보하는 데 도움이 됩니다.
> ② **사람들이 많이 검색하는 단어를 사용해요.**
> 　사람들이 내 채널 이름에 포함된 단어를 검색해서 영상을 보게 된다면, 자연스럽게 내 채널의 또 다른 영상에도 관심을 갖게 될 거예요.
> ③ **내가 올릴 영상과 관련된 주제를 사용해요.**
> 　게임, 요리 등과 관련된 주제로 영상을 올릴 계획이라면 주제와 연관된 단어를 채널 이름에 포함시키는 것이 좋아요.
> ④ **충분한 시간 동안 고민해요.**
> 　중요한 결정인 만큼 충분한 시간을 갖고 채널의 홍보 방법까지 고민해 보면서 이름을 정해야 해요.
> ⑤ **나중에 바꿀 수 있어요.**
> 　홍보를 위해서는 일관된 이름을 계속 사용하는 것이 좋겠지만, 채널 이름은 언제든지 바꿀 수 있어요.

06 보호자(부모님) 계정으로 만든 여러분의 브랜드 채널 첫 화면입니다. [채널 맞춤 설정]을 클릭하여 내 채널을 어떻게 꾸밀지 생각해 봅시다.

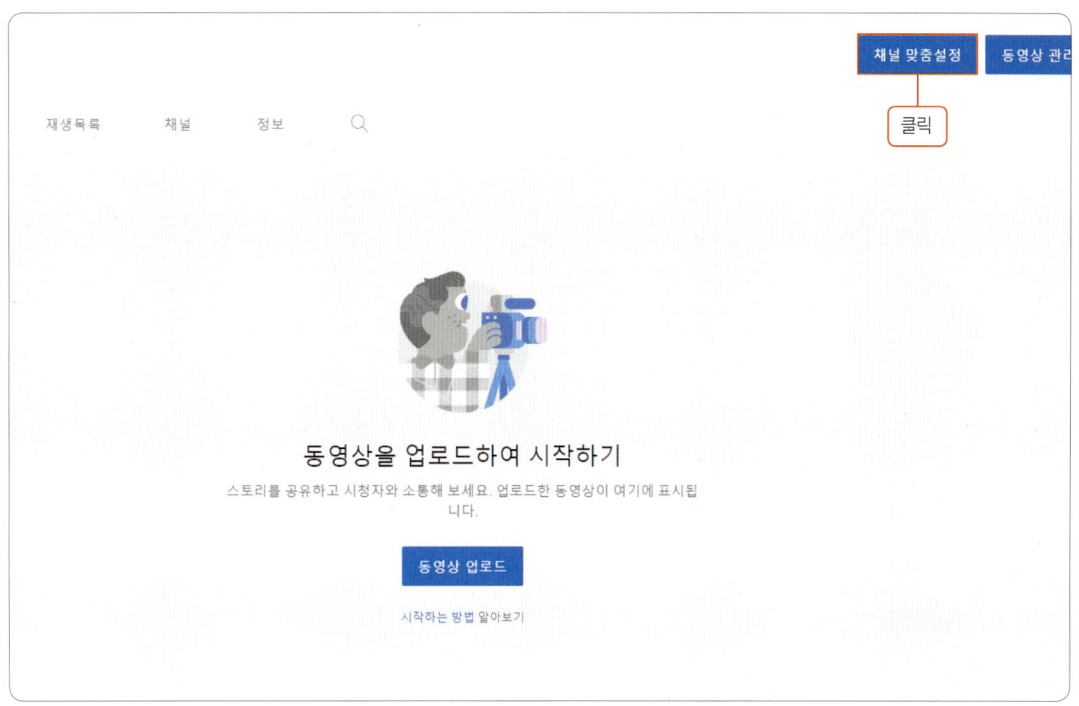

07 [레이아웃]에서는 동영상을 업로드했을 때 내 채널에 영상을 어떻게 배치할지 설정할 수 있어요.

08 이번에는 [브랜딩]을 클릭해 볼까요? [사진]에는 내 채널의 프로필 이미지를 넣을 수 있어요. 또 [배너 이미지]는 다른 사람이 내 채널을 방문했을 때 처음 만나게 되는 곳으로 WEEK 06에서 설정하는 방법에 대해 자세히 알려줄게요.

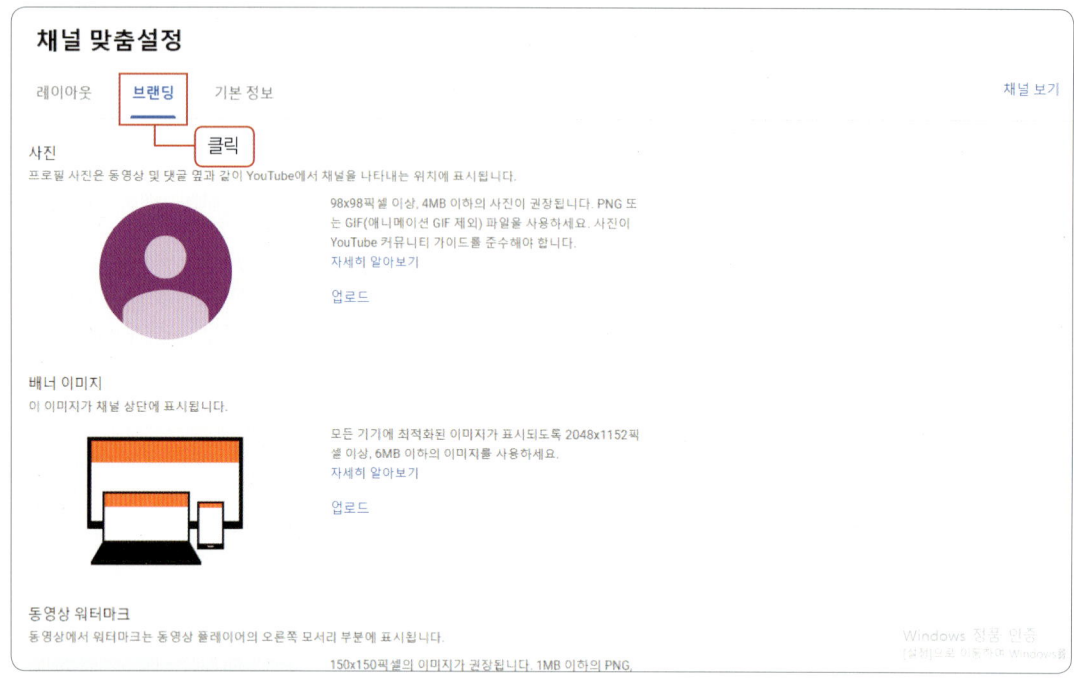

09 [기본 정보]를 클릭해 보세요. 여기에서는 내 채널에 대한 설명을 적을 수 있는데 어떤 채널을 운영할지 간략하게 적어보도록 해요.

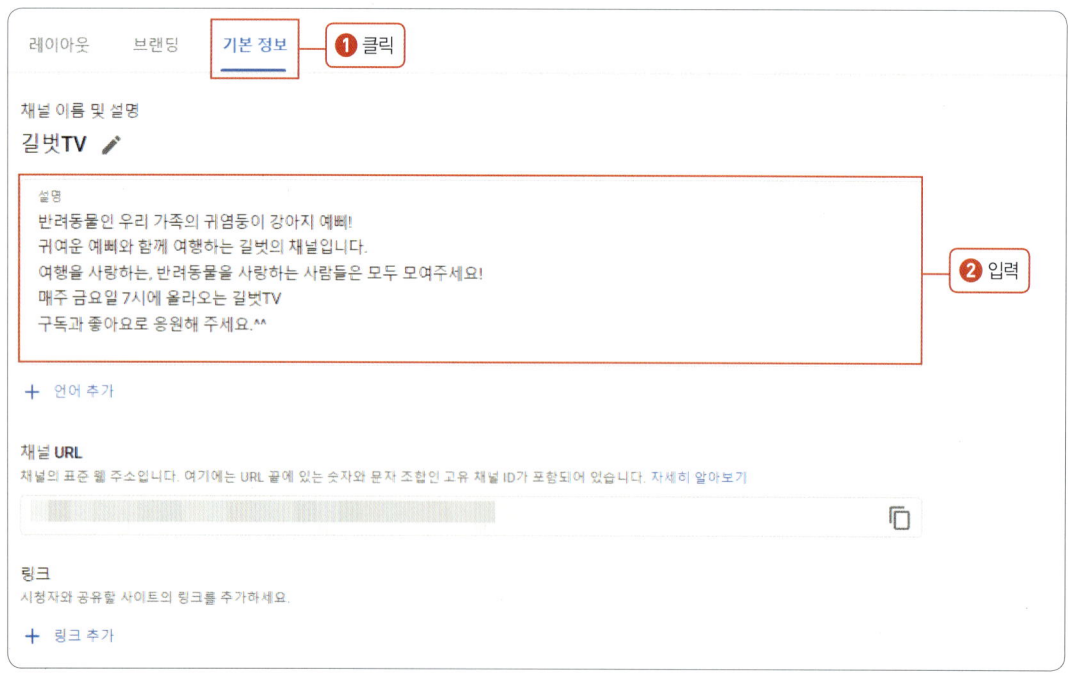

10 '채널 URL'은 크롬 주소창에 입력하면 들어올 수 있는 내 채널의 웹 주소에요. [복사하기]를 클릭해 SNS에 게시해 내 채널을 홍보해 보세요.

11 짜잔! 드디어 나만의 유튜브 채널이 탄생했어요. 차근차근 따라 하다 보니 어느새 유튜브 채널이 개설되네요!

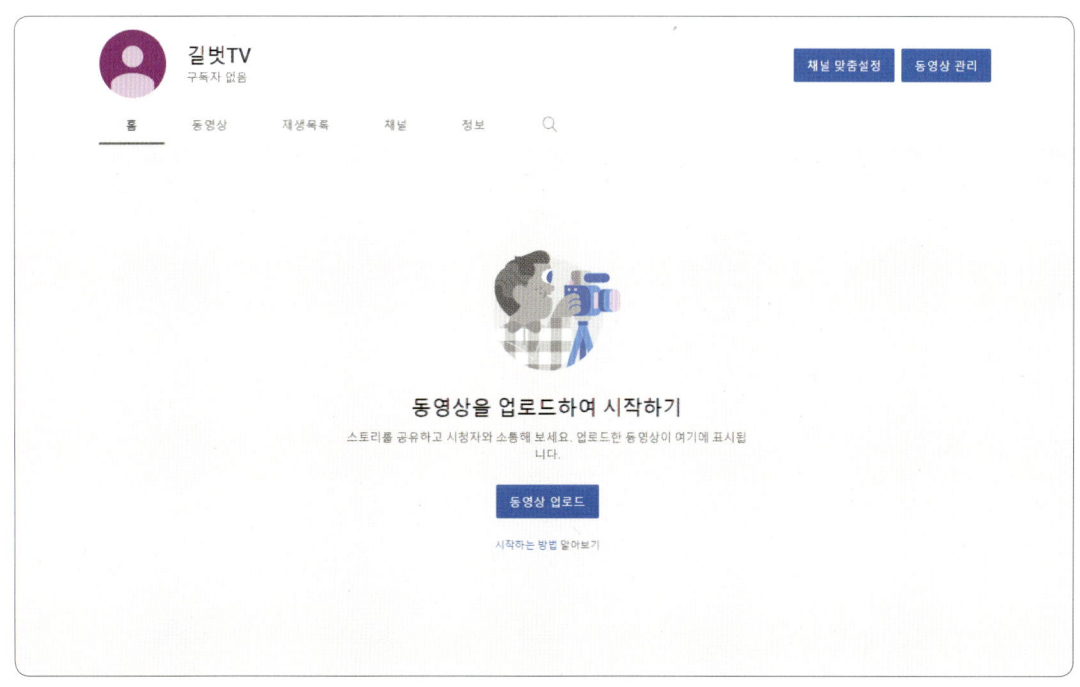

12 [정보] 탭으로 가면 설명에 앞에서 적은 내 채널 설명을 확인할 수 있어요.

인기유튜버 제이제이에게 물어요!
구독자를 부르는 채널을 소개해요

Q 먼저 간단한 소개 부탁드릴게요.

A 안녕하세요. 저는 유튜브 채널 <제이제이튜브>의 '제빠'입니다. 제이제이튜브 채널 외에 <제이제이패밀리>, <제이제이게임>도 같이 운영하고 있어요.

▲<제이제이튜브>
장난감 상황극 키즈 채널

▲<제이제이패밀리>
일상 여행 브이로그 가족 채널

▲<제이제이게임>
마인크래프트, 로블록스 등 게임 채널

Q '제이제이튜브'란 채널 이름은 무슨 뜻인가요?

A 만들고자 하는 채널의 시청자가 주로 아이들이었기 때문에 이름을 쉽고 재미있게 지으려고 고민했어요. 저희 가족 중 큰딸인 지우와 막내인 서준이 이름에 모두 들어가는 알파벳 'J'를 이용해서 '제이제이'라고 이름을 정하고 유튜브의 '튜브'를 합쳐서 제이제이튜브가 되었지요.

Q 어떻게 유튜브 채널을 시작하게 됐나요?

A 크리에이터를 하기 전에는 학원에서 학생들을 가르쳤는데, 직업의 특성상 늦은 시간에 주로 일을 하다 보니 지우, 서준이와 함께 보내는 시간이 부족했어요. 어느 날 유튜브에서 장난감 채널을 보고 '이렇게 아이들과 재미있게 놀면서 영상도 찍어볼까' 해서 시작하게 됐어요.

Q 제빠가 생각하는 유튜브란 무엇인가요?

A 크리에이터와 전 세계 시청자들이 소통할 수 있는 멋진 공간이라고 생각해요. 시청자로서 재미있는 영상을 보거나 궁금한 것을 찾을 수도 있고, 크리에이터가 되어 자기가 좋아하는 것, 보여 주고 싶은 것, 알려주고 싶은 것 등을 영상으로 공유를 하며 함께 즐길 수 있는 공간이죠.

둘째 마당

동영상을 촬영하고 편집해요

나만의 유튜브 채널이 만들어졌다면 이제 진정한 유튜브 크리에이터가 되기 위해 제일 먼저 무엇을 해야 할까요? 내 채널에 올릴 나만의 개성 있는 동영상을 만드는 것이겠죠? 둘째마당에서는 스마트폰을 활용하여 다양하고 재미있는 동영상을 촬영해 보고, 스마트폰 애플리케이션으로 편집하는 방법도 알아볼 거예요. 두근두근, 설레지 않나요? 지금부터 동영상을 만들러 출발해 볼까요?

스마트폰으로 영상을 촬영해요

선생님! 저희 채널에서는 강아지 '예삐'의 모습을 담아 영상으로 만들어보기로 했어요.

우와, 멋진 추억을 많이 담을 수 있어서 좋을 것 같네요.

그렇죠? 저희 당장 내일 예삐랑 여행을 가서 동영상을 찍어 오려고요!

그런데 잠깐! 동영상을 찍기 전에 미리 어떤 동영상을 찍을지 계획을 세웠나요?

글쎄요. 계획이 꼭 필요한가요?

과연 그럴까요? 예를 한번 들어볼게요. 혹시 제이제이튜브의 '랩터 알을 갖고 뛰어라!!' 영상을 본 적이 있나요?

네! 그 영상에서 공룡이 나타나는 장면이 정말 실감나고 재미있었어요.

그런데 아무 계획 없이 그냥 찍었다면 그런 멋진 장면이 만들어질 수 있었을까요?

생각해 보니 그렇지는 않을 것 같아요.

여러분이 채널에 올릴 동영상을 찍기 전에 계획을 세우면 더 짜임새 있는 영상을 만들 수 있답니다.

저희도 그런 멋진 영상을 만들어 보고 싶어요! 그런데 어떤 방법으로 계획을 세우고 촬영을 해야 하는지 아직 잘 모르겠어요.

걱정 마세요. 지금부터 선생님과 함께 알아보아요.

촬영할 영상의 주제를 생각하고 기획하기

영상을 촬영하기 전에 꼭 필요한 과정이 무엇일까요? 바로, **촬영할 주제를 떠올리고, 영상에 담을 내용을 계획하는 '기획하기' 단계예요.** 아무 준비 없이 바로 영상을 촬영하다 보면 나중에 편집할 때 빠뜨린 부분이 뒤늦게 생각나서 다시 촬영해야 하는 번거로움이 생길 수도 있어요. 하지만 촬영 전에 기획을 하면 더욱 짜임새 있고 완성도 높은 영상을 만들 수 있답니다.

사람마다 영상의 주제를 떠올리고 촬영을 기획하는 방법은 다 달라요. 하지만 **다양하고 재미있는 영상들을 많이 만들기 위해서 꼭 실천해야 하는 것**이 있어요. 바로 **기록을 습관화하기**지요. 일상 속에서 발견한 흥미로운 사건, 평소에 해 보고 싶었던 내용들, 머릿속에 문득 떠오르는 아이디어들은 모두 내 영상의 훌륭한 주제가 될 수 있어요. 이 사실을 기억하고 항상 기록하고 또 기록하는 습관을 길러봐요.

⟩ 영상의 주제를 떠올리고 촬영을 계획하는 방법 ⟨

01 좋은 주제가 생각날 때마다 스마트폰에 기록해 보세요. 예 메모장, 카카오톡 등 앱 활용

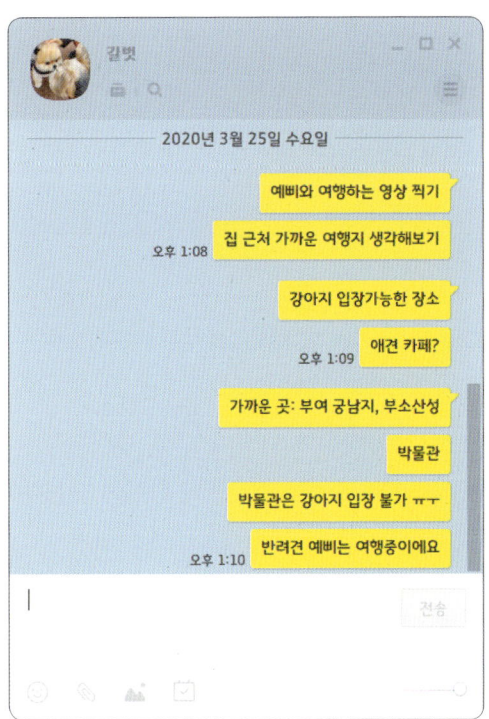

02 주제가 확실해지면 영상의 제목을 만들어 보세요.

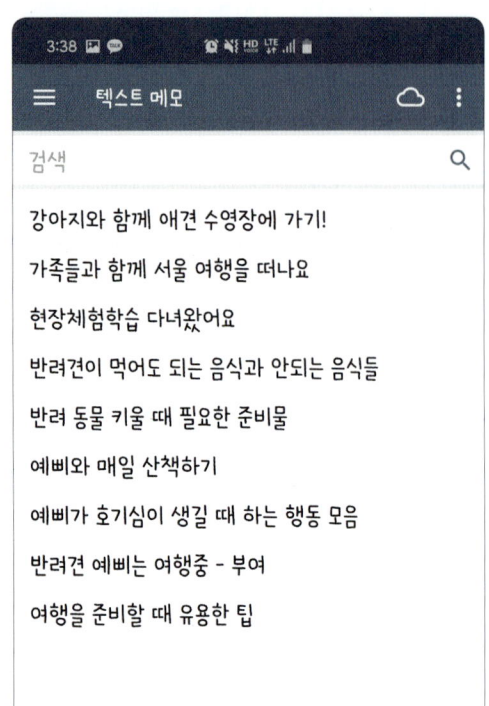

03 기록해 둔 내용 중 만들고 싶은 주제를 골라 간단한 이야기를 생각해 보세요.

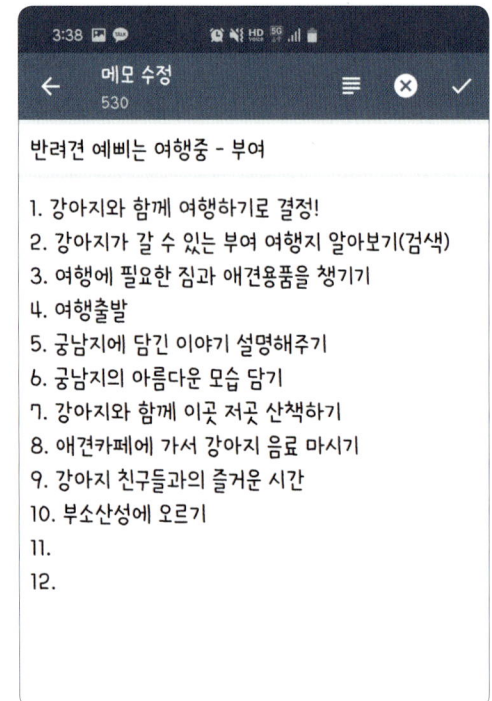

04 생각한 이야기를 바탕으로 촬영 계획표를 작성해요. 촬영 계획표에는 정해진 틀이 없답니다. 다양한 영상을 촬영하는 과정에서 나의 스타일에 맞는 계획표를 만들어 보세요.

예1

영상 제목	똥꼬발랄! 반려견 예삐는 여행 중 - 부여편		
키워드	강아지, 반려동물, 여행	주 시청 대상	반려동물을 키우는 사람들
업로드 날짜	2020.07.10.	영상 길이	5분 내외
촬영 날짜	2020.07.05.	준비물	강아지 장난감
촬영 목록	장소	내용	
	집	오프닝에 쓸 영상: 짐싸는 모습, 여행 준비로 신이 난 예삐	
	궁남지	궁남지의 역사 소개, 전체적인 풍경, 연못가를 산책하는 예삐의 뒷모습	
	애견카페	강아지 음료를 맛있게 먹는 장면, 강아지 친구들을 만나서 함께 노는 예삐	
	…	…	
메모			

예2

영상 제목	똥꼬발랄! 반려견 예삐는 여행 중 - 부여편		
업로드 날짜	2020.07.10.	촬영 날짜	2020.07.05.
준비물	강아지 장난감		
내용	<초반부-집> 오프닝에 쓸 영상: 짐싸는 모습, 여행 준비로 신이 난 예삐 <중반부-궁남지> 궁남지의 역사 소개, 전체적인 풍경, 연못가를 산책하는 예삐의 뒷모습 <마무리-애견카페> 강아지 음료를 맛있게 먹는 장면, 강아지 친구들을 만나서 함께 노는 예삐		
메모			

흔들리지 않고 선명한 영상을 촬영하는 방법

정신없이 흔들리는 유튜브 영상을 본 적이 있나요? 종종 긴박한 분위기를 만들기 위해 일부러 화면이 흔들리도록 찍은 영상들이 있습니다. 게임이나 액션 관련 영상, 혹은 누군가를 쫓아가는 영상들이 그러하지요. 하지만 아무 의도 없이 계속 정신없이 흔들리는 영상을 본다면 어떤 기분이 들까요? 매우 어지럽기도 하고, 계속 보고 싶은 생각이 들지 않겠지요?

어린이들은 성인보다 손과 팔의 힘이 약하다보니 영상을 촬영할 때 스마트폰 고정이 어려워 화면이 흔들리는 경우가 있어요. 화면의 흔들림을 줄이기 위해서는 스마트폰을 잡는 방법과 촬영할 때의 자세를 잘 아는 것이 중요하답니다. 또한 **거치대, 삼각대와 같은 스마트폰을 고정시키는 도구가 있다면 더욱 안정적으로 촬영**할 수 있어요. 흔들리지 않고 선명하게 영상을 촬영하는 방법을 함께 알아보아요.

촬영할 때의 안정적인 자세

01 스마트폰을 가로 방향으로 잡으세요. 두 손으로 쥐어야 흔들림을 줄일 수 있어요.

02 두 팔꿈치를 가슴 쪽으로 바짝 붙이세요.

03 무릎을 살짝 굽혀 안정적인 자세를 만들어 보세요.

• **카메라를 앞뒤로 움직여야 하는 경우** : 뒤꿈치를 살짝 들고 숨을 아주 살살 쉬며 움직입니다. 이때, 팔이 위아래로 움직이지 않도록 신경 써야 한다는 점을 잊지 마세요!

• **카메라를 좌우로 움직여야 하는 경우** : 팔을 움직이지 말고 허리를 돌리세요. 이 경우에는 실수하기 쉬우므로 촬영 연습이 필요할 수 있어요.

도구를 이용해서 스마트폰 고정하여 촬영하기

스마트폰 뒤에 부착하는 핑거링으로 고정하기

- **장점** : 가격이 비교적 저렴하고 손쉽게 구할 수 있어요. 바닥이나 책상에 올려놓고 촬영하기 좋아요.
- **단점** : 촬영할 수 있는 각도가 매우 한정적이기 때문에 다양한 장면을 구성할 수 없으며 움직이는 상황에서는 안정적으로 촬영하기 어려워요.

거치대로 고정하기

- **장점** : 핑거링에 비해 촬영 각도를 다양하게 조절할 수 있어서 원하는 구도와 높이에서 촬영할 수 있어요.
- **단점** : 고정할 장소가 없는 곳에서는 촬영이 어려울 수 있어요.

삼각대로 고정하기

- **장점** : 실내, 야외에서 모두 고정 촬영이 가능해요. 삼각대가 무거울수록 쉽게 넘어지지 않는답니다.
- **단점** : 핑거링이나 거치대에 비해 설치하는 데 오래 걸려요. 제품에 따라 무게가 많이 나가는 것도 있기 때문에 오래 들고 다니기에 힘들 수도 있어요.

스마트폰 고정 가이드와 삼각대로 만든 촬영장비로 고정하기

- **장점** : 거치대 윗부분에 추가로 마이크나 조명을 설치할 수 있어요.
- **단점** : 다른 장비에 비해 가격이 비싸요.

> **잠깐만요   유튜브 영상을 촬영할 때 반드시 지켜야 할 '초상권'**
>
> 모든 사람에게는 자신의 얼굴이나 모습이 허락 없이 촬영되지 않을 권리가 있어요. 이를 '초상권'이라고 한답니다. 우리가 찍은 동영상에 신분을 알아볼 수 있는 사람이 등장했다면, 동영상을 업로드하기 전 당사자에게 꼭 허가를 받아야 해요. 만약 허가받지 않고 영상을 활용한 경우 초상권 침해에 대한 법적인 처벌을 받게 된답니다.
>
> 만약 내가 의도하지 않았는데 누군가 영상에 찍혔다면 두 가지 방법으로 해결할 수 있어요. 첫 번째, 그 사람에게 직접 '초상권 동의서'를 받아요. 두 번째, 영상에 나오는 사람이 누구인지 알 수 없도록 모자이크 등으로 가려 주세요.
>
> 우리 모두의 소중한 권리인 초상권! 유튜브 크리에이터라면 꼭 지켜주세요. 약속!

 ## 다양한 동영상 촬영 방법

스마트폰으로 동영상을 촬영할 때 가로로 촬영할지 세로로 촬영할지 고민해 본 적이 있나요? **스마트폰을 어떻게 놓고 촬영하느냐에 따라 영상의 느낌이 많이 달라진답니다.** 가로, 세로 혹은 정사각형으로 촬영한 영상 중 어떤 것이 보기 좋았나요? 사실 촬영 방법에는 정답이 없어요. 동영상을 업로드하는 사이트(유튜브, 페이스북 등)에 맞게, 화면 속 각각의 상황에 어울리게 여러분이 직접 선택해 보세요.

〉가로로 영상 촬영하기 〈

요즘 대부분의 스마트폰과 TV, 컴퓨터의 화면비는 16(가로):9(세로)입니다. 이에 따라 현재 동영상을 제공하는 사이트에서 가장 많이 사용하는 가로 촬영 영상의 화면비 역시 16:9이지요. 그래서 대부분 유튜브 동영상은 화면을 가득 채울 수 있는 가로 촬영으로 만들어져요. 가로로 영상을 촬영했을 때의 장점은 인물이나 대상뿐만 아니라 배경까지도 넓게 담을 수 있어 안정감을 준다는 것이에요.

〉세로로 영상 촬영하기 〈

세로 촬영 영상은 가로 촬영 영상의 화면비와 반대인 9:16으로 되어 있어요. **세로로 영상을 촬영했을 때의 장점**은 **대상을 깊이 있게 표현해 주고 몰입을 극대화하는 효과**가 있다는 것이에요. 쭉쭉 뻗어있는 길이나 건물을 표현하고 싶을 때, 인물이나 대상을 집중적으로 담고 싶을 때에는 세로로 촬영해 보세요.

〉정방형(정사각형)으로 촬영하기 〈

정방형 사진이란 가로와 세로의 화면비가 1:1인 정사각형 모양의 사진이에요. 최근 인스타그램과 같은 SNS에서는 정방형의 사진과 영상이 많이 활용된답니다. 정사각형의 영상은 **모바일 화면에서 사용하기에 좋으며, 스마트폰을 가로 세로로 돌려도 크기가 변하지 않아서 편리하다는 장점**이 있어요.

TipTalk 정방형으로 촬영하고 싶다면 최신 스마트폰의 경우 [카메라 설정]에서 기능을 설정할 수 있어요. 만약 기능이 없다면 SNS에서 제공하는 촬영 기능을 이용하면 된답니다.

〉 카메라 격자선(가로세로선)에 맞추어 촬영하기 〈

수직, 수평의 구도만 잘 맞아도 훨씬 멋진 영상을 담을 수 있다는 사실, 알고 있나요? 스마트폰에서 제공하는 격자선 기능을 활용해 보세요. 격자선은 가로 두 줄, 세로 두 줄로 되어 있어 화면을 총 9칸으로 나눠줍니다. 가로선과 세로선을 이용해 수평과 수직을 잘 맞춘 다음, 선과 선이 만나는 곳에 찍고 싶은 대상을 배치하면 **배경과 인물을 안정감 있게 표현**할 수 있어요.

TipTalk 아이폰에서는 [설정]-[카메라]-[격자], 안드로이드 폰에서는 [카메라]-[설정]-[촬영구도 가이드]로 격자선 기능을 설정할 수 있어요.

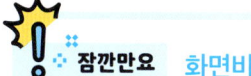 **화면비란**

6학년 친구들은 수학 4단원에서 '비'에 대해 공부한 경험이 있을 거예요. '비'란 두 수를 비교하기 위해 기호 :를 사용하여 나타낸 것이에요. 화면비에서 나온 두 수 16과 9를 비교할 때 16:9라 쓰고 16대 9라고 읽어요. 이것이 의미하는 것은 16:9를 큰 텔레비전이나 모니터 화면에 적용시킬 경우, 16과 9에 똑같은 수를 곱한 비율로 화면이 나타난다는 것이지요.

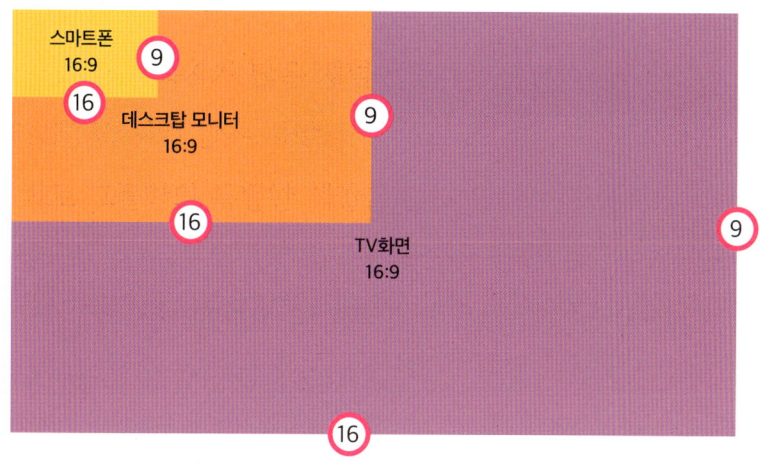

 동영상에 출연할 때 어떤 말투와 자세가 좋을까요?

- 자세 : 카메라를 향해 자세를 취하고, 되도록이면 카메라를 등지지 않도록 해요.
- 말투 : 다양한 시청자를 고려하여 큰 목소리, 정확한 발음, 존댓말을 사용하면 좋아요.
- 태도 : 밝고 자신감 있는 표정과 긍정적이고 적극적인 태도를 취해 보세요.

 인물의 키가 커보이게 촬영하고 싶어요

인물을 동영상으로 촬영할 때 카메라를 어떤 위치와 각도로 촬영하느냐에 따라 인물의 키나 비율이 아주 달라 보입니다. 키가 크고 다리가 길어 보이게 찍으려면 촬영하는 스마트폰의 위치를 아래로 낮추고 찍는 대상을 올려다보며 촬영하면 된답니다. 그리고 발끝을 화면의 가장 아래쪽에, 얼굴을 화면 중간에 위치하도록 찍으면 확실히 다리는 길고, 얼굴은 작아 보이게 나온답니다!

 ## 여러 각도로 촬영하는 방법

카메라 앵글이란 대상을 찍는 카메라의 촬영 각도, 즉 촬영 눈높이를 말해요. 어떤 앵글로 촬영하느냐에 따라 같은 대상도 매우 다양한 느낌으로 표현할 수 있답니다. 이번에는 여러 앵글로 다양하게 촬영하는 방법을 배워 봅시다.

〉눈높이 앵글(Eye Angle) 〈

눈높이 앵글은 **눈높이에 맞추어 촬영된 영상으로 보는 사람에게 자연스럽고 편안한 느낌을 줘요**. 시청자가 그 상황 속에 함께 있거나 영상 속 인물과 눈을 맞추는 것 같은 느낌을 줄 수 있기 때문이에요. 하지만 너무 자주 사용하면 영상이 단순하게 느껴지고 지루하게 느껴질 수도 있답니다.

〉하이 앵글(High Angle) 〈

하이 앵글은 **카메라가 대상보다 위에 위치하여 아래를 내려다보는 각도로 촬영하는 방법**이에요. 높은 곳에서 찍기 때문에 대상의 전체적인 모습을 촬영할 수 있고, 눈높이 앵글로 촬영했을 때보다 훨씬 재미있고 입체감 있는 영상을 얻을 수 있다는 장점이 있어요.

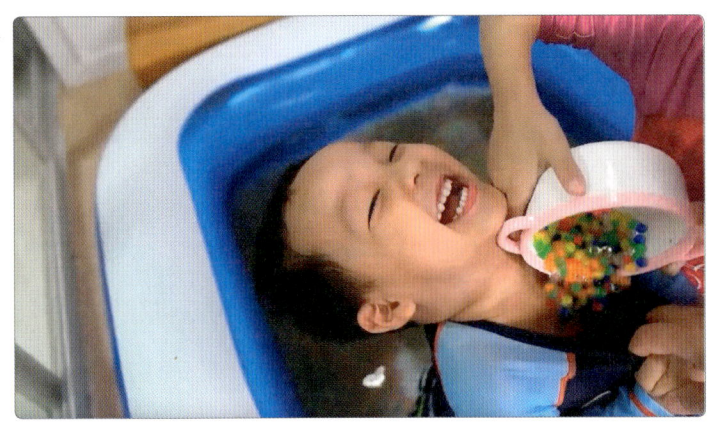

> **TipTalk** 하늘을 나는 새가 된 것처럼 대상을 위에서 내려다보며 촬영해 보세요. 독특한 장면을 찍을 수 있답니다.

로우 앵글(Low Angle)

로우 앵글은 **대상을 아래에서 위로 올려다보는 각도로 촬영하는 방법**이에요. 대상을 강조하는 장면을 표현할 수 있고, 사람이나 건물, 자연 환경 등을 힘차고 웅장하게 표현할 수 있어요.

사각 앵글

카메라를 옆으로 비스듬히 기울인 상태로 촬영하는 방법입니다. 불안정하고 긴장된 감정을 나타낼 수 있습니다.

조명 없이도 조명 효과를 내어 촬영하기

조명은 왜 필요할까요? 생활 속에서 조명은 어두운 곳을 밝게 하기 위해 사용되지요. 하지만 동영상을 촬영할 때에는 어두운 곳을 밝게 하는 것뿐만 아니라, **내가 원하는 대로 영상을 표현하기 위해서 조명을 활용**하기도 한답니다. 조명이 있으면 깨끗하고 멋진 영상을 만들어낼 수가 있어요. 하지만 유튜브를 처음 시작하는 여러분들이 비싼 조명을 구입하기에는 조금 부담스럽죠? 걱정 말아요. 우리 주변에서 쉽게 찾아볼 수 있는 대체 조명들이 있으니까요.

〉 자연광(햇빛) 〈

낮 시간이라면 창문 앞에서 내리쬐는 햇볕도 좋은 조명이에요. 우리 주변에 항상 존재하는 자연조명이라고 할 수 있지요. 영상을 찍는 사람이 햇빛을 등지고, 출연하는 사람이 빛을 바라보고 서서 촬영을 하면 밝고 선명하게 나온답니다. 반대로 촬영하는 대상이 햇빛을 등지고 촬영한다면 대상의 검은 형태(실루엣)를 담을 수 있어요. 상황에 맞게 햇빛을 활용해 보세요.

형광등

실내에서 촬영을 한다면 형광등을 켜고 촬영해 보세요. 출연하는 사람의 얼굴이 형광등을 향하되 너무 가까워지지 않도록 적당한 거리를 유지하며 촬영하는 것이 좋아요. 그러면 **얼굴이 더 환하고 부드럽게 표현되고 화면에 선명하게 보일 수 있어요.** 형광등 바로 밑에 서있거나 형광등을 등지고 촬영하면 얼굴에 그림자가 지고 흐리게 나올 수 있다는 점에 주의하세요.

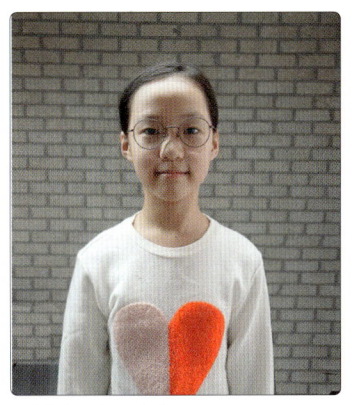 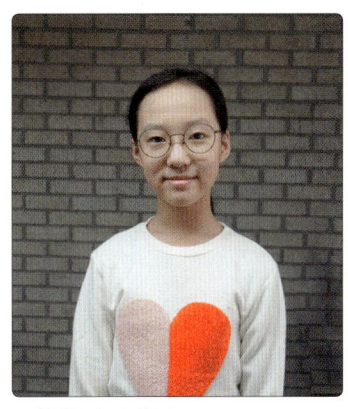 

▲ 형광등 바로 아래   ▲ 형광등과 거리를 두고   ▲ 형광등을 등지고

탁상용 스탠드

형광등만으로는 조명이 부족할 때, 또는 **얼굴에 그림자가 진 부분이 있을 때** 탁상용 스탠드 조명이 있다면 활용해 보세요. 어두운 부분을 향해 스탠드 조명을 비춰주면 보다 밝고 선명하게 촬영할 수 있답니다.

 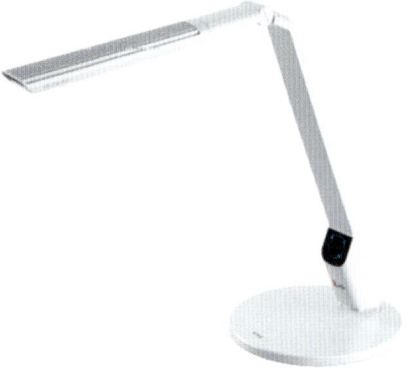

스마트폰 손전등

스마트폰의 **손전등 기능으로 조명을 대신할 수 있어요.** 만약 2대의 핸드폰이 있다면 내 얼굴의 오른쪽 면과 왼쪽 면에서 조명을 비춰 촬영해 보세요. 더욱 밝고 깨끗하게 촬영할 수 있어요.

〉 반사판 〈

종이나 쿠킹호일을 활용하면 쉽게 반사판 효과를 얻을 수 있어요. 두꺼운 도화지에 구김이 있는 쿠킹호일을 붙여 만들 수 있답니다. 그늘이 생기고 어두워 보이는 곳을 향해 반사판을 두면 **빛이 반사되면서 어두운 곳이 환해진답니다.**

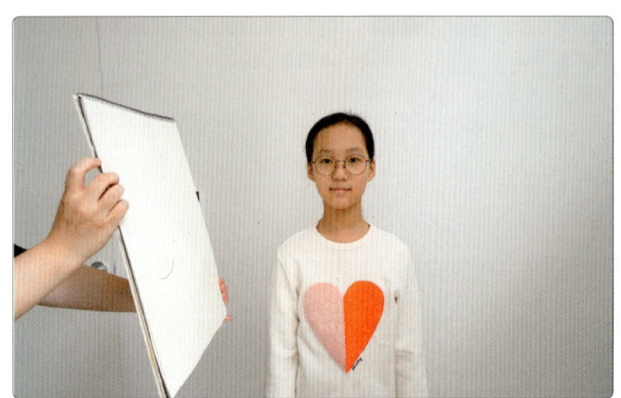

도전! 미션 해결

다양한 주제의 동영상 촬영하기

❶ 촬영하고 싶은 영상을 계획해 보세요.

영상 제목			
키워드		주 시청 대상	
업로드 날짜		영상 길이	
촬영 날짜		준비물	
촬영 목록	장소	내용	
메모			

❷ 상황에 맞는 촬영 방법을 선택하여 촬영해 보세요.

인기유튜버 제이제이에게 물어요!
제이제이는 촬영할 때 이렇게 해요

Q 촬영할 때 가장 중요하게 생각하는 부분은 뭔가요?

A 내가 만든 영상을 시청자가 보기 편하게 촬영하는 게 중요해요. 먼저 좌우의 기울어짐 없이 수평이 맞게 하고, 찍고자 하는 대상을 되도록 화면의 가운데에 두는 게 좋아요. 그리고 촬영 장비를 빠르게 움직이거나 심하게 흔들면 영상을 보는 사람이 멀미를 느낄 수도 있으니 삼각대처럼 고정할 수 있는 장비를 이용해요.

Q 실내 또는 야외에서 촬영할 때 주의할 점이나 노하우가 있나요?

A 실내에서 촬영할 때는 조명을 항상 신경 써야 해요. 특히 움직이면서 촬영하는 경우 조명 빛이 부족하면 얼굴에 그늘이 생겨 까맣게 찍히기도 해요. 그래서 실내에서는 추가 조명을 활용하여 밝게 만들어요. 아니면 빛이 있는 곳에서 움직이지 않고 촬영을 하는 게 좋아요.

실외는 햇빛이라는 최고의 조명이 있어 대상이 자연스럽고 부드럽게 나와서 좋지만 단점이 햇빛이 너무 강하거나 구름 때문에 갑자기 그늘이 져서 촬영을 망치는 경우도 있고, 바람이 심하게 불면 영상에 온통 바람소리만 들려 다른 소리는 녹음이 되지 않으니 조심해야 해요.

Q 평소에 어떻게 영상의 주제를 생각하나요?

A 평소에 비슷한 주제의 영상들을 보고, 주변에 사람들을 관찰하다보면 아이디어가 떠오르는데 그걸 잘 메모해요. 다양한 분야의 책을 읽는 것도 도움이 많이 돼요. 그런 아이디어들이 모여서 하나의 콘텐츠가 되면 구체적으로 기획안을 쓰는데, 시작-중간-마무리로 나누어 구체적인 장면과 대사까지 쓰기도 해요. 각각의 장면을 어떤 앵글로 찍을지도 같이 생각하는 편이에요. 그렇게 처음부터 끝까지 모든 장면이 머릿속에 그려지면 촬영을 시작해요. 어렵다고요? 저도 처음부터 그렇게 한 게 아니라 수백 편의 영상을 찍다보니 자연스럽게 습관이 된 것 같아요. 그러니 너무 걱정하지 말고 꾸준히 영상을 촬영해 보세요.

Q 어떤 촬영 장비를 사용하나요?

A 처음엔 작은 캠코더로 영상을 찍었는데, 지금은 장비가 늘어서 여러 가지로 촬영을 해요. 주로 미러리스라는 카메라로 찍고, 외부 촬영은 캠코더를 많이 활용해요. 워터파크처럼 물이 있거나 움직임이 심한 촬영의 경우 액션캠을 사용하기도 하고요.

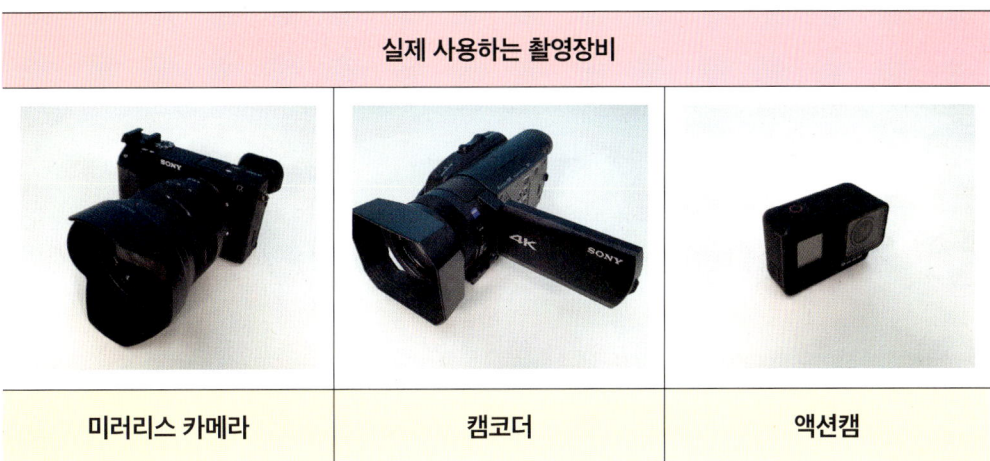

실제 사용하는 촬영장비		
미러리스 카메라	캠코더	액션캠

하지만 좋은 영상을 만드는 데에는 어떤 장비로 찍느냐보다 어떤 내용을 찍느냐가 더 크게 좌우해요. 실제로 주변 크리에이터 중 스마트폰만을 이용해서 촬영하는 분들이 꽤 많거든요. 비싼 장비보다는 어떻게 시청자들에게 더 많은 공감을 얻을까 고민한다면 스마트폰 만으로도 멋진 영상을 찍을 수 있을 거예요.

스마트폰 앱으로 동영상을 편집해요 1

 나 지난주에 우리 가족들이랑 캠핑을 다녀왔는데 엄청 재미있었어!

 아, 정말? 부럽다. 가서 뭐 하고 놀았어?

 음…. 가족들과 게임도 하고, 맛있는 음식도 많이 먹었어. 동영상으로 찍어왔는데 한번 볼래?

 우와! 재미있었겠다. 나도 캠핑 가고 싶어졌어!

 재미있어 보여? 그럼 이 영상을 우리 유튜브 채널에 올려볼까?

 좋은 생각이야! 그런데 이대로 올리기엔 영상이 너무 긴데, 사람들이 끝까지 볼까?

 그러게. 재미있는 부분을 골라서 사람들에게 보여 주고 싶어.

동영상을 그냥 올리지 않고, 보기 좋게 편집하고 싶군요! 좋은 생각이에요.

 선생님, 동영상 편집은 어떻게 하는 건가요? 왠지 어려울 것 같아요.

동영상의 순서를 바꾸거나 길이를 조절하는 것은 그렇게 어렵지 않아요.

 정말요?

여러분이 쉽게 이용할 수 있는 스마트폰 앱으로 할 수 있거든요.

 어떤 앱이요?

'키네마스터'라는 앱이에요. 이 앱을 활용한 편집 방법을 지금부터 알아볼까요?

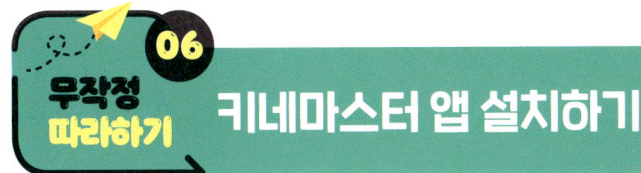

06 무작정 따라하기 | 키네마스터 앱 설치하기

스마트폰 영상 편집 앱(애플리케이션)인 '키네마스터'를 활용해 봅시다. 기본 기능이 많고 멋진 음악이나 효과를 사용할 수 있기 때문이지요. 모든 스마트폰에서 다운로드하여 사용할 수 있고 유료 결제 없이도 기본적인 기능을 모두 쓸 수 있어 좋답니다. 키네마스터 앱을 설명하는 화면은 안드로이드 폰을 기준으로 하였어요. 아이폰 사용자라면 Tip Talk의 내용을 참고하면 됩니다.

〉 앱스토어를 사용하는 경우 다운로드하는 방법 〈

01 먼저 앱스토어에서 다운로드하는 방법부터 살펴볼까요? 스마트폰에 앱을 설치하기 위해 앱스토어에 들어가세요.

02 검색 창에 '키네마스터'를 검색하고 [받기]를 탭합니다.

03 설치가 완료되면 [키네마스터]를 탭하여 실행하세요.

❯ Play 스토어를 사용하는 경우 ❮

01 스마트폰에 앱을 설치하기 위해 [Play 스토어]에 들어가세요.

02 검색창에 '키네마스터'를 검색하고 [설치]를 탭합니다.

 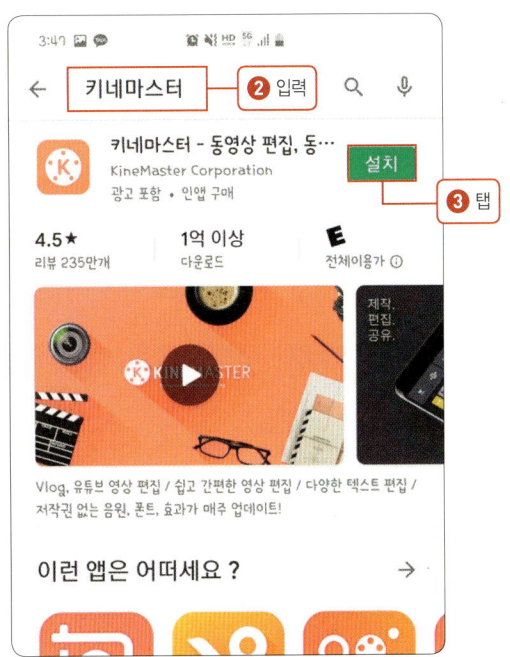

03 설치가 완료되면 [키네마스터]를 탭하여 실행하세요.

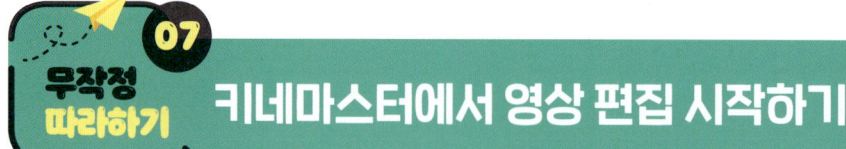

07 키네마스터에서 영상 편집 시작하기

키네마스터 앱을 다운로드 받았다면 이제 영상 편집을 위한 첫 단추를 끼워볼까요? 먼저, 키네마스터 앱을 실행시키세요.

〉 안드로이드 폰을 사용하는 경우 〈

01 키네마스터 앱을 처음 실행하면 아래 그림과 같이 접근 권한에 대한 허락을 구하는 화면이 나타나요. 내용을 읽어보고 [허용]을 탭하세요.

02 키네마스터에서 내 스마트폰 속 파일에 접근해 사용해도 되는지 허락을 구하는 화면이에요. [허용]을 탭하세요.

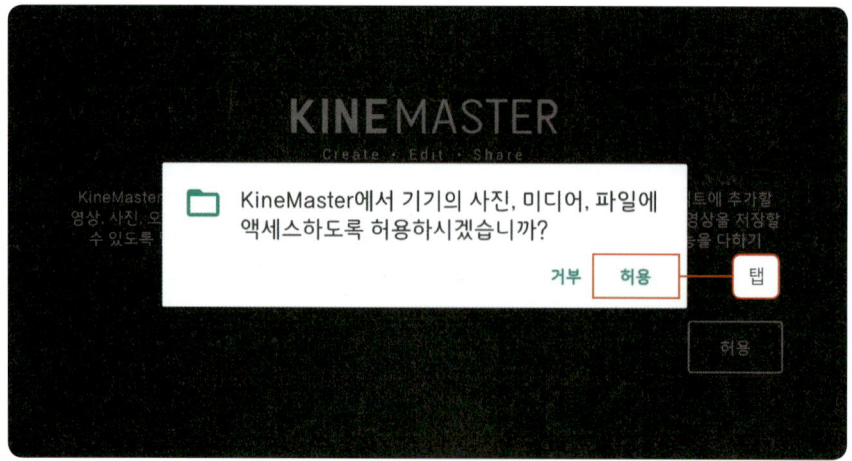

03 [시작하기]를 탭하세요.

04 키네마스터(KineMaster) 프리미엄은 유료 프로그램이에요. 우리는 무료 프로그램을 사용하기 위해 화면 왼쪽 위에 있는 ⊗를 눌러 종료합니다.

05 앱을 실행하면 나오는 시작 화면입니다. 여기서 ▦을 탭하면 영상 편집을 시작할 수 있어요.

06 화면 비율은 여러분이 원하는 영상 비율로 선택하세요. 여기서는 16:9 비율로 선택해 볼게요.

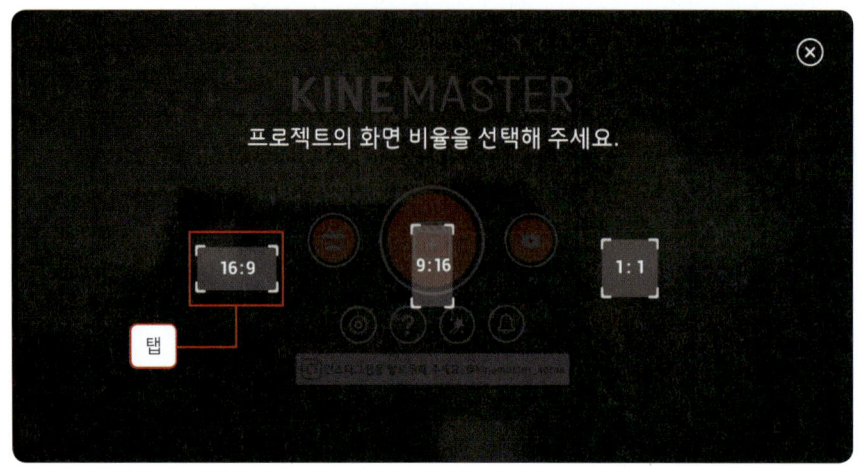

07 영상 편집을 시작하는 화면이 나왔네요.

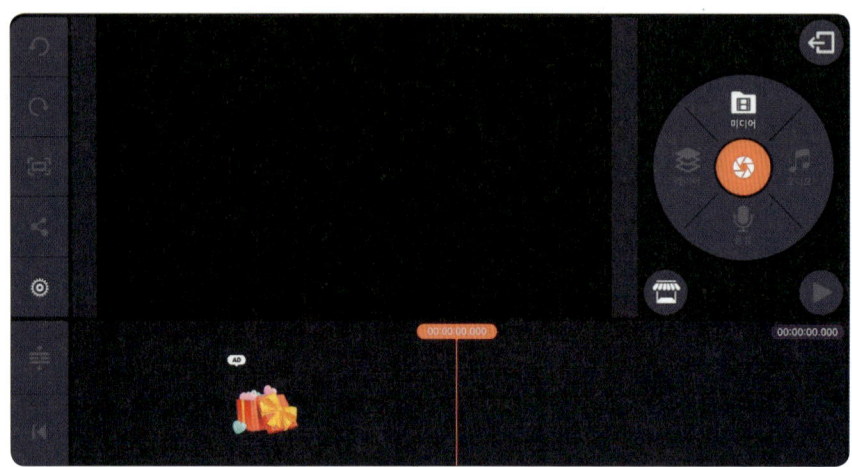

> **TipTalk** 유튜브에 영상을 업로드할 때에는 가로(화면비 16:9)로 된 사진이나 영상을 사용하는 게 좋아요. 그래서 업로드할 영상을 촬영할 때에도 가로로 찍는 것을 추천해요.

〉 아이폰을 사용하는 경우 〈

01 키네마스터 앱을 처음 실행하면 소개하는 화면이 나와요. 오른쪽에서 왼쪽으로 화면을 넘기세요.

02 빨간색 [시작하기]를 탭합니다.

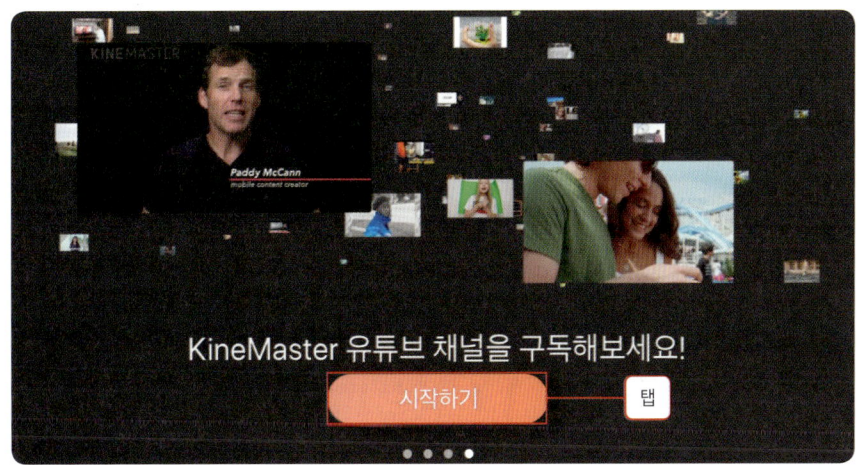

03 키네마스터(KineMaster) 프리미엄은 유료 프로그램이에요. 우리는 무료 프로그램을 사용하기 위해 왼쪽 위 ⊗를 눌러 종료합니다.

04 키네마스터의 광고 알림을 받고 싶은지 묻는 창이에요. 알림이 울리지 않기를 원한다면 [허용 안 함]을 탭합니다.

05 키네마스터로 편집을 시작하기 위한 화면입니다. 여기서 ▥을 탭하면 영상편집을 시작할 수 있어요.

06 키네마스터에서 내 스마트폰 속 파일에 접근해 사용해도 되는지 허락을 구하는 화면이에요. [승인]을 탭하세요.

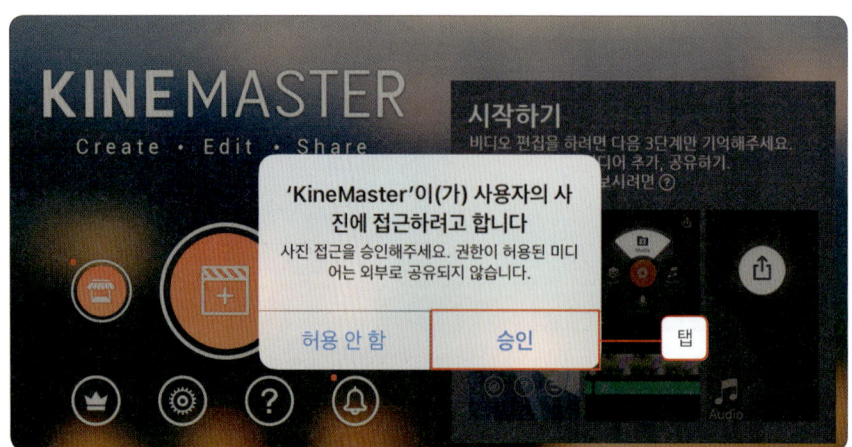

07 화면 비율은 여러분이 원하는 영상 비율로 선택하세요. 여기서는 16:9 비율로 선택해 볼게요.

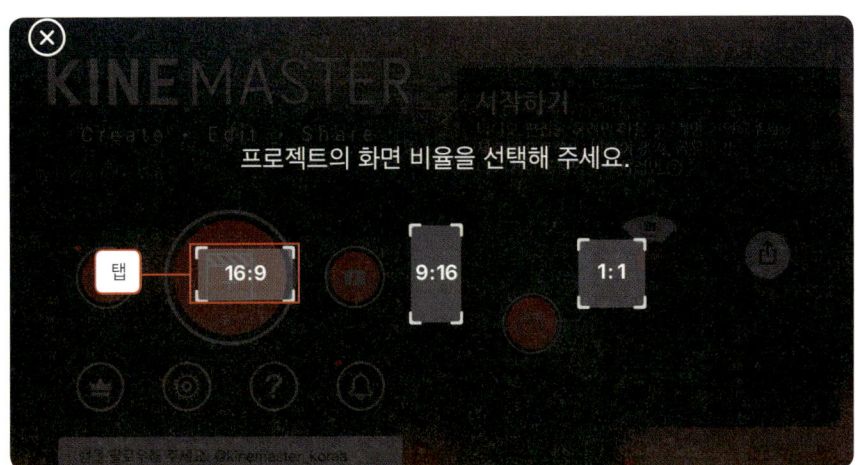

08 영상 편집을 시작하는 화면이 나왔네요.

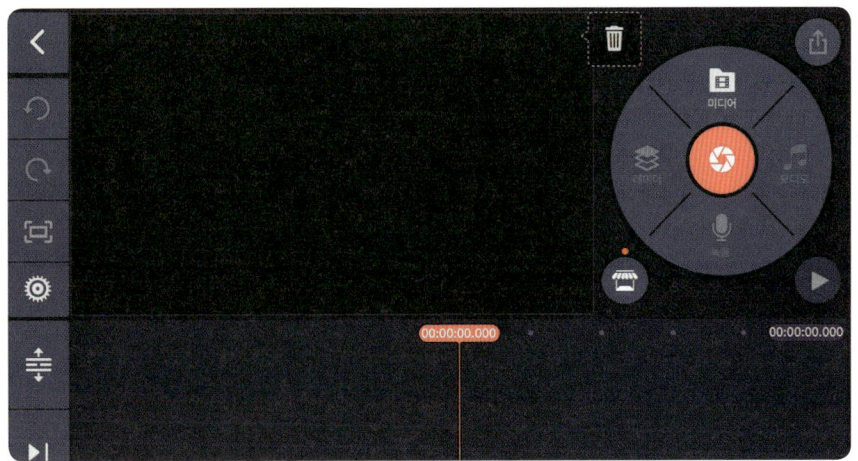

TipTalk 유튜브에 영상을 업로드할 때에는 가로(화면비 16:9)로 된 사진이나 영상을 사용하는 게 좋아요. 그래서 업로드할 영상을 촬영할 때에도 가로로 찍는 것을 추천해요.

 ## 키네마스터 시작 화면 살펴보기

키네마스터 앱을 실행하여 시작 화면이 어떻게 생겼고 어떤 기능들이 있는지 살펴볼게요. 이 책에서는 안드로이드 폰을 기준으로 설명합니다. 우선 화면 왼편에 세로로 7개의 버튼이 있어요. 화면 가운데에는 편집한 영상과 사진을 미리 볼 수 있는 검정색 화면이 보이네요. 화면 오른편에는 원 모양의 여러 가지 기능의 버튼들이 있어요. 화면 아래쪽은 편집할 사진, 영상, 자막들이 들어가는 타임라인입니다.

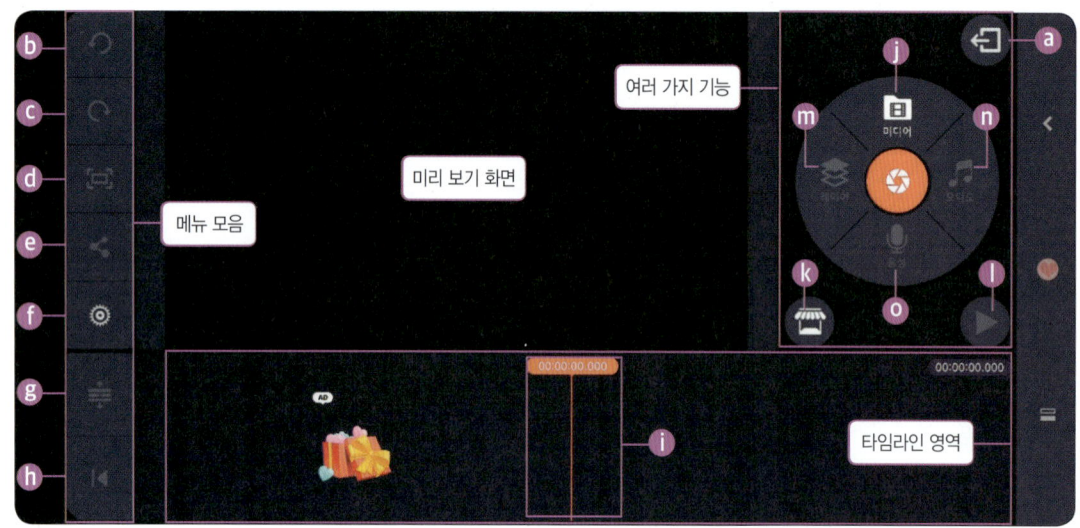

ⓐ ◁ (안드로이드 폰)/ ⤴ (아이폰) **나가기** : 편집 화면에서 나갈 수 있습니다.

ⓑ ↺ **실행 취소** : 실행 이전으로 돌아가고 싶을 때 실행을 취소시킬 수 있습니다.

ⓒ ↻ **다시 실행** : 취소했던 효과를 다시 나타나게 합니다.

ⓓ **캡처** : 현재 편집중인 화면을 캡처합니다.

ⓔ (안드로이드 폰)/ < (아이폰) **공유(내보내기)** : 편집한 영상을 내 갤러리(사진첩)에 저장합니다.

ⓕ ⚙ **환경설정** : 영상의 전체 볼륨이나 편집할 때의 초기 설정을 할 수 있습니다.

ⓖ **화면 비율 설정** : 타임라인을 확대하여 볼 수 있습니다.

ⓗ ◁◁ **타임라인 위치 이동** : 타임라인 막대를 맨 앞이나 맨 뒤로 보내줍니다.

ⓘ 🟧 **타임라인 막대** : 현재 재생하고 있는 곳의 위치를 알려줍니다.

ⓙ 🖼️ **미디어** : 사진이나 영상을 가져옵니다.

ⓚ 🏪 **에셋스토어** : 글꼴이나 음악 등을 다운로드하는 곳으로 이동할 수 있습니다.

ⓛ ▶️ **작업 중 영상 재생** : 편집 작업 중 언제든지 영상을 재생할 수 있습니다.

ⓜ 🗂️ **레이어** : 영상에 사진, 스티커, 텍스트 등을 삽입할 수 있습니다. 겹겹이 쌓는다는 의미의 '레이어'라고 부릅니다.

ⓝ 🎵 **오디오** : 배경음악, 효과음을 삽입할 수 있습니다.

ⓞ 🎙️ (안드로이드 폰)/ 🎤 (아이폰) **녹음 혹은 음성** : 음성을 녹음하여 영상에 입히거나 녹음 파일을 삽입할 수 있습니다.

> **TipTalk** # 아이폰에서 워터마크 삭제(🗑️)는 키네마스트 앱으로 편집하게 되는 경우 영상의 오른쪽 위에 작은 글씨로 Made with KINEMASTER라고 붙는데, 그것을 지우는 기능입니다. 유료이므로 사용하지 않아요.

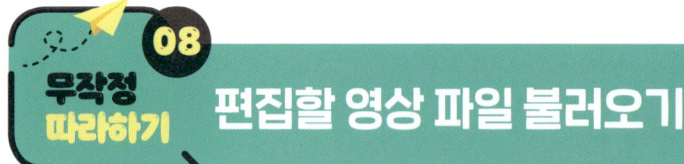

08 편집할 영상 파일 불러오기

영상 편집을 시작하기 위해 내가 촬영했거나, 편집에 필요한 모든 영상을 불러와야겠지요? 갤러리(사진첩) 속 영상을 가져오세요.

01 시작 화면에서 📁를 탭하면 나의 핸드폰 속 사진 및 동영상 앨범이 나타납니다.

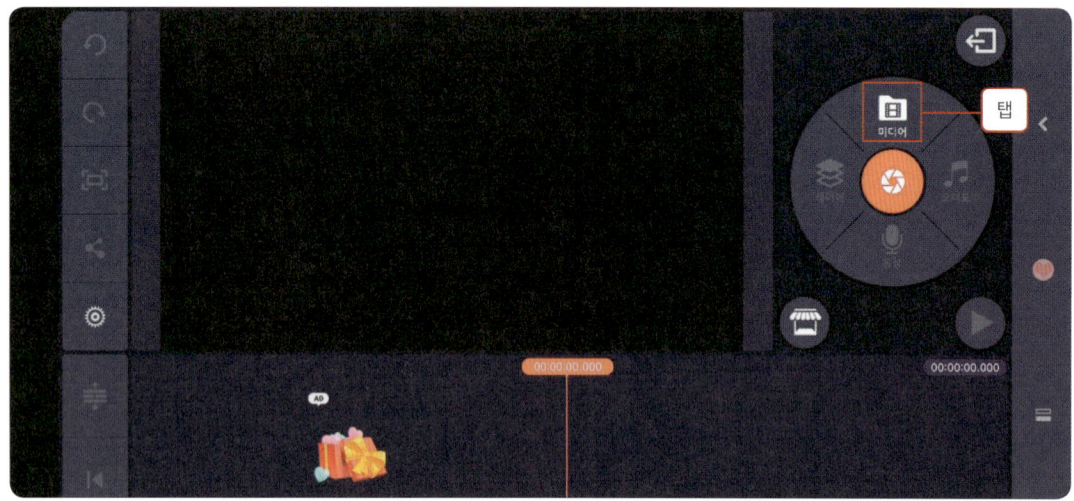

02 촬영해 둔 동영상이 저장되어 있는 폴더를 탭하세요.

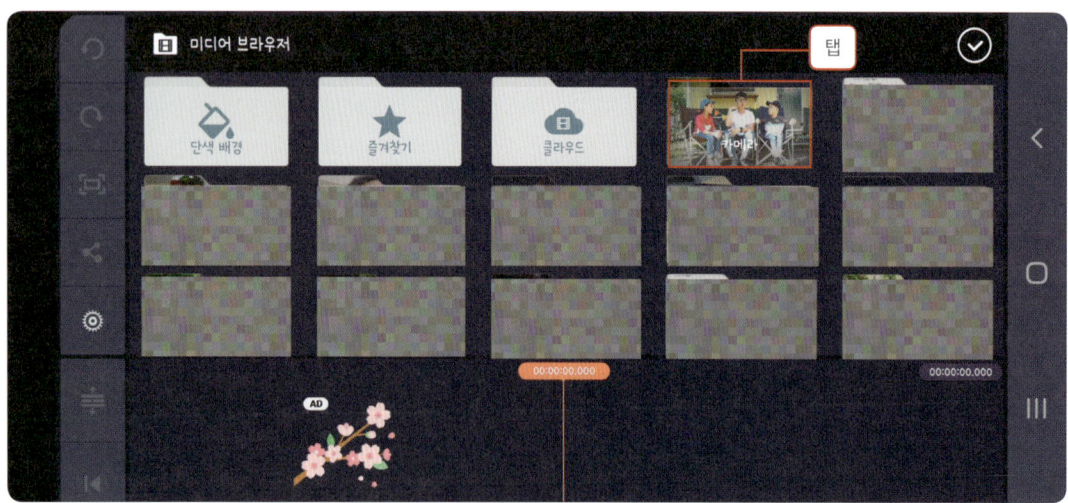

03 내가 찍은 영상들이 보입니다. 이 중 영상 주제에 맞는 동영상만 골라서 편집할 거예요.

TipTalk 내가 촬영한 동영상이 들어있는 폴더의 이름은 여러분의 스마트폰 갤러리(사진첩)에 따라 달라질 수 있답니다.

04 촬영에 필요한 영상을 모두 선택하고 화면 오른쪽 위의 ⊙를 탭하여 선택을 마칩니다.

05 편집할 동영상을 모두 불러왔어요. 이제 본격적으로 편집을 시작해 볼까요?

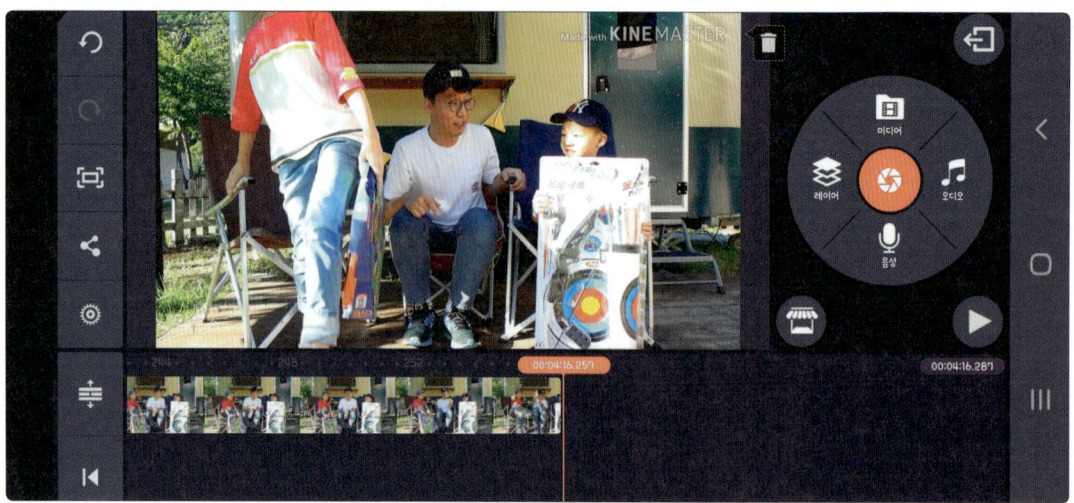

잠깐만요 _ 사진 혹은 동영상 파일만 모아서 보는 방법

화면 오른쪽 위에 ▮을 탭하면 세 개의 아이콘이 나옵니다.

ⓐ ✔ : 앨범 안의 사진과 동영상을 함께 볼 수 있습니다.
ⓑ 🖼 : 앨범 안에 있는 사진 파일만 모아서 볼 수 있습니다.
ⓒ 🎞 : 앨범 안에 있는 동영상 파일만 모아서 볼 수 있습니다.

잠깐만요 ／ 아이폰에서 동영상 불러오는 방법

아이폰은 안드로이드 폰과 달리 비디오 화면이 [비디오]와 [사진] 메뉴로 나뉘어져 있어요. 왼쪽의 [비디오] 메뉴를 탭하면 내 사진첩 속 동영상을 불러올 수 있답니다. 사진을 불러오고 싶은 친구들은 [사진] 메뉴를 선택해서 불러오세요.

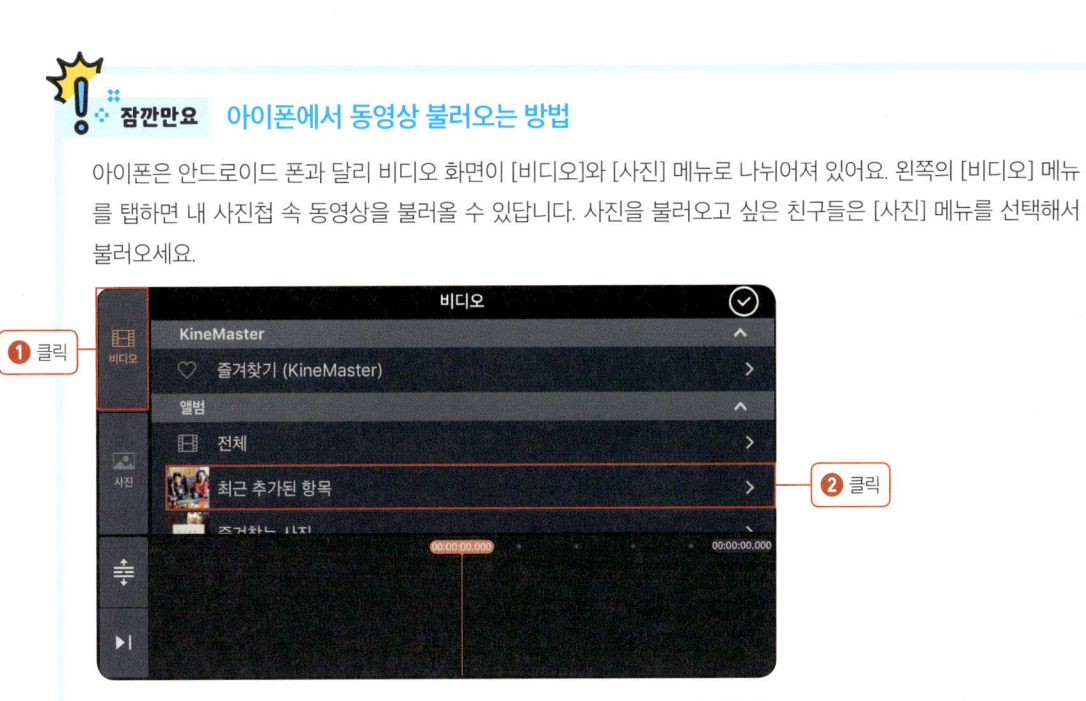

09 무작정 따라하기 - 영상의 순서 바꾸기

타임라인에서 영상의 순서를 바꾸고 싶을 때에는 이동하고 싶은 영상을 손으로 길게 꾹 눌러서 원하는 위치로 끌어서 옮길 수 있어요.

01 맨 앞에 들어가야 할 오프닝 영상이 타임라인 제일 뒤쪽에 있네요? 이렇게 뒤에 있는 영상을 앞으로 옮기고 싶은 경우에는 이동시킬 영상을 길게 꾹 탭합니다.

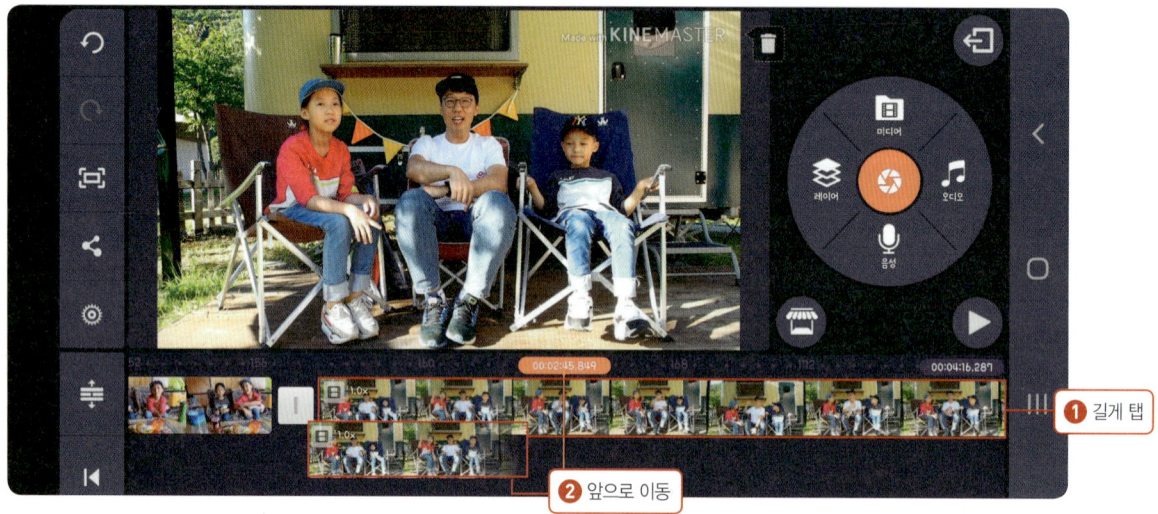

❶ 길게 탭
❷ 앞으로 이동

02 그 상태에서 손가락을 떼지 않고 영상을 이동하고 싶은 위치로 끌어서 옮겨주세요.

위치 이동

03 원하는 곳으로 영상이 이동되었어요.

영상 삭제하거나 추가하기

영상을 편집하다보면 필요 없는 영상을 삭제하거나 다른 영상을 추가해야 할 경우가 있습니다. 다음의 과정을 따라 하며 기능을 익혀 볼게요.

01 편집 중인 영상에서 삭제하고 싶은 부분을 한 번 탭하여 선택하세요. 아래 그림과 같이 가장 자리에 노란색 테두리가 생기지요? 화면 왼쪽 메뉴의 🗑 을 탭하세요.

TipTalk 오른쪽에 보이는 클립 그래픽, 속도, 리버스 등 다양한 메뉴들에 대해서는 106쪽의 내용을 참고하세요.

02 영상을 추가하고 싶을 때에는, 새로운 영상을 추가하고 싶은 곳으로 타임라인 막대를 옮기고 🎬 를 탭하세요.

03 동영상을 가져올 폴더를 선택하세요.

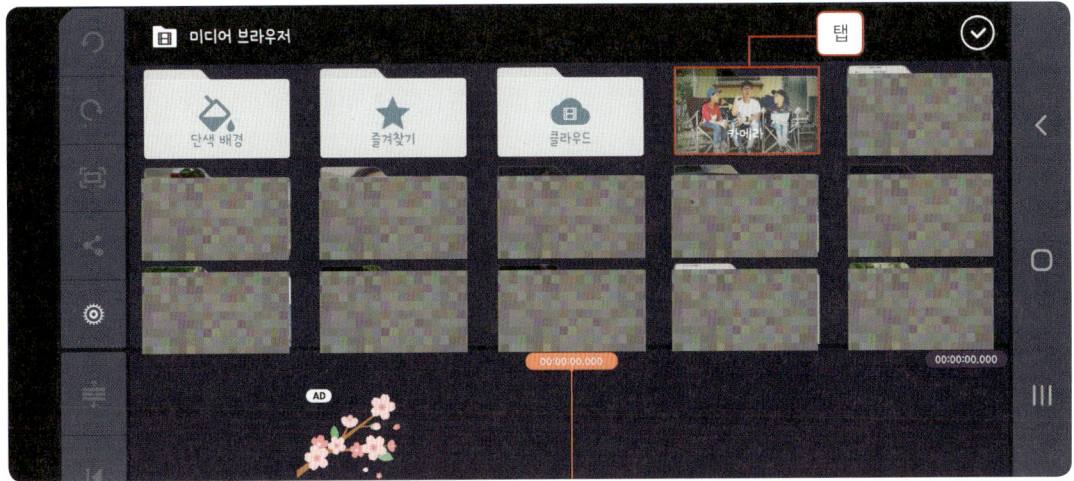

04 추가하고 싶은 영상을 탭하여 타임라인에 추가한 다음 ◯를 탭하여 완료하세요.

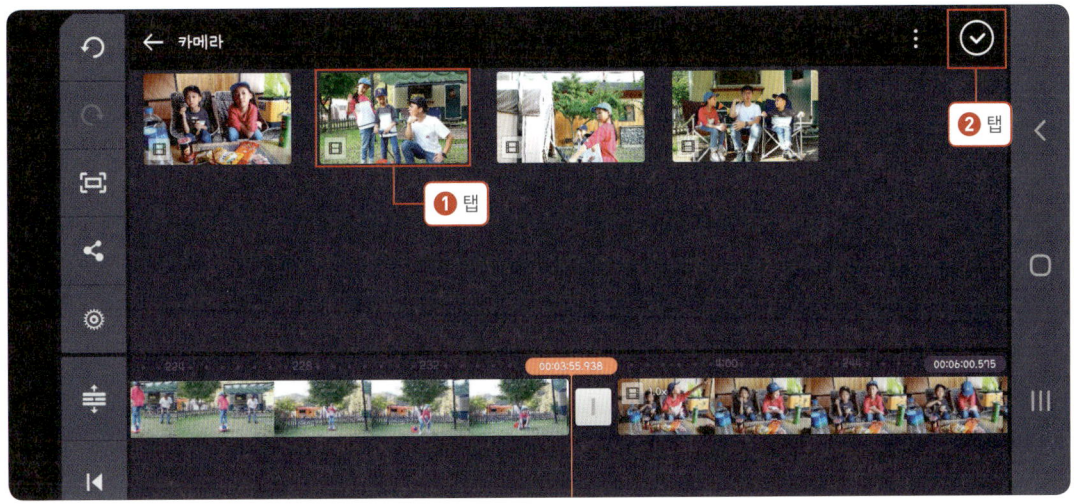

05 영상이 추가되었습니다.

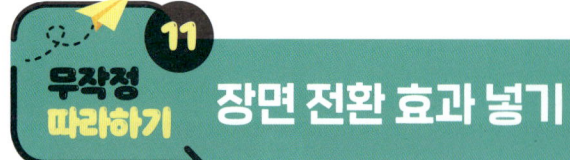

장면 전환 효과 넣기

여러 개의 영상을 붙여서 재생해 보았을 때 아무런 효과가 없이 지나간다면 뚝뚝 끊어지는 느낌이 들 거예요. 영상과 영상이 만나는 곳에 효과를 넣으면 조금 더 자연스럽겠지요? 이 기능을 '장면 전환'이라고 해요. 이 효과를 한번 넣어 볼까요?

01 타임라인의 영상들 사이에 있는 ▢을 탭하세요. 그러면 화면 오른쪽에 여러 가지 장면 전환 효과 목록을 볼 수 있어요.

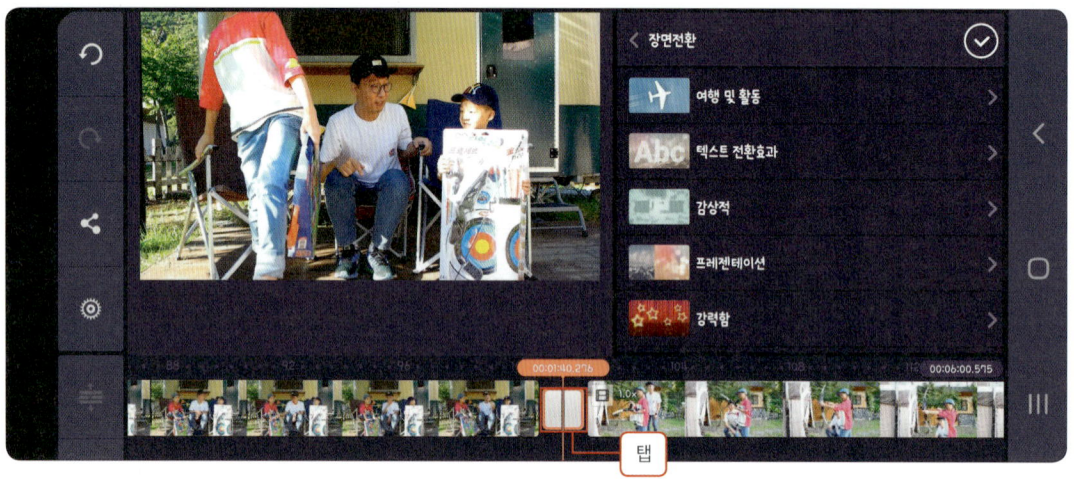

> **TipTalk** 아이폰에서는 타임라인의 영상들 사이에 ▢ 대신 ⊞가 있어요. 장면전환 효과 목록을 보기 위해서는 ⊞를 탭하세요.

02 여기서는 [프레젠테이션] > [회전]을 차례로 탭하여 효과를 적용해 보았어요. 그랬더니 1번 영상에서 2번 영상으로 넘어갈 때 앞의 영상이 회전하며 사라지고 다음 영상이 나타나는 것을 볼 수 있네요.

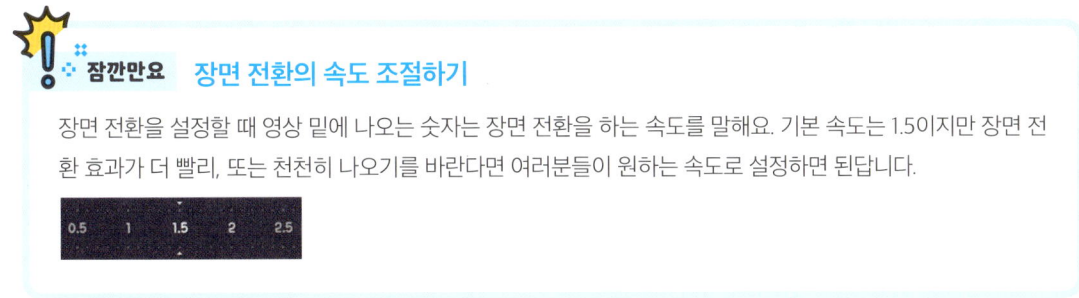

잠깐만요 — 장면 전환의 속도 조절하기

장면 전환을 설정할 때 영상 밑에 나오는 숫자는 장면 전환을 하는 속도를 말해요. 기본 속도는 1.5이지만 장면 전환 효과가 더 빨리, 또는 천천히 나오기를 바란다면 여러분들이 원하는 속도로 설정하면 된답니다.

03 더 다양한 장면 전환 효과를 사용해 보고 싶다면 효과를 다운로드할 수 있는 상점인 에셋스토어에 들어가면 됩니다. 효과를 넣고 싶은 곳의 ▭을 탭한 후 에셋스토어 로고 옆의 [더 받기]를 탭합니다.

TipTalk 아이폰에서는 에셋스토어 [더 받기]가 화면 오른쪽 위에 있어요.

04 '프리미엄' 표시가 없는 무료효과 중에서 마음에 드는 것을 골라 다운로드하여 적용시켜 보세요.

 에셋스토어의 효과들의 무료/유료 여부는 시시때때로 변경되기도 하니 책에 있는 효과를 그대로 사용하기보단 무료인 효과 중 골라서 사용하세요.

잠깐만요 ― 에셋스토어의 무료 효과들을 이용하는 방법

키네마스터 앱의 에셋스토어에 들어가면 여러 가지 필터와 장면전환 효과, 애니메이션, 글꼴, 음악과 효과음들을 다운로드 받을 수 있어요. '프리미엄' 표시가 붙은 효과들은 유료로 이용하는 사용자들만 다운로드할 수 있어요. 무료로 제공하는 효과로도 충분히 예쁜 영상을 만들 수 있으니 유료 구매는 신중하게 하세요.

영상 자르고 효과 넣기

영상을 편집할 때, 필요한 부분은 남기고 필요 없는 부분을 자르는 것을 '트림'이라고 해요. 그리고 영상을 여러 개로 나누는 작업은 '분할', 새로운 장면을 넣는 것을 '삽입'이라고 합니다. 여기서는 트림, 분할, 삽입 등의 편집 기능에 대해 배워 보겠습니다.

01 타임라인에서 편집할 영상을 골라 탭하면 선택된 영상이 노란 테두리로 표시되어요. 그리고 오른쪽 위에 다양한 메뉴 화면이 나옵니다. 이 중 트림/분할 기능인 ✂ 을 탭하세요.

> **잠깐만요** 아이폰에서의 다양한 편집 메뉴 아이콘 모양
>
> 아이폰에서는 트림/분할 및 다른 메뉴들의 아이콘이 다르게 생겼답니다. 다르다고 당황하지 말고 무작정 따라하기를 천천히 따라가다 보면, 그때그때마다 어느 위치에 있는 어떤 아이콘을 사용해야 하는지 알려줄테니 걱정하지 마세요.
>
>

02 빨간색 타임라인 막대를 영상을 잘라내고자 하는 경계에 놓고 오른쪽 위의 메뉴를 보세요. [플레이헤드의 왼쪽을 트림]은 빨간색 막대의 왼쪽이 필요 없는 영상인 경우 선택하는 메뉴예요. 즉 타임라인의 왼쪽을 잘라내는 것이지요.

03 막대 왼쪽 부분이 잘려 나가 사라졌네요. 만약 반대로 [플레이헤드의 오른쪽을 트림]을 탭했다면 막대의 어느 쪽을 자를 수 있을까요? 오른쪽이겠지요.

TipTalk 영상을 편집하다가 실수를 했거나 이전 단계로 돌아가고 싶을 때에는 화면 왼쪽 위에 있는 을 탭하여 한 단계씩 이전으로 돌아갈 수 있습니다.

> **잠깐만요** 트림/분할 기능보다 더 쉽고 간단하게 영상을 자르는 방법
>
> 영상을 한 번 터치하면 영상에 노란색 테두리가 나타납니다. 이때 영상 양쪽 끝에 굵게 표시된 노란색 테두리 선을 꾹 눌러 왼쪽이나 오른쪽으로 드래그하면 원하는 만큼 영상을 잘라낼 수 있답니다.
>
>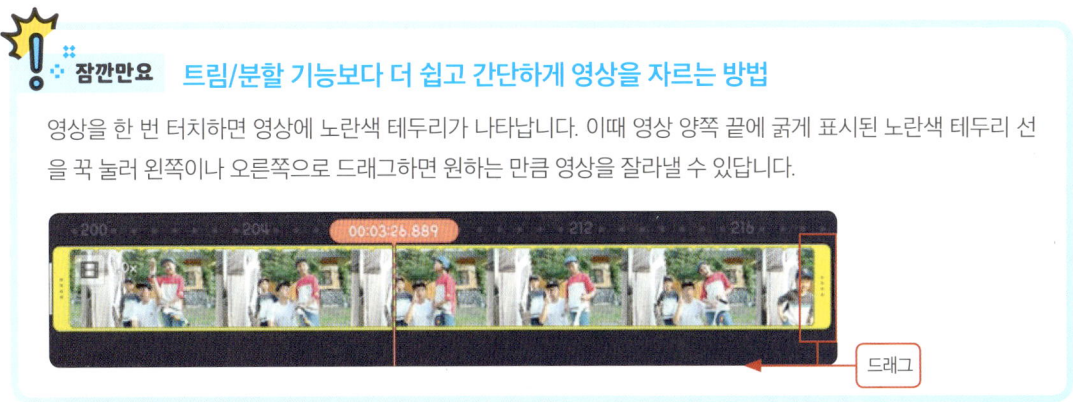

04 이번에는 하나의 영상을 두 개로 나눠(분할) 볼게요. 이때도 역시 타임라인에서 편집할 영상을 골라 탭하세요. 노란색 테두리로 영상이 표시됐다면 트림/분할 기능인 ✂을 또 탭합니다.

05 나누고 싶은 위치에 타임라인의 빨간 막대를 놓고 화면 오른쪽 목록에서 [플레이헤드에서 분할]을 탭하세요.

06 영상이 두 개로 나누어졌네요! ◉를 눌러서 분할을 완료하세요.

TipTalk # 이때 두 영상 사이에 ▭을 탭하면 장면 전환 효과를 넣을 수 있어요. 장면 전환 효과를 추가하는 방법은 앞에서 배운 92쪽 무작정 따라하기11의 장면 전환 효과 넣기 내용을 참고하세요.

TipTalk # 아이폰에서는 ▭ 대신 ⊞이 나타난다는 것을 잊지 마세요.

07 분할이 완료되어 두 개의 영상으로 나뉘어졌어요.

TipTalk # 트림/분할 기능에 빨간색 점이 보이나요? 노란색으로 선택된 이 영상이 이미 트림/분할 작업이 되었을 경우 빨간색 점으로 표시된답니다.

08 영상과 영상 사이에 정지화면을 넣을 수도 있답니다. 마찬가지로 영상을 선택하여 노란 테두리를 만든 뒤, 오른쪽에서 ✂를 탭하세요.

09 타임라인 막대를 정지화면으로 만들고 싶은 부분에 놓고 [정지화면 분할 및 삽입]을 탭하세요. 타임라인 막대가 위치한 부분의 화면이 정지 장면으로 캡처되어 두 영상 사이에 들어갑니다.

10 두 개의 영상 사이에 캡처된 정지 장면이 들어가면서 모두 세 개의 영상으로 나뉘었네요. 정지 장면의 길이를 조절하고 싶다면 사진을 탭하여 선택하세요. 노란 테두리가 생긴 것을 확인할 수 있습니다.

11 노란색 테두리를 꾹 눌러 드래그하여 왼쪽이나 오른쪽으로 움직이면 캡처한 사진이 재생되는 시간을 조절할 수도 있습니다.

> **Tip Talk** 유튜브 영상을 보다보면 재미있거나 중요한 부분에서 "잠깐만!" 하고 영상이 멈추며 기대감을 높이는 모습을 본적이 있을 거예요. '정지화면 분할 및 삽입' 기능은 이런 효과를 줄 때 쓰입니다.

도전! 미션 해결

키네마스터로 동영상 간단히 편집하기

미션 1 편집할 영상을 불러오고 영상 순서 바꿔 보기

미션 2 전체 영상을 2분 분량으로 만들기 위해 영상을 삭제하거나 추가해 보기

미션 3 장면이 전환될 때 장면 전환 속도를 0.5로 맞추고 [프레젠테이션]-[슬라이드] 효과 주기

WEEK 05
스마트폰 앱으로 동영상을 편집해요 2

우리가 가족과 여행했던 영상 중 재미있는 부분만 골라서 편집했는데 이제 올리면 될까?

하지만 배경 음악도 없고 자막도 없이 이대로 올려도 괜찮을까?

맞아. 유튜브 영상 대부분은 자막과 음악이 깔려있던데….

선생님, 저희도 다른 채널의 영상들처럼 화려하게 만들고 싶어요.

음악이나 자막뿐만 아니라 재미있는 다른 효과들도 넣고 싶어요.

재미있는 효과라…. 그 장면을 거꾸로 재생시켜 볼 수도 있고, 위아래를 뒤집어 편집할 수도 있겠네요.

그런 효과도 있어요?

그럼요! 이 밖에도 모자이크 처리나, 음성변조, 스티커 등 다양하게 편집할 수 있답니다.

멋지게 변할 저희 영상이 정말 기대돼요! 어서 알려주세요!

13 장면 전환 효과 넣기

여러분들은 사진이나 영상 속 특정한 부분이 점점 확대되는 것을 본 적이 있나요? 이번에는 영상이 처음 시작할 때와 끝날 때의 화면 위치를 다르게 하는 팬&줌 기능을 사용해 볼게요.

01 편집을 원하는 영상을 탭하여 노란 테두리로 표시되게 하고, 오른쪽 메뉴에서 를 탭하세요.

02 '팬&줌' 화면으로 이동하면서 기능이 적용되는 영상의 시작 위치가 빨간색으로 선택된 것을 확인할 수 있어요.

03 시작 위치와 끝 위치 중 내가 확대하고 싶은 부분을 터치하세요. 이 책에서는 끝 부분을 확대시켜보기 위해서 [끝 위치]를 선택했어요.

04 화면에서 두 손가락으로 탭한 상태에서 양쪽으로 드래그하여 사진을 원하는 만큼 확대한 다음 ◉를 탭하여 완료하세요.

05 잘 되었는지 확인해 볼까요? 타임라인의 빨간 막대를 방금 편집한 영상의 앞부분으로 옮기고 ▶를 탭하여 영상을 재생시켜 보세요.

06 영상이 뒤로 갈수록 앞에서 설정한 만큼 화면이 확대되는 것을 확인할 수 있어요.

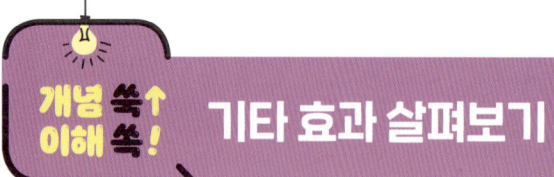

기타 효과 살펴보기

타임라인에서 동영상을 탭하여 테두리가 노란색으로 표시되면, 다양한 효과를 줄 수 있는 메뉴들이 오른쪽에 나타납니다. 이 메뉴들을 하나씩 탭하며 기능에 대해 알아보아요. 그리고 모든 기능이 적용된 뒤에는 오른쪽 위의 ◉를 탭해야 적용이 완료되어 저장된다는 점을 기억해 두세요.

ⓐ **클립 그래픽** : 영상 타이틀(제목)을 나타낼 때 여러 효과를 주는 기능입니다.

[기본 타이틀 효과]를 탭하면 가장 기본적인 타이틀 등장 효과를 설정할 수 있어요. 글꼴뿐만 아니라 등장 방식도 선택할 수 있답니다. [여행 및 활동]은 여행 영상에 어울리는 타이틀 등장 방식들이 소개되어 있습니다. [감상적], [강력함] 등으로 타이틀 등장 방식에 느낌을 더해줄 수도 있어요. [타이틀 효과 더보기]를 탭하면 또 다른 효과들을 감상할 수 있답니다. 물론 프리미엄은 유료이기 때문에 무료인 효과를 사용하도록 하세요.

ⓑ **속도** : 영상이 재생되는 속도를 조절할 수 있는 기능입니다.

1x(1배속), 4x(4배속), 8x(8배속)은 속도가 1배(속도 변화 없음), 4배, 8배로 빨라진다는 의미예요. 이 중 하나를 탭하면 그 속도로 영상이 재생돼요. 하지만 3배 혹은 5배 등 다른 속도로 설정하고 싶다면 아래 줄자 모양의 눈금을 드래그하여 속도를 직접 조절할 수 있어요. 영상의 속도가 너무 느리거나 빠를 때 이 기능을 활용하면 되겠지요? 그 아래의 [음소거], [음정 유지]를 활용해 속도의 변화에 따른 소리의 변화도 조절할 수 있답니다.

ⓒ **리버스** : 동영상이 거꾸로 재생되도록 바꾸는 기능입니다.

빗방울이 땅에서 하늘로 올라가거나, 물속에서 사람이 튀어 올라오는 영상을 본 적이 있나요? 모두 '리버스' 기능을 사용한 영상입니다. 영상을 선택하고 [리버스]를 탭하면 영상이 거꾸로 재생돼요. 리버스된 영상을 재생해보니 마치 사람이 뒤로 움직이는 것처럼 보입니다. 아주 재미있는 효과이니 다양한 장면에서 사용해 보세요.

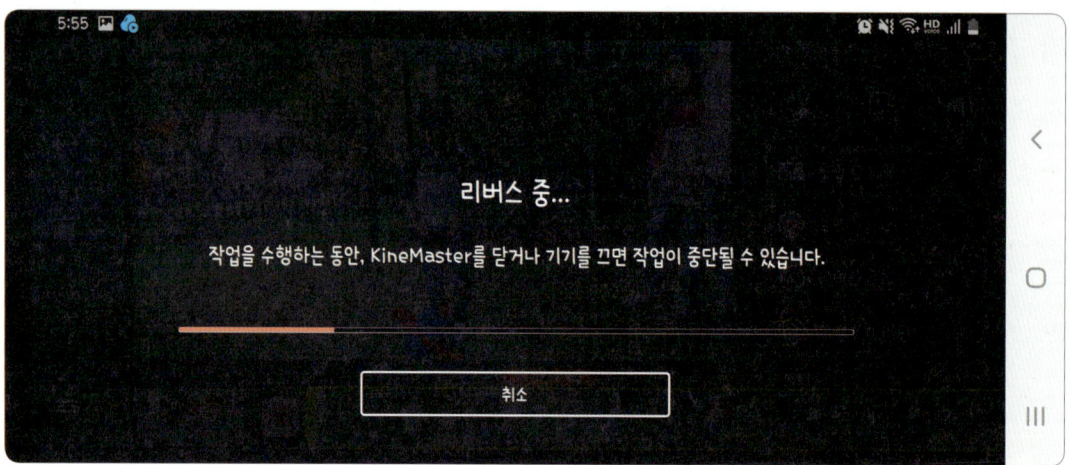

TipTalk 리버스 기능이 적용되는 중간에 키네마스터 앱을 종료하거나, [취소]를 누르면 작업이 중단되니 유의하세요.

ⓓ **회전/미러링** : 영상을 회전하거나 방향을 바꾸는 기능입니다.

여기서 미러링은 왼쪽/오른쪽, 또는 위/아래로 뒤집어주는 기능이에요. [미러링]의 을 탭하면 사진의 위아래가 거울 비치듯 바뀐 것을 볼 수 있지요?

[회전]의 을 탭하면 영상이 시계 반대 방향으로 회전한 것을 볼 수 있어요.

ⓔ **필터** : 필터는 영상에 색이나 빛, 질감을 입혀주는 기능이에요.

[따뜻한], [차가운], [선명한], [모노], [흐린] 등의 느낌을 내기 위해서 이 중 하나의 메뉴를 탭해 보세요. 그럼 그 안에서도 각각 더 세밀하게 [따뜻한], [차가운] 등의 느낌을 선택할 수 있는 필터 메뉴가 등장해요. 내 영상에 어울리는 분위기를 생각하며 필터를 고르세요.

❶ **조정** : 영상의 밝기, 대비, 채도를 조절하는 기능이에요.

㉠ 밝기 : 수치를 높여주면 영상이 밝아져요.

㉡ 대비 : 수치를 높이면 어두운 부분과 밝은 부분의 밝기 차이가 커져요.

㉢ 채도 : 수치를 높이면 색상이 더욱 선명해져요.

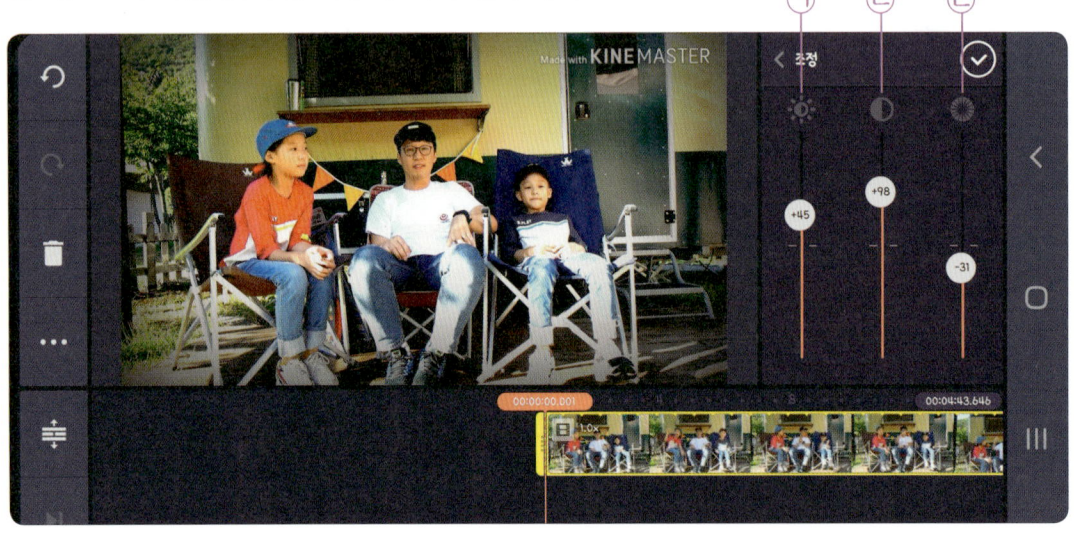

ⓖ **EQ** : 이퀄라이저(Equalizer; EQ)의 줄임말로, 쉽게 말하면 음악의 느낌과 색깔을 조절할 수 있는 기능입니다.

동영상 소리의 다양한 음향 효과를 직접 들어보고 원하는 것을 선택해 보세요. 효과를 넣고 싶지 않을 때에는 [Normal]을 탭하면 됩니다.

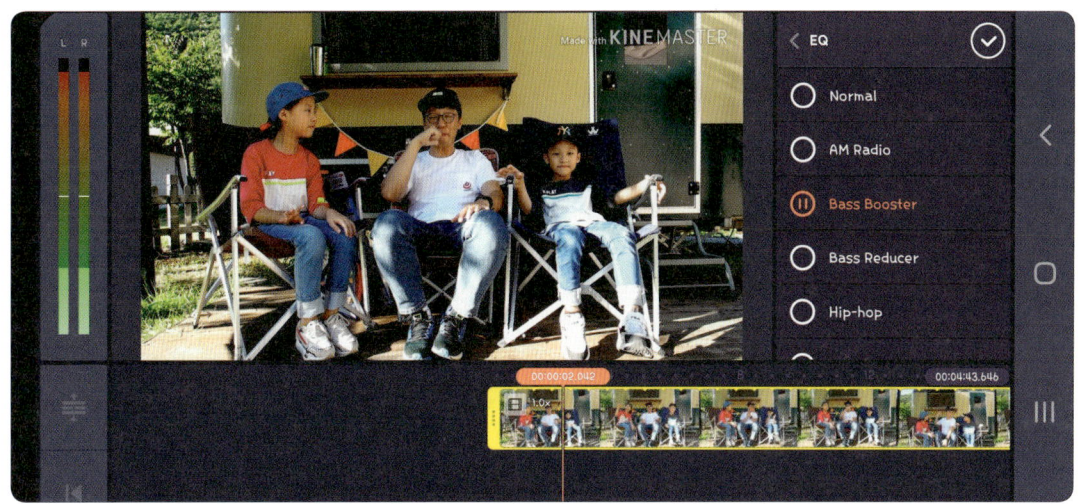

ⓗ **상세 볼륨** : 영상 속의 볼륨 크기를 조절해 주는 기능입니다.

한 영상 안에서도 음량이 컸으면 하는 부분이 있고, 작았으면 하는 부분이 있을 거예요. 이때, 음량조절 원하는 부분에 타임라인의 빨간 막대를 두고 오른쪽 4개의 버튼 중 가장 위에 있는 ⊙⁺을 탭하면 동그란 원이 생겨요. 그리고 [100%]라고 쓰여 있는 막대에서 이 부분의 볼륨 크기를 조절할 수 있답니다. 만약 조절 버튼을 지우고 싶다면 ⊙⁻을 탭하세요. ▶은 타임라인의 빨간 막대를 맨 뒤로, ◀는 맨 앞으로 보내는 버튼입니다.

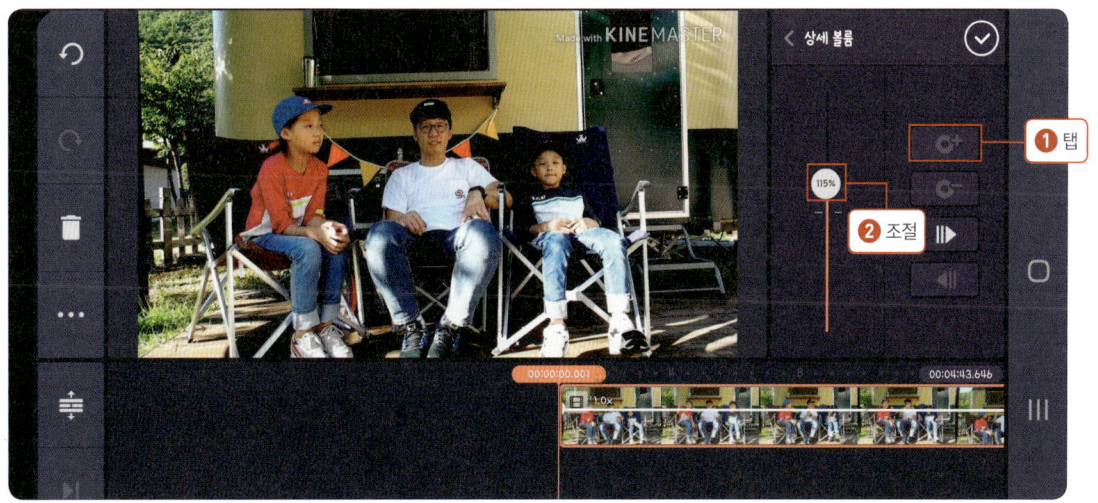

ⓘ 잔향효과 : 소리가 나온 뒤에 계속되는 울림과 같은 소리를 만들어 주는 기능입니다. 다양한 잔향효과를 들어보고 원하는 효과를 적용해 소리를 풍부하게 만들어 보세요.

ⓙ 음성 변조 : 음성을 다양하게 바꾸는 기능입니다.

헬륨가스를 마신 사람이 말하는 것을 들어본 적이 있나요? 목소리가 마치 다른 사람이 된 것처럼 재미있게 변하지요. 여러 가지 음성 변조를 들어보고 원하는 효과를 적용해 보세요.

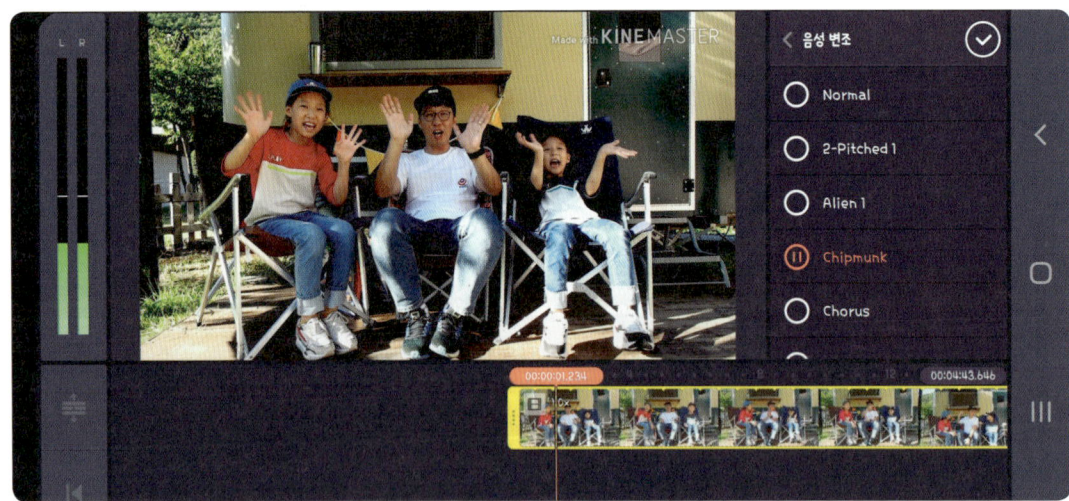

ⓚ 비네트 : 영상의 가장자리를 어둡게 해서 더 주목할 수 있게 만들어 주는 효과입니다.

[비네트]의 활성화 단추를 탭하여 실행하면 영상의 가장자리 부분이 어두워지면서 인물들의 모습이 더 주목되어 보입니다.

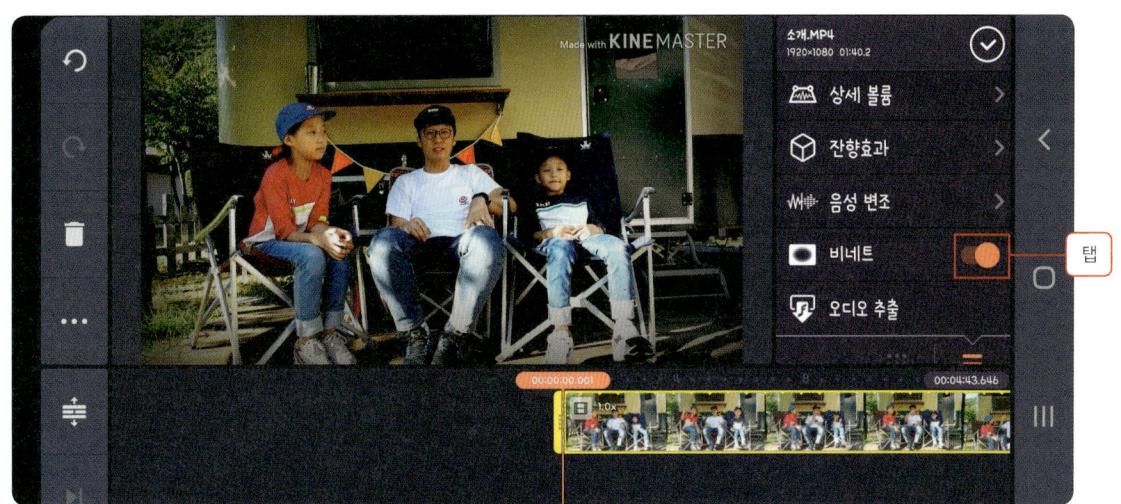

영상에 배경 음악이나 효과음 넣기

배경 음악이나 효과음은 영상의 분위기를 만들고, 재미있게 해 주는 아주 중요한 요소입니다. 영상에 어울리는 음악과 효과음을 넣는 방법을 알아볼게요.

01 편집 화면의 오른쪽에 [오디오]를 탭합니다.

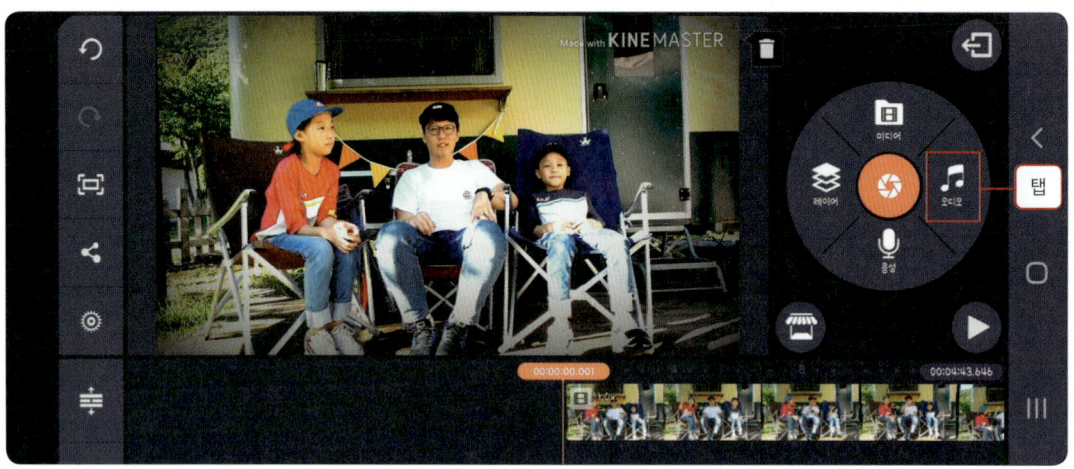

> **잠깐만요 아이폰에서는 사용자의 미디어 보관함에 접근 승인 알람이 떠요**
>
> 아이폰의 경우 'KineMaster'이(가) Apple Music, 사용자의 음악 및 비디오 관련 활동 및 사용자의 미디어 보관함에 접근하려고 합니다.'라는 메시지가 떠요. 이때 [승인]을 탭하세요.
>
>

02 음악 에셋, 효과음 에셋뿐만 아니라 내 핸드폰에 들어있는 음악도 넣을 수 있습니다. 여기서는 에셋스토어에서 음악과 효과음을 다운로드 받아보려고 해요. 오른쪽 위에 🏪을 탭해서 들어가 볼게요.

03 '프리미엄'은 유료 서비스이기 때문에 '무료'라고 쓰여 있는 음악들만 [다운로드]를 탭하여 설치해 보세요. 설치를 완료한 후 ❌을 탭하여 나옵니다.

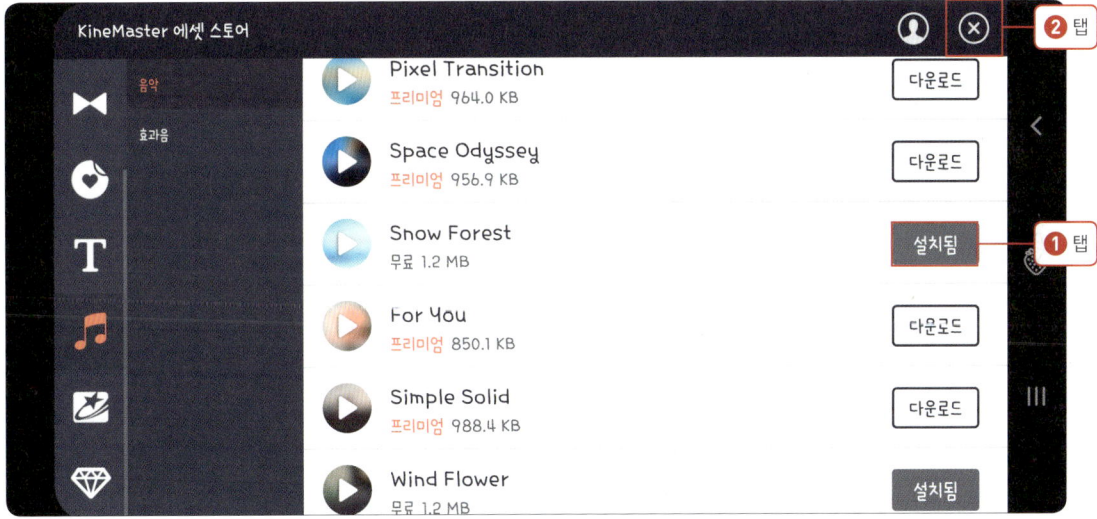

 **아이폰의 에셋스토어에서 음악 다운로드 받기**

아이폰에서는 음악 다운로드하는 부분이 조금 달라요. 아이폰을 사용하는 친구들은 아래 설명을 따라가 볼까요?

❶ [음악 에셋]을 탭합니다.

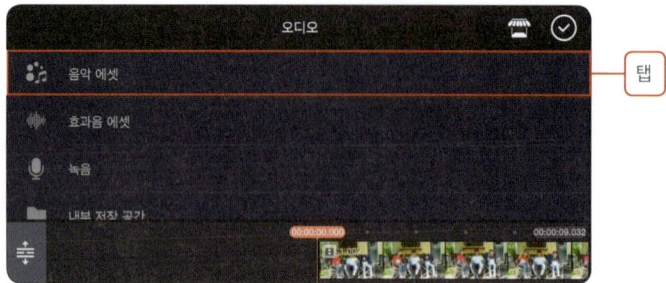

❷ [음악 받기]를 탭하세요.

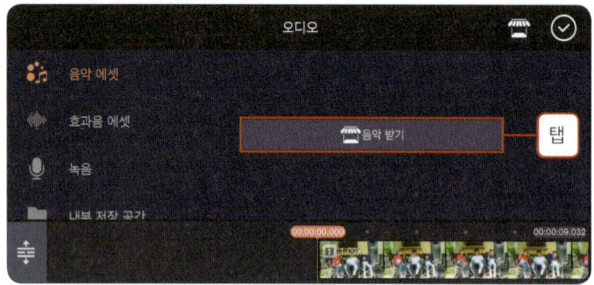

❸ 노래 제목 아래에 빨간색으로 Premium(프리미엄)이라고 적혀있는 음악은 유료로 다운로드해야 하므로 넘어갈까요? Free(프리)라고 적혀있는 음악은 무료예요. 왼쪽의 ▶를 탭하여 노래를 재생시켜 들어보세요. 마음에 드는 음악은 오른쪽의 [다운로드]를 탭합니다.

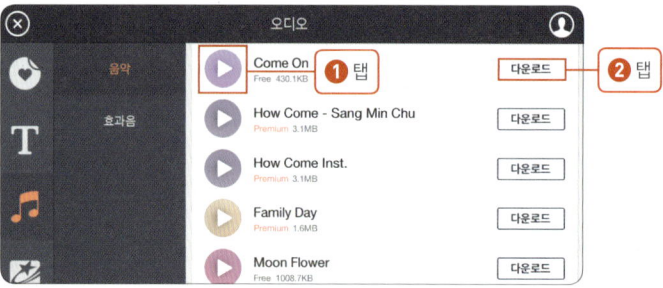

❹ 왼쪽에서 [효과음]을 탭하여 들어가, 위와 같은 방식으로 효과음들을 재생시켜 들어보고 다운로드하세요. 모든 음악과 효과음들을 다운로드 했다면, 왼쪽 위에 있는 ✕를 탭합니다.

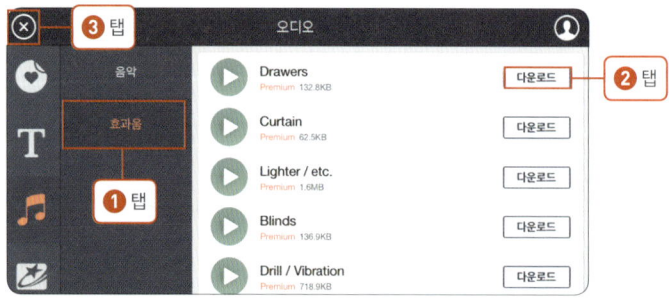

04 나의 음악 에셋 목록에 다운로드한 음악들이 담겨 있어요. 배경음악을 넣기 위해, 음악이 시작되길 원하는 위치에 타임라인의 빨간 막대를 옮겨두세요.

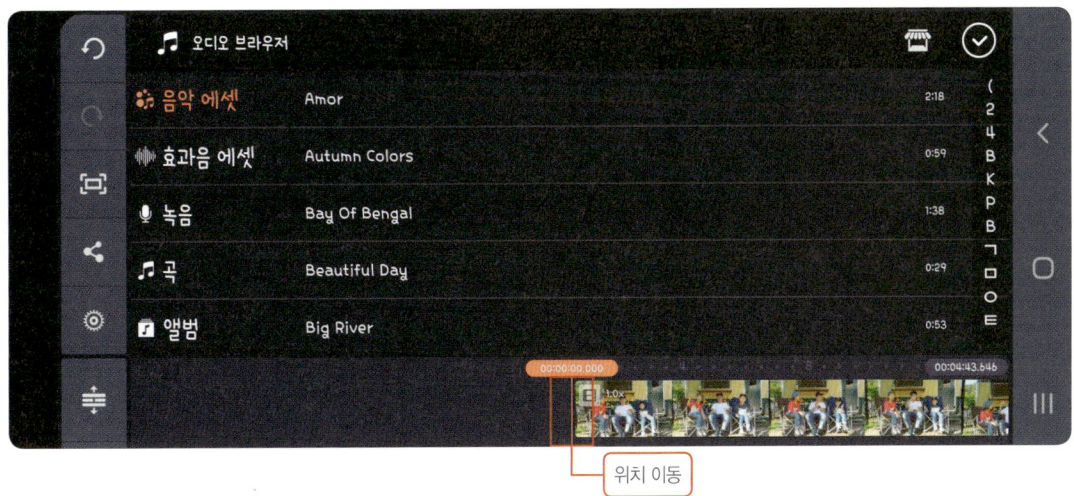

05 음악을 골라 ⊕를 탭하여 배경음악으로 추가했어요.

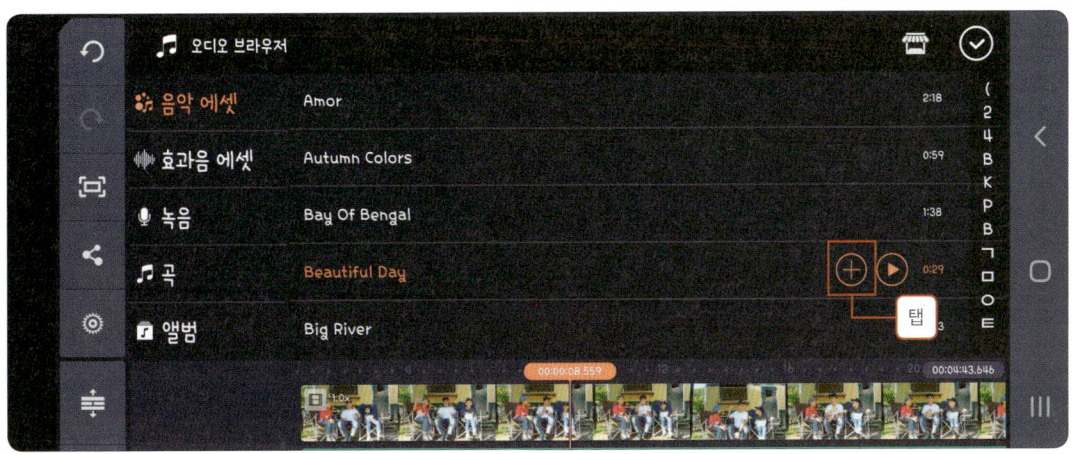

06 타임라인을 보면 영상 밑에 내가 선택한 음악이 적용된 것을 확인할 수 있지요? ✓를 눌러서 설정 화면에서 나오면 음악 추가하기가 완료됩니다. 음악을 삭제하고 싶을 때에는 화면 왼쪽에 있는 🗑를 탭하여 지울 수 있어요.

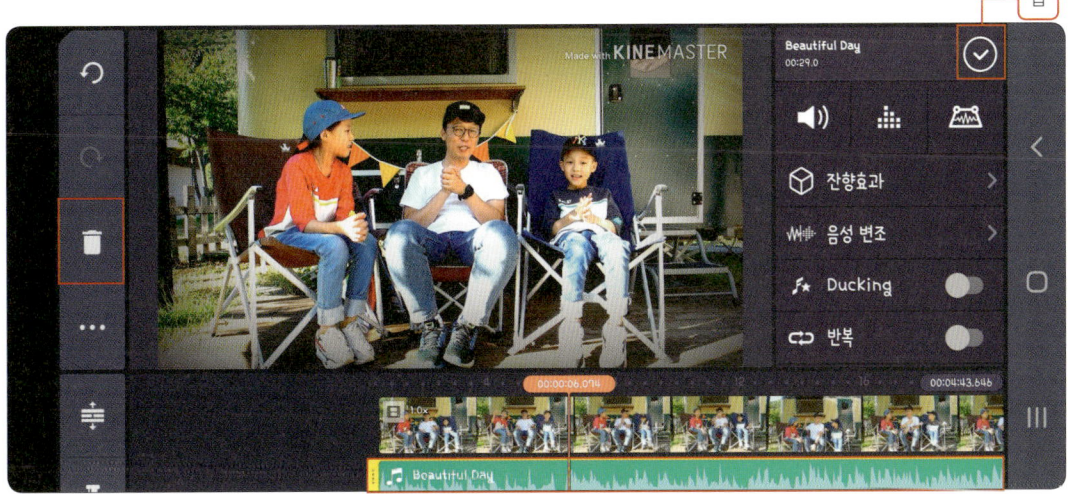

07 배경음악의 위치를 이동시키고 싶을 때에는 타임라인에서 노래를 탭한 상태로 원하는 위치로 이동시켜요. 이렇게 뒤로 위치를 바꾸면 영상을 재생했을 때 영상이 시작하고 잠시 후에 배경음악이 나온답니다.

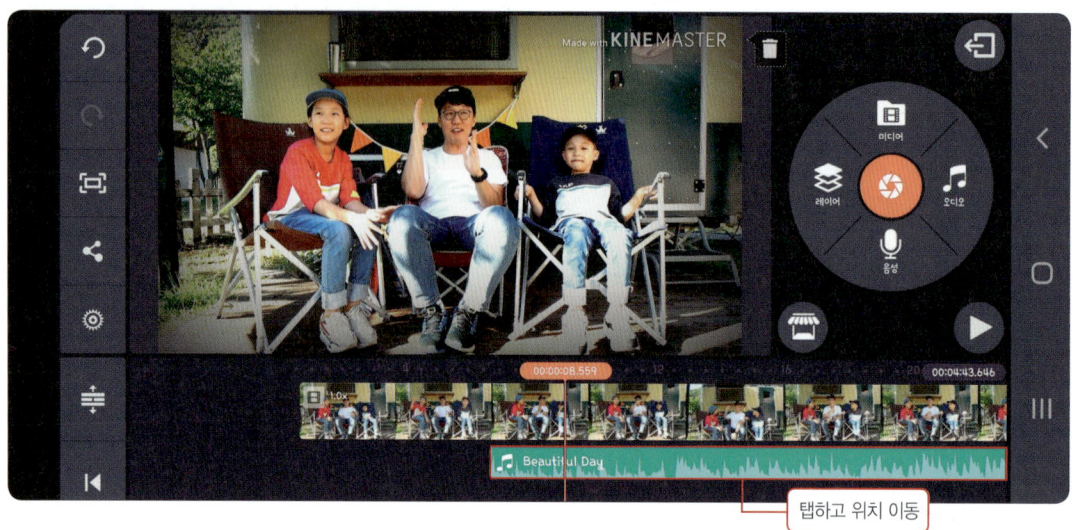

08 효과음도 같은 방법으로 넣을 수 있답니다. 효과음을 추가하고 싶은 부분으로 타임라인 막대를 옮긴 다음 [오디오]를 탭하세요.

09 에셋스토어에서 다운로드 받은 효과음 중 원하는 것을 선택하고 ⊕를 탭하여 타임라인에 추가해요. 그리고 ⊙을 탭하여 완료하세요.

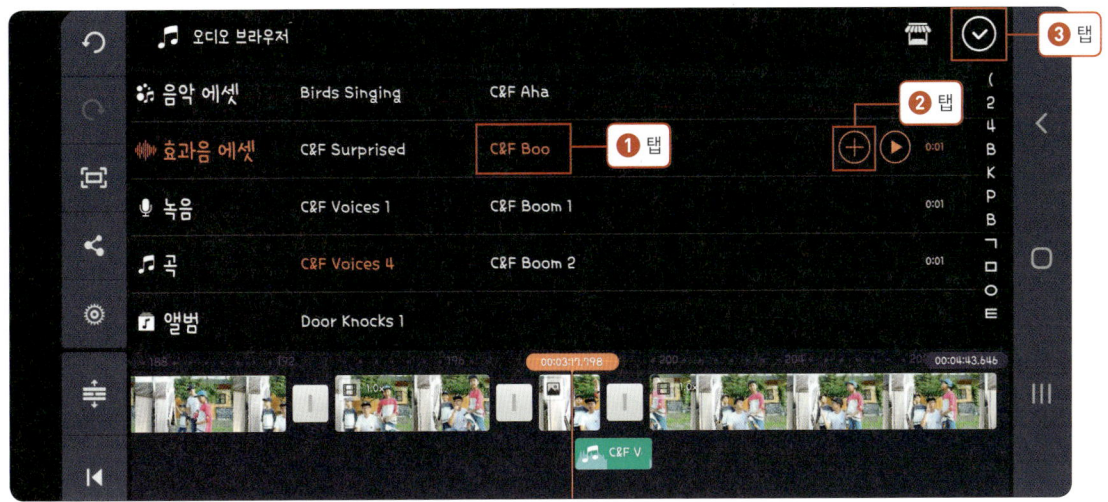

10 타임라인에 효과음이 추가되었어요. 배경 음악과 효과음의 길이를 조절하고 싶은가요? 배경 음악과 효과음의 레이어를 탭하여 노란색 테두리가 생기게 선택한 다음, 왼쪽과 오른쪽의 굵은 막대를 이동시켜서 길이를 조절할 수 있어요.

11 다양한 효과음을 여러 겹으로 겹쳐서 넣을 수도 있어요. 영상의 재미를 위해 여러 가지 효과음을 넣어 보세요.

12 타임라인에서 효과음을 탭한 상태에서 옮기면 원하는 위치로 이동할 수도 있답니다.

동영상을 제작할 때 꼭 지켜야 할 저작권

만약 여러분이 오랜 시간 공들여 열심히 만든 숙제를 누군가 마음대로 베껴서 제출하고, 상까지 받는다면 기분이 어떨까요? 그동안의 나의 시간과 노력이 산산조각 나는 느낌이겠지요. 이처럼 내가 만든 **창작물이 소중한 만큼 다른 사람의 창작물도 매우 중요하답니다. 우리 사회에서는 창작물을 함부로 베끼거나 사용하는 활동을 막기 위해 '저작권'이란 제도를 만들었어요.** 특히 유튜브는 우리나라뿐만 아니라 전 세계 시청자가 함께하는 곳이기 때문에 저작권이 더 중요하겠지요? 내 영상에 들어가는 다양한 음악이나 이미지, 글자체 등이 저작권을 침해하지 않는지 꼭 확인해야 한답니다.

〉 저작권의 의미 〈

저작물(영화, 음원, 책 등의 창작물)을 만든 사람의 노력과 가치를 인정하고, 만든 사람의 권리를 보호하고자 하는 것이랍니다.

〉 저작권의 보호를 받는 저작물 〈

- TV 프로그램, 영화, 온라인 동영상 등의 시청각 작품
- 음원 및 음악 작품
- 강연, 기사, 도서, 음악작품 등의 저술 작품
- 그림, 포스터, 광고 등의 시각 작품
- 비디오 게임 및 컴퓨터 소프트웨어
- 연극, 뮤지컬 등의 극 작품

〉 저작물 이용 규칙 〈

저작물의 주인이 설정한 규칙만 잘 지켜서 이용한다면 저작권을 침해하지 않으면서 타인의 저작물을 사용할 수 있어요. 아래 표를 통해 저작물의 사용 가능 범위와 의미를 확인해 볼까요?

기호	사용 가능 범위	의미
(cc)	공유	저작물을 공유하며 자유롭게 사용할 수 있어요.
(i)	저작권 표시	저작자 이름, 출처 등 저작자에 대한 사항을 반드시 표시해야 해요.
(비영리)	비영리	저작물을 통해 돈을 벌지 않는 목적으로만 사용 가능해요.
(=)	2차 변형 금지	저작물을 변경하거나 저작물을 이용하여 2차적 저작물을 만들면 안돼요. 여기서 2차적 저작물이란, 원래 있던 저작물을 이용하여 다시 창작하는 것을 말해요.
(⤴)	동일 조건 변경 허락	동일한 라이선스 표시 조건을 지키면 저작물을 활용한 다른 저작물 제작을 할 수 있어요.

유튜브 규정상 저작권 침해 신고가 들어온 경우, 해당 동영상은 삭제되고 유튜브 크리에이터에게는 '저작권 위반 경고'가 붙게 됩니다. 이렇게 경고를 3회 받으면 해당 채널과, 채널의 모든 동영상이 전부 삭제될 뿐만 아니라 새로운 채널도 만들 수 없게 되어요. 그러므로 동영상을 올리기 전에 반드시 저작권에 대해 확인을 하도록 해요.

〉저작물을 안전하게 이용하는 방법 〈

우리가 저작권을 지키며 저작물을 안전하게 사용하는 방법에는 무엇이 있을까요? 첫째, **저작물의 주인에게 이메일 등의 연락을 통해 저작물 이용 허락**을 받는 것입니다. 물론 저작물의 주인이 요구하는 사용 범위와 조건을 잘 따라야 하겠지요? 둘째, **다른 사람의 저작물이라는 사실을 누구나 알 수 있도록 출처를 반드시 표기**해야 합니다. 저작물의 주인이 누구이며, 어디에서 가져온 저작물인지를 표기해야겠지요? 셋째, **유료 저작물을 이용할 경우에는 불법 다운로드 대신 정당한 방법으로 이용**합니다. 저작물의 주인이 얻어야 하는 이익을 해치지 않아야 하기 때문이지요.

★ 저작권을 존중하겠다는 나의 다짐을 써 봅시다.

....

....

....

....

....

....

유튜브에서 저작권을 침해했거나, 침해당하여 도움 받고 싶은 경우 '유튜브 저작권 센터 (http://www.youtube.com/yt/about/copyright)' 사이트를 방문해서 저작권 관련 대응 방법을 알아보세요.

15 레이어 기능 익히기_미디어

'레이어'에는 사진이나 스티커, 텍스트 등을 넣을 수 있는 다양한 기능들이 담겨있어요. 그중 미디어는 기존 영상 위에 새로운 영상이나 사진을 추가하는 기능이에요. 뿐만 아니라 추가한 영상이나 사진을 가지고 화면을 분할할 수 있고, 애니메이션 효과도 줄 수 있답니다. 이 외에도 다양한 효과를 넣는 기능도 있으니 함께 살펴볼까요?

01 [레이어]를 탭한 후 을 탭하세요.

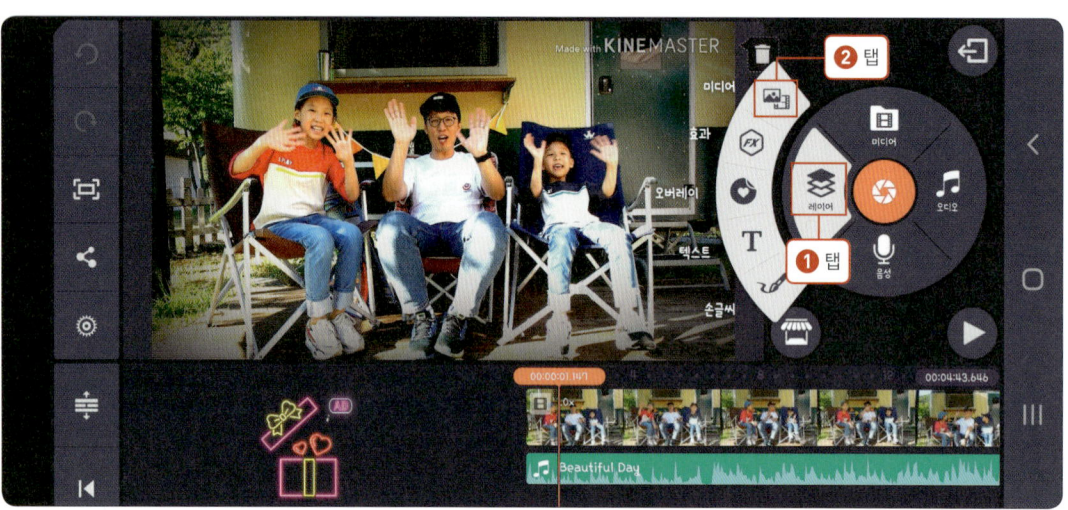

〉안드로이드폰을 사용하는 경우 〈

02 나의 갤러리에서 원하는 사진을 선택한 다음 을 탭하여 불러오세요.

TipTalk 동영상을 선택해 화면에 넣을 수도 있답니다.

⟩ 아이폰을 사용하는 경우 ⟨

02-1 왼쪽에서 [사진] 메뉴를 선택한 뒤, [전체]를 탭합니다.

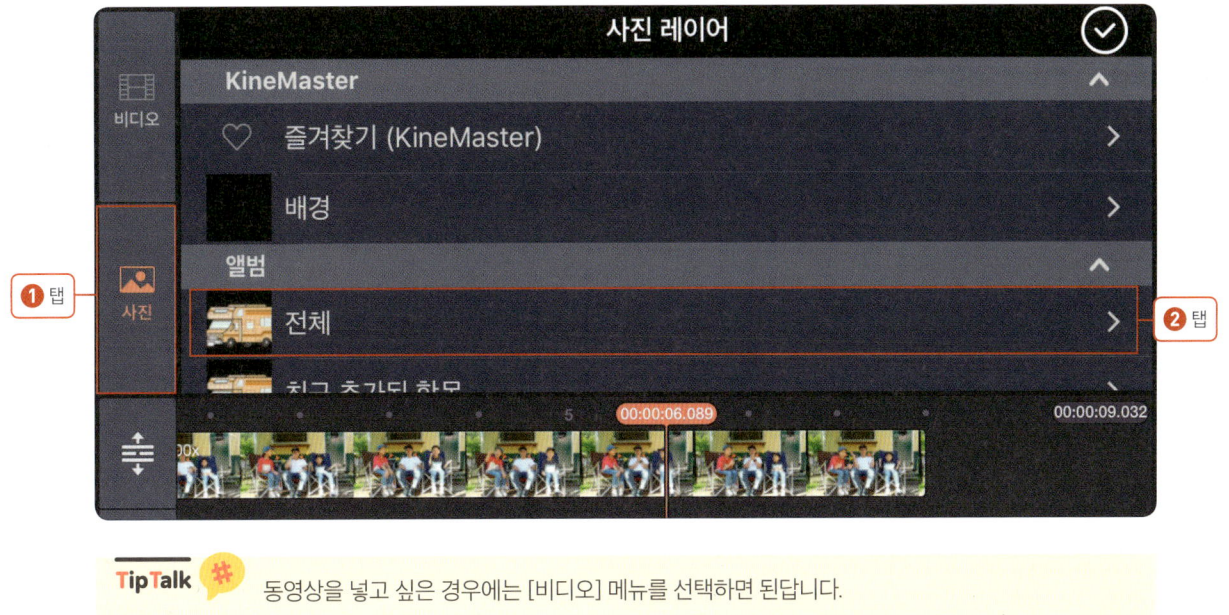

TipTalk 동영상을 넣고 싶은 경우에는 [비디오] 메뉴를 선택하면 된답니다.

02-2 원하는 사진을 탭합니다.

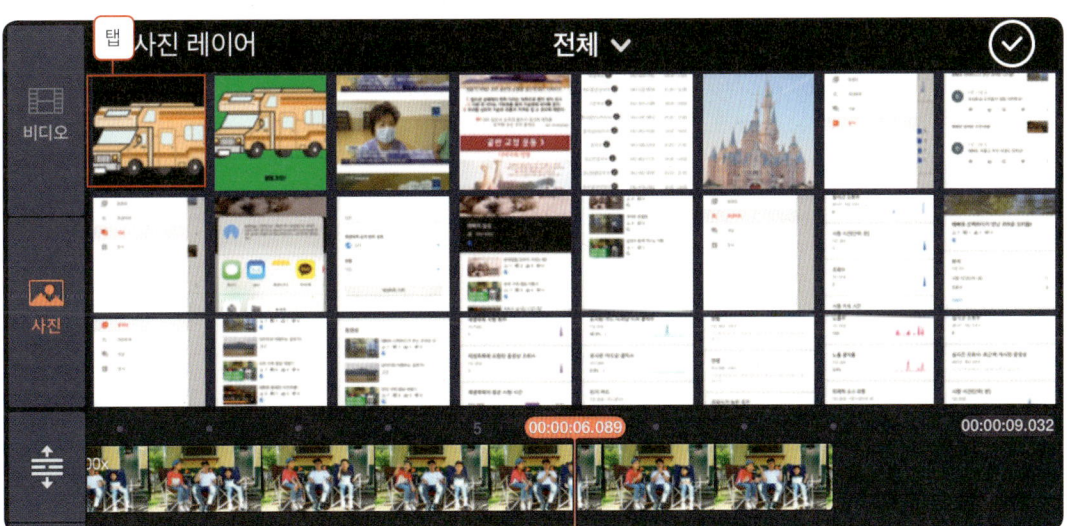

03 불러온 사진의 크기와 위치를 조절해 보세요. 를 탭하여 크기를 바꿀 수 있고, 를 탭해서 사진을 회전시킬 수도 있어요. 트림/분할의 기능은 앞서 95쪽 무작정 따라하기12에서 공부했었지요? 이번에는 [화면 분할]을 탭하여 그 기능에 대해 알아보아요.

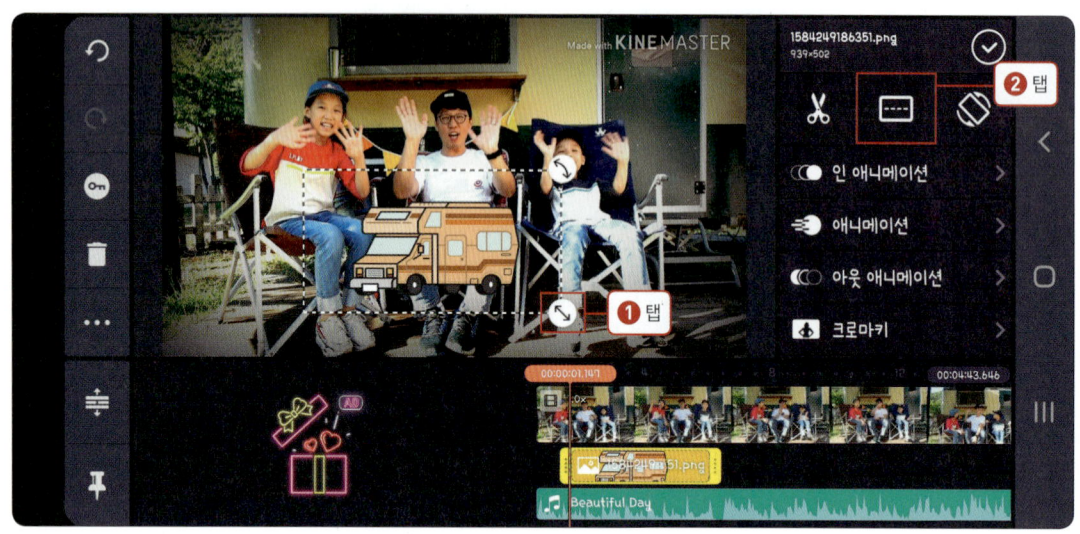

잠깐만요 — 미디어 편집 기능 알아보기

ⓐ **트림/분할** : 추가된 영상이나 사진의 재생 시간을 조절하거나 두 개의 영상으로 분할하는 기능입니다.
ⓑ **화면 분할** : 추가된 영상이나 사진의 화면을 선택한 모양으로 잘라내는 기능입니다.
ⓒ **회전/미러링** : 추가된 영상이나 사진의 위, 아래 또는 왼쪽, 오른쪽을 바꾸거나 원하는 방향으로 회전시키는 기능입니다.

잠깐만요 — 아이폰에서의 미디어 편집 메뉴 알아보기

아이폰에서 나타나는 미디어 편집 메뉴는 안드로이드 폰과는 조금 다르게 나타나요. 하지만 메뉴 위치만 다를 뿐, 메뉴는 모두 있으니 당황하지 말고 따라해 보세요.

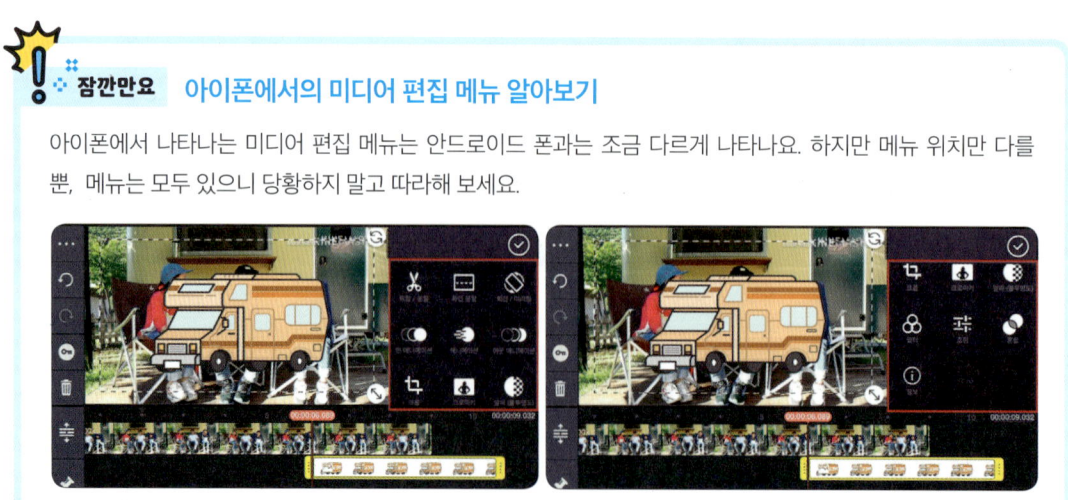

04 화면 분할 목록에서 ▨를 선택했더니 사진이 오른쪽 절반으로 분할되어 적용되었어요. 위의 [화면 분할] 왼쪽의 [<]를 탭하여 미디어 메뉴로 돌아옵니다.

05 [화면 분할] 옆에 있는 [회전/미러링]이 어떤 효과인지에 대해 알아볼까요? [미러링] 아래의 두 가지는 화살표 방향대로 화면의 좌우를 뒤집거나 위아래를 뒤집을 수 있는 기능이에요. 여기서는 왼쪽과 오른쪽, 즉 좌우를 뒤집어 보았어요.

06 [회전]은 각각 화살표의 방향처럼 오른쪽, 왼쪽으로 각각 90도씩 회전시킬 수 있는 기능이에요. 여기서는 오른쪽으로 90도 회전시켜 보았어요. 회전이 완료됐다면 [회전/미러링] 왼쪽의 [<]을 탭하여 미디어 메뉴로 돌아옵니다.

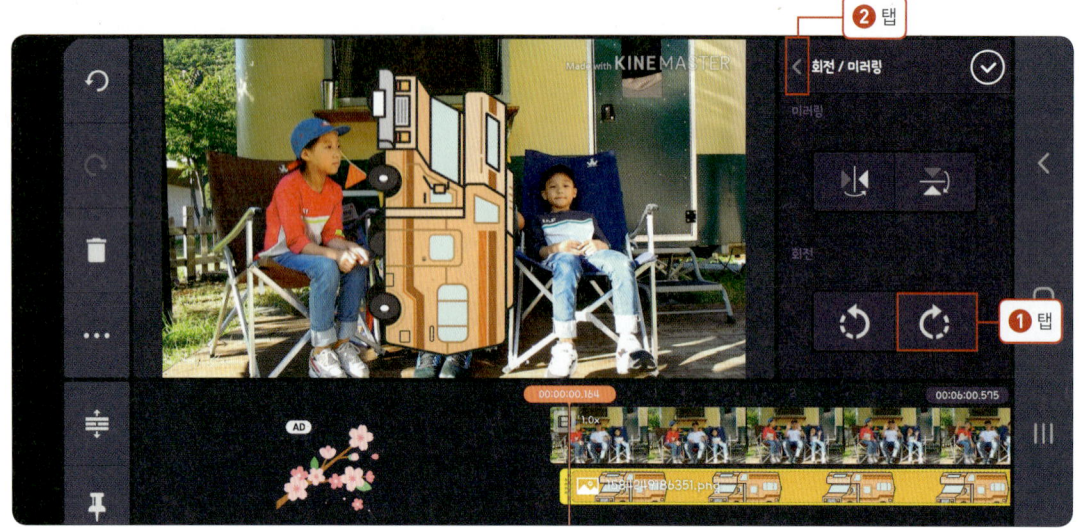

07 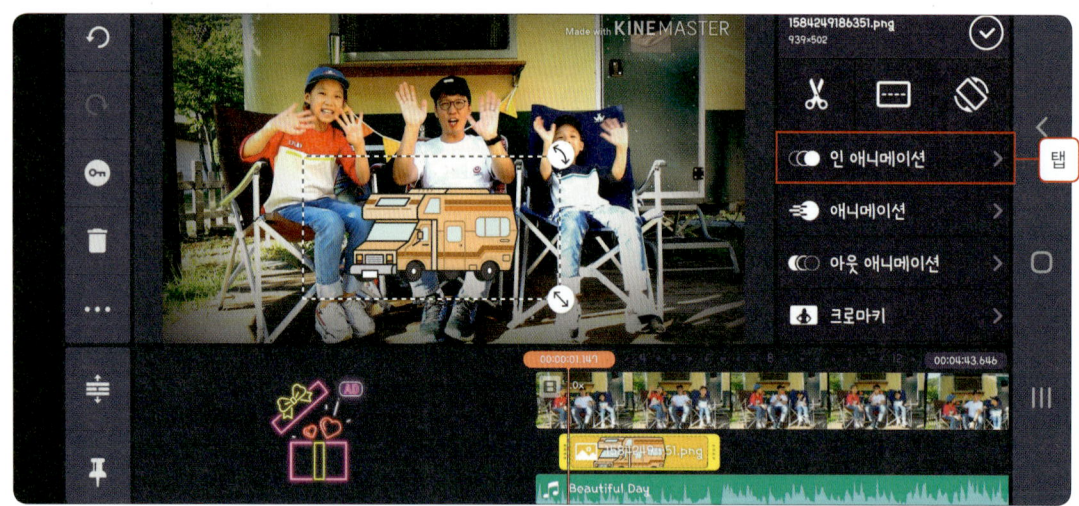의 아래쪽을 볼까요? 애니메이션 효과는 영상이 등장할 때의 효과인 [인 애니메이션], 영상 재생 시의 효과인 [애니메이션], 영상이 끝나고 사라지는 효과인 [아웃 애니메이션]이 있어요. 먼저 [인 애니메이션]을 탭합니다.

08 인 애니메이션에는 갑자기 등장하는 [팝], 왼쪽에서 오른쪽으로 움직이며 등장하는 [오른쪽으로 밀기] 등의 다양한 효과가 있어요. 사진이 등장할 때 사용할 마음에 드는 애니메이션을 선택하고 [<]를 탭합니다.

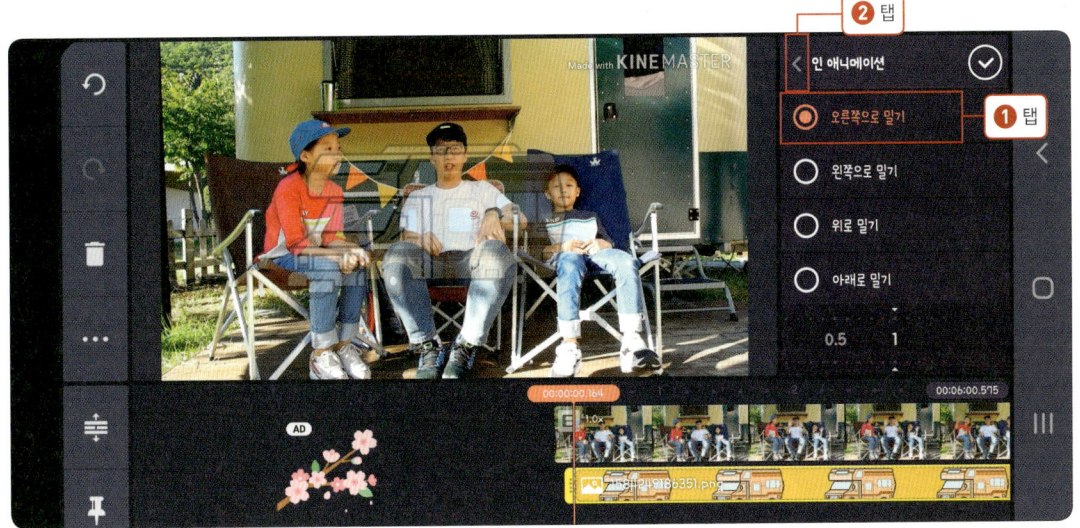

09 이번에는 [애니메이션]을 탭해 볼까요? 여기에는 사진에 깜빡이는 효과를 주는 [느리게 깜빡이기], 사진이 마구마구 쏟아지는 [분수] 등의 다양한 효과가 있어요. 마음에 드는 애니메이션을 선택하고 [<]를 탭합니다.

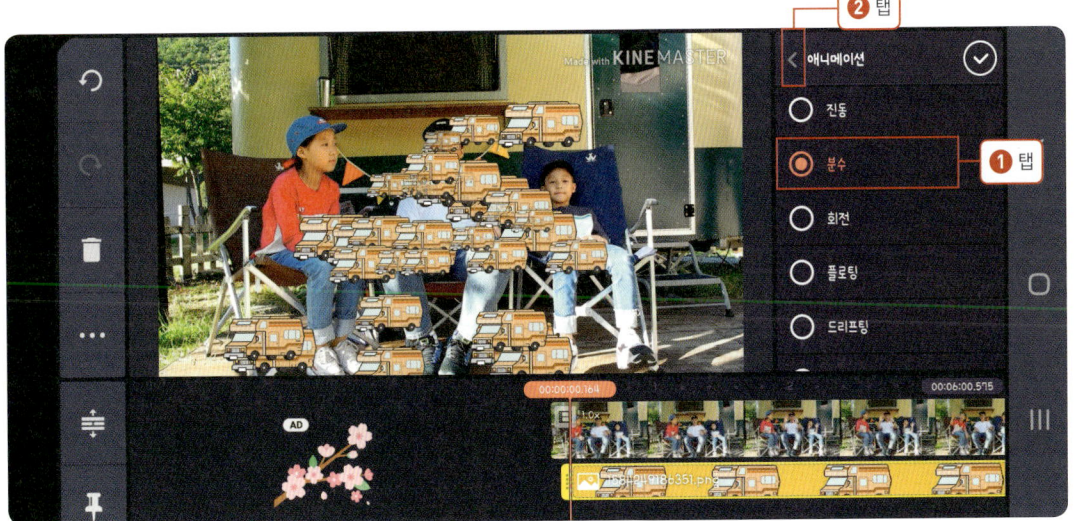

10 [아웃 애니메이션]을 탭해 볼까요? 여기에도 역시 사진이 점점 사라지는 [페이드], 시계 방향으로 둥글게 돌아가며 사라지는 [시계 방향] 등의 다양한 효과가 있답니다. 마음에 드는 애니메이션을 선택하고 [<]를 탭하세요.

11 이번에는 사진을 모양에 맞춰 잘라주는 크롭 기능에 대해 알아볼까요? [크롭]을 탭하세요.

12 지금은 추가한 이미지가 사각형 모양으로 되어있지요? 이것을 바꿔 볼 거예요. [마스크]의 활성화 단추를 오른쪽으로 밀어 빨갛게 활성화한 뒤 [모양]을 탭합니다.

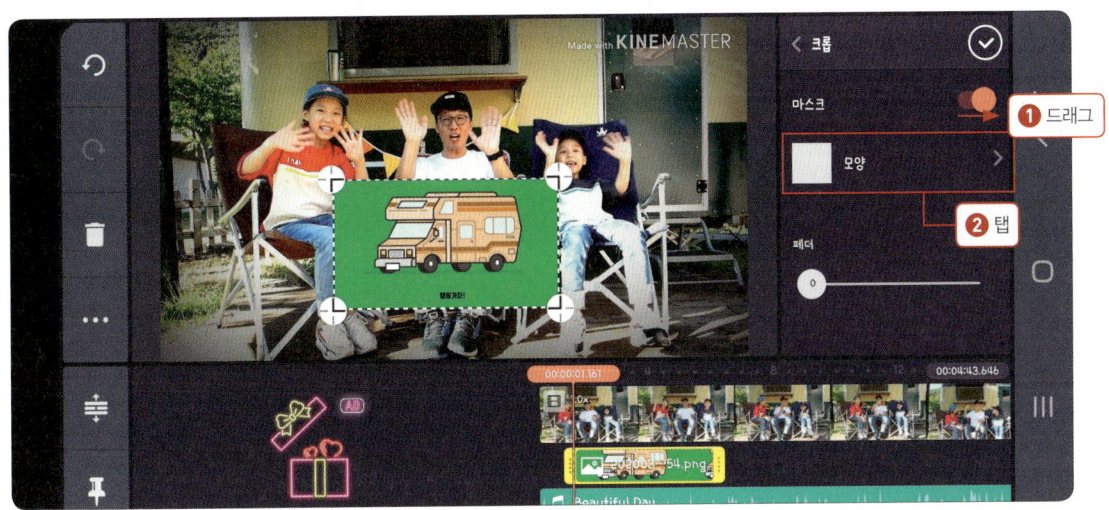

13 다양한 모양들이 보여요. 이 중 마음에 드는 모양을 탭하면 빨간 체크 표시로 선택됩니다. 마음에 드는 모양을 선택했다면 ✓를 탭하세요.

14 사진의 모양이 선택한 것으로 바뀌었지요?

15 이번에는 알파 기능으로 사진을 투명하게 만들어 볼 거예요. 추가한 사진이나 영상을 탭하면 나오는 오른쪽 메뉴에서 [알파(불투명도)]를 탭하세요.

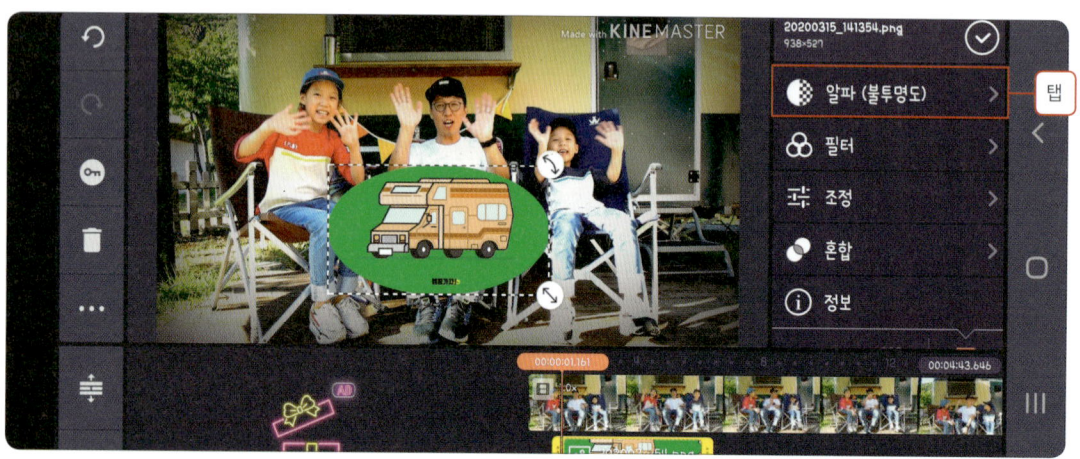

16 [100]이라고 쓰여 있는 동그라미 버튼을 탭한 채로 아래로 내릴수록 사진이 투명해져요. 사진을 투명하게 만들고 싶을 때 이 기능을 활용합니다. 미디어의 편집이 모두 끝났다면 오른쪽 위의 ◎을 탭하세요. 효과가 저장되어 완료됩니다.

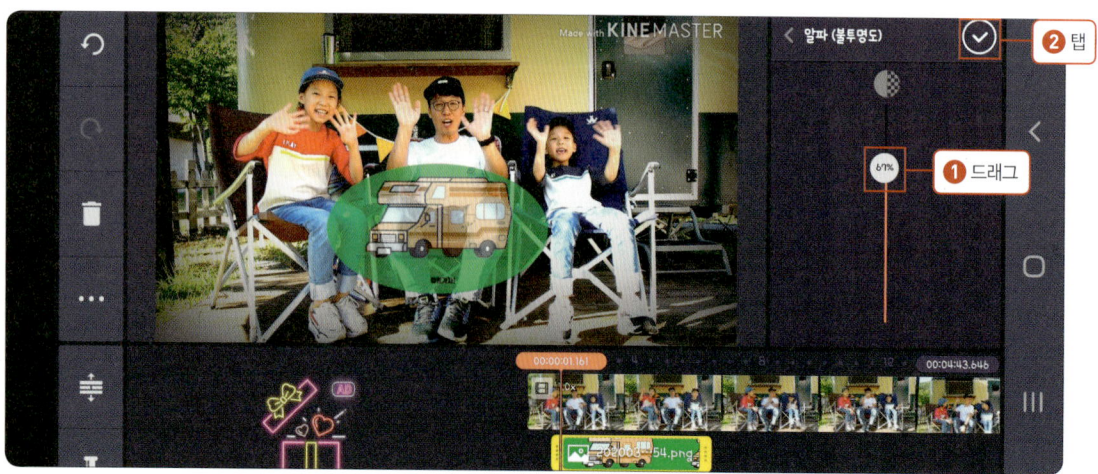

레이어 기능 익히기_효과, 오버레이

'효과'는 원하는 부분을 강조하거나 다양한 느낌을 더해주는 기능이에요. 초상권을 보호해줄 수 있는 '모자이크'나 '가우시안 블러' 등이 있지요. 에셋스토어에 들어가면 더욱 화려한 효과를 다운로드하여 적용할 수 있답니다. 한편, '오버레이'는 다양한 스티커를 넣는 기능이에요. 영상에 어울리는 깜찍한 스티커를 넣을 수 있습니다.

01 [레이어]를 탭하고 ⬢를 탭하세요.

02 원하는 효과를 선택해 보세요. 이 책에서는 [기본 효과]의 [모자이크]를 넣어볼 게요.

TipTalk 안드로이드 폰을 이용하는 친구들은 기본 효과 아래의 [에셋스토어(더 받기)]에 들어가고, 아이폰을 이용하는 친구들은 오른쪽 위의 [에셋스토어]에 들어가면 더욱 다양한 효과를 다운로드할 수 있답니다.

03 모자이크가 네모 모양으로 생겼어요. 모자이크를 탭한 채 움직여 이동시키거나 크기를 조절할 수 있답니다. 그리고 타임라인에 모자이크 기능을 덧입힌 구간이 레이어로 추가되기 때문에 노란 막대를 이용하여 모자이크 효과를 얼마나 오랫동안 적용할지 정할 수 있어요. 다 완료됐다면 ⊙를 탭합니다.

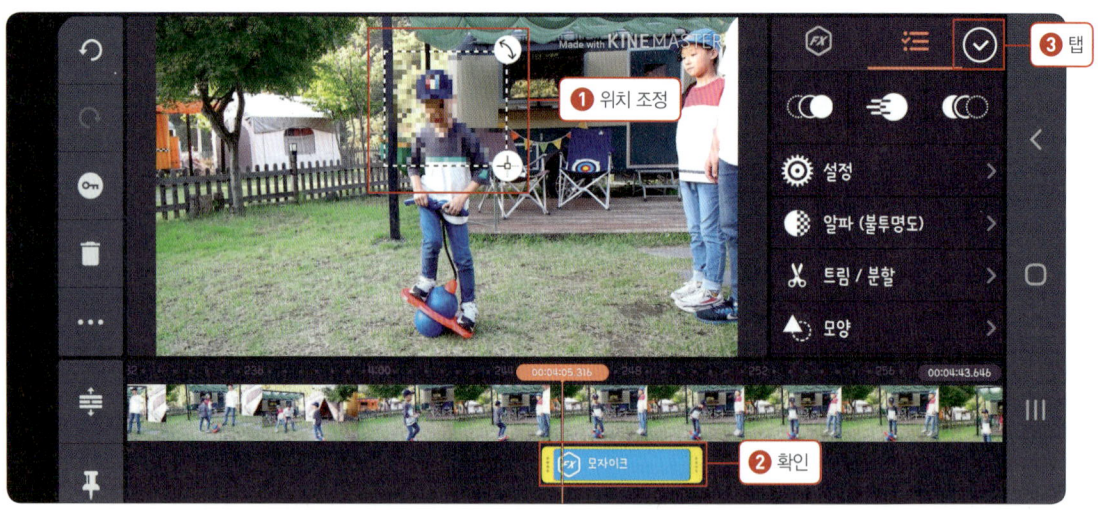

TipTalk 내가 촬영한 영상 속 등장하는 사람에게 촬영 동의를 얻지 않았을 경우 초상권이 침해되기 때문에 법적인 문제가 발생할 수 있어요. 그러니 꼭 [효과] > [기본 효과]에서 [모자이크]나 [가우시안 블러]로 얼굴을 가려주세요.

04 다시 [레이어]를 탭해 볼까요? 이번에는 오버레이 기능으로 영상에 어울리는 깜찍한 스티커를 추가해 볼게요. ◉를 탭하세요.

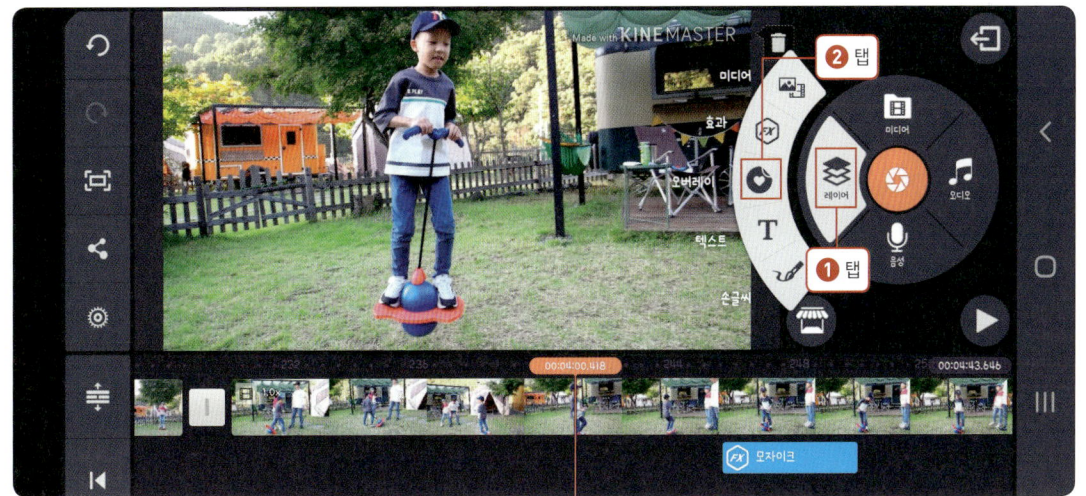

TipTalk 아이폰을 사용하는 친구들은 텍스트 효과가 먼저 등장할 거예요. 다음 장에서 텍스트 효과를 다루니 당황하지 말고 먼저 ◉를 탭하여 오버레이에 대해 알아볼까요?

05 [기본 스티커]를 선택하고 마음에 드는 스티커를 골라 탭하세요. 탭한 상태로 스티커를 움직여 원하는 위치로 이동시키거나 회전시켜서 붙여볼 수도 있어요. 다 완료됐다면 ◉를 탭합니다.

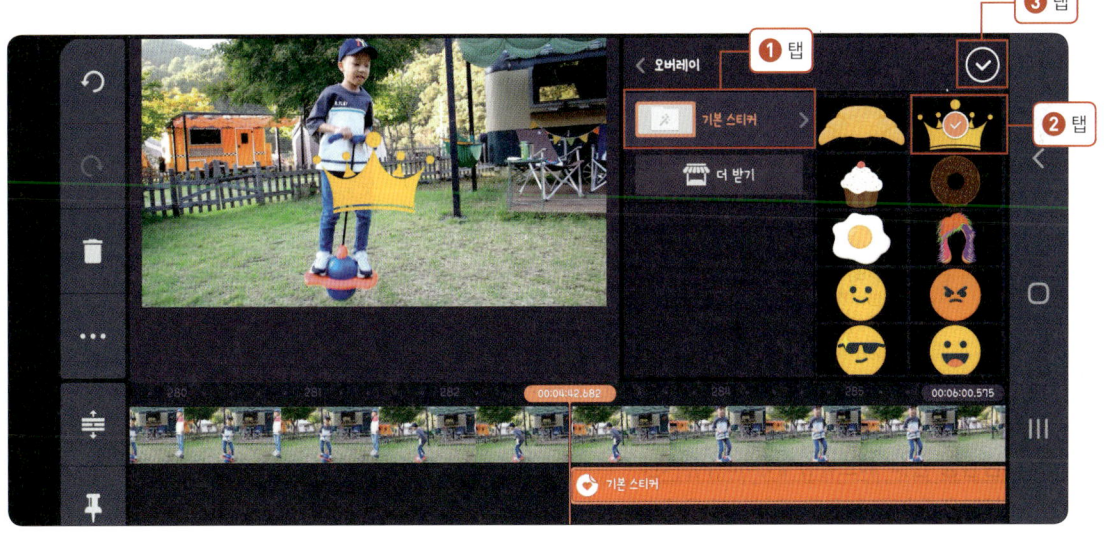

TipTalk 안드로이드 폰을 이용하는 친구들은 [기본 스티커] 아래의 [에셋스토어(🏪 더 받기)]에 들어가고, 아이폰을 이용하는 친구들은 오른쪽 위의 [에셋스토어(🏪)]에 들어가면 더욱 다양한 스티커를 다운로드할 수 있답니다.

06 여러 개의 오버레이를 넣어서 영상을 예쁘게 꾸밀 수 있답니다! 타임라인을 확인하면 오버레이가 몇 개가 적용되었는지 확인할 수 있어요.

레이어 기능 익히기_텍스트

'텍스트'는 영상에 원하는 글자를 넣을 수 있는 기능이에요. 장면에 어울리는 자막이나 설명을 넣을 때 활용하면 좋겠죠? '손글씨'는 내가 원하는 글씨와 그림을 직접 그려 넣을 수 있는 기능이에요. 이번에는 글자체와 글자색을 변경하고 손글씨를 영상에 적용하는 방법을 살펴보겠습니다.

01 글자를 넣고 싶은 부분으로 타임라인 빨간 막대를 이동한 뒤 [레이어]를 탭하고 T를 탭하세요.

02 텍스트 입력 화면이 나오네요. 여기에 넣고 싶은 글을 입력하고 [확인]을 탭하세요.

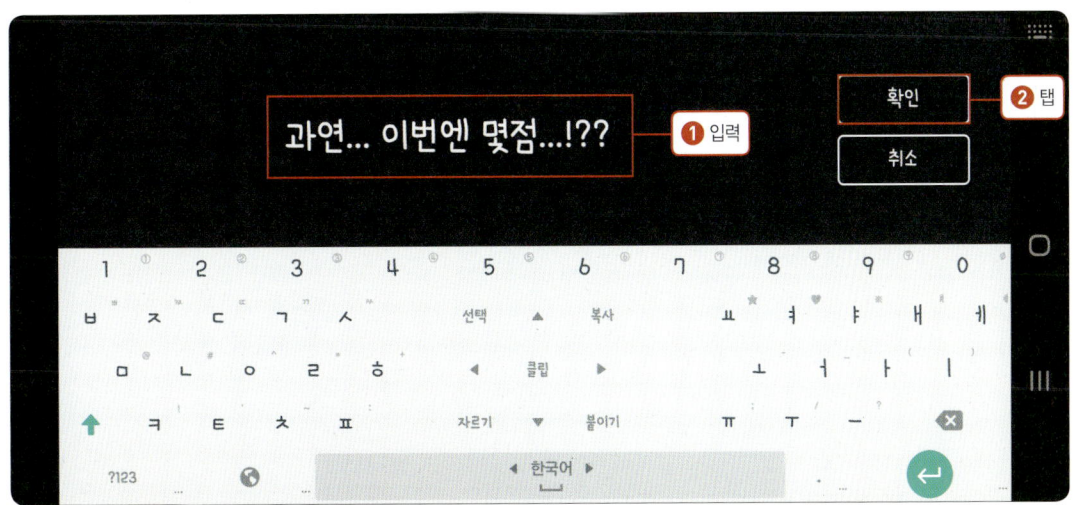

TipTalk 아이폰을 이용하는 친구들은 글을 다 입력했다면 오른쪽 위의 ◉를 탭합니다.

03 글자가 화면에 나타났어요. 글자의 위치를 바꾸고 싶다면, 글자를 탭한 채로 움직여 원하는 위치로 드래그하여 옮길 수 있습니다. 크기가 작아 잘 보이지 않는다면 드래그하여 글자의 크기도 키워 보세요.

04 글자의 위치와 크기를 조절하니 한결 보기 좋아졌지요? 이번에는 글자체를 바꿔 보아요. Aa 를 탭하세요.

05 기본 글씨체가 영어 전용으로 되어 있어요. 한글 전용 글자체를 받기 위해 [에셋 스토어]를 탭합니다.

06 왼쪽 [한국어] 메뉴에서 마음에 드는 글자체를 탭하세요.

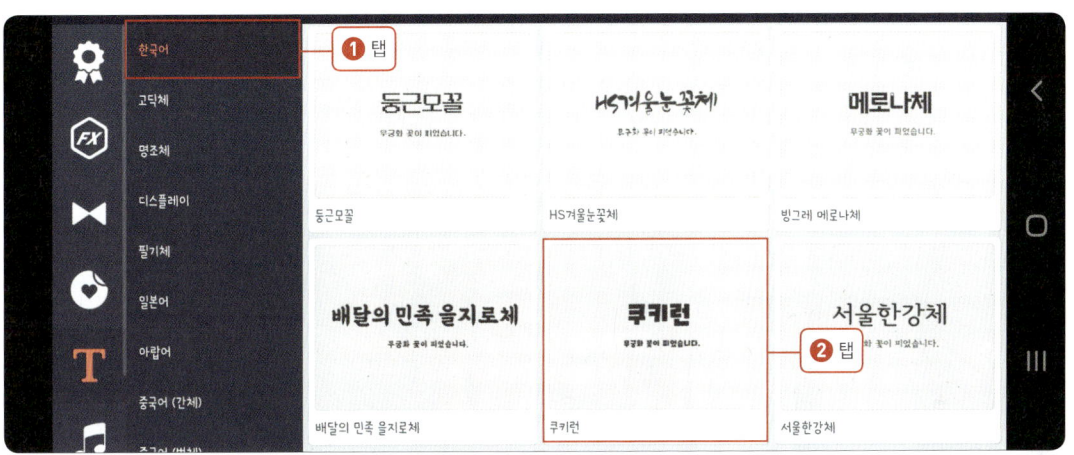

07 [다운로드]를 탭하여 마음에 드는 글자체를 설치해요. 설치가 다 되면 [<]를 두 번 탭하여 나의 '폰트' 화면으로 돌아가세요.

TipTalk 아이폰의 경우에는 [<]를 한 번 탭한 뒤, ◎를 탭하세요.

08 왼쪽에 한국어 메뉴가 생겼어요. 들어가 볼까요?

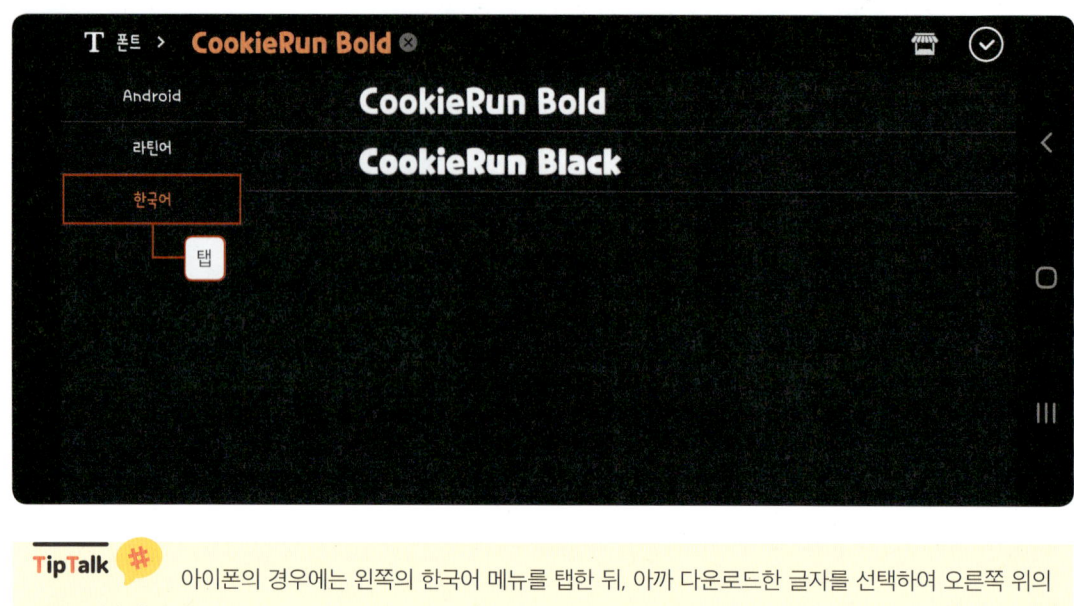

TipTalk 아이폰의 경우에는 왼쪽의 한국어 메뉴를 탭한 뒤, 아까 다운로드한 글자를 선택하여 오른쪽 위의 ◎를 탭하세요.

09 글자체가 달라졌어요. 글자색도 바꿔볼까요? ▢을 탭하세요.

10 새로 생긴 창의 왼쪽에 다양한 색들이 나와요. 원하는 색을 선택하여 탭합니다. 창의 오른쪽 아래에 색이 두 가지가 보이는데, 아래의 색은 현재 글자색이고, 위의 색은 내가 새로 선택한 색입니다. 색 선택을 완료했다면 오른쪽 위의 ◉를 탭하세요.

TipTalk 아이폰에서는 창이 새로 뜨지 않고 화면이 아래처럼 바뀌어요. 대문자 A에 선택한 색을 적용하여 오른쪽 위에 보여 줍니다.

> **잠깐만요** 색을 선택할 때 사용하는 다양한 메뉴
>
> ⓐ ▦ : 다양한 색깔 중 한 가지를 새로 선택하면 위에 나타나고, 원래 색은 아래에 나타나요. 책에서는 빨간색을 노란색으로 바꾸어 봤어요.  
>
> ⓑ ○ : 동그란 조절 버튼으로 여러분들이 직접 색상의 밝기와 톤을 세밀하게 조정할 수 있어요.  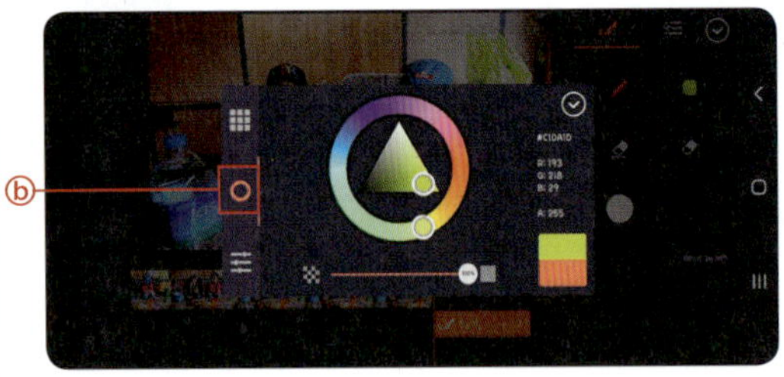
>
> ⓒ ≡ : 내가 정한 색상(노란색)에 R(빨간색), G(초록색), B(파란색) 수치를 조절하여, 각각 빨간색 계열, 초록색 계열, 파란색 계열의 빛깔을 더해줄 수 있어요. 
>
> ⓓ ▩ : 아래 있는 버튼으로는 색상을 투명하게 만들어줄 수 있답니다. 

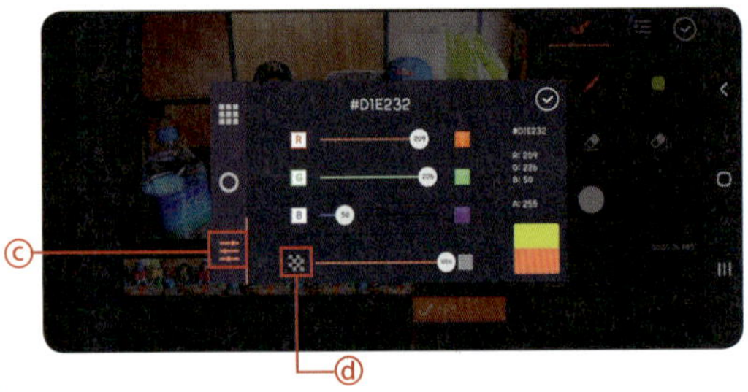

11 선택한 색으로 글자색이 바뀌었어요.

12 텍스트에도 애니메이션 효과뿐만 아니라 글자를 꾸며줄 수 있는 다양한 기능들이 있어요. 글자색을 바꾸거나 윤곽선, 그림자 등 여러분이 원하는 효과를 넣어 멋진 자막을 만들어 보세요.

13 이번에는 내가 원하는 글씨와 그림을 손글씨 기능을 이용해 직접 그려 넣어보겠습니다. 타임라인의 빨간 막대를 손글씨 넣을 위치에 두고 [레이어]의 ✏️를 탭하세요.

14 원하는 선의 종류와 색, 굵기 등을 선택하세요.

 **손글씨 기능 자세히 알기**

안드로이드 폰을 사용하는 경우

ⓐ 손으로 글씨를 쓰거나, 도형 및 선을 그리는 버튼입니다.

ⓑ 직선을 그리는 버튼입니다.

ⓒ → 모양 화살표를 그릴 수 있습니다.

ⓓ ↔ 모양 화살표를 그릴 수 있습니다.

ⓔ 붓글씨 효과를 적용한 손글씨를 쓸 수 있습니다.

ⓕ 연필 글씨 효과를 적용한 손글씨를 쓸 수 있습니다.

ⓖ 각 모양의 선을 그릴 수 있습니다.

아이폰을 사용하는 경우

ⓐ 굵기 및 질감을 달리 하여 손으로 글씨를 쓰는 버튼입니다.

ⓑ 각 모양의 선을 그릴 수 있습니다.

ⓒ 글자나 도형의 색깔을 선택하는 버튼입니다.

ⓓ 원하는 부분을 지우는 버튼입니다.

ⓔ 화면 전체의 손글씨를 한번에 지우는 버튼입니다.

ⓕ 펜이나 지우개의 두께를 설정하는 버튼입니다. 버튼을 눌러서 원하는 두께를 설정해 보세요.

15 선의 굵기와 색을 선택하여 화면에 원하는 손글씨를 써 보세요. ◎를 탭하면 입력이 완료됩니다.

16 방금 작성한 손글씨 레이어를 꾹 눌러 재생되는 위치로 옮기고, 탭하여 재생시간의 길이를 조절하세요.

음성 기능으로 목소리 녹음하기

'음성'은 목소리를 녹음하는 기능으로 영상에 맞게 목소리를 녹음한 후 영상에 붙일 수 있습니다.

01 목소리를 녹음하고 싶은 위치에 타임라인의 빨간 막대를 두고 [음성]을 탭하세요.

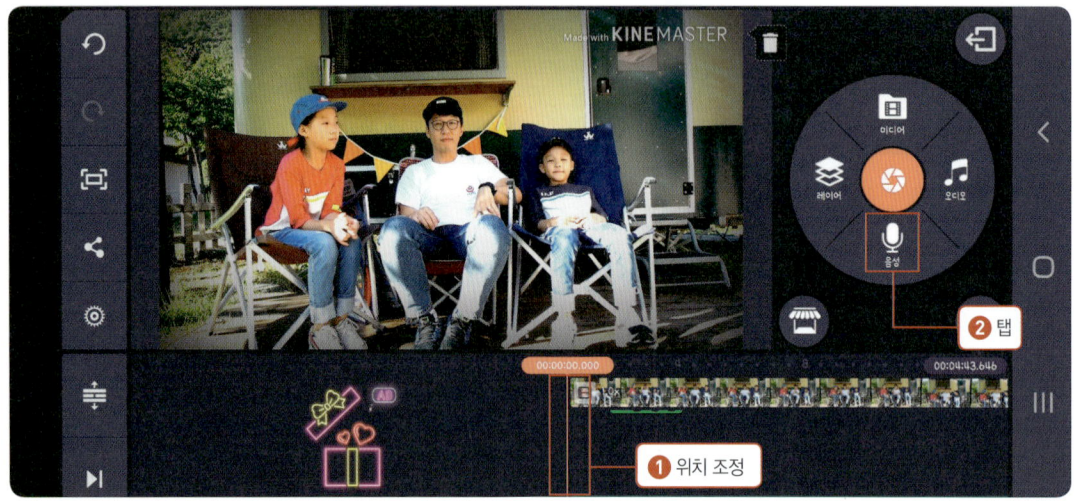

〉 안드로이드 폰을 사용하는 경우 〈

02 키네마스터에서 스마트폰의 마이크에 접근해도 되는지 확인하는 내용으로 화면이 바뀌어요. [허용]을 탭하세요.

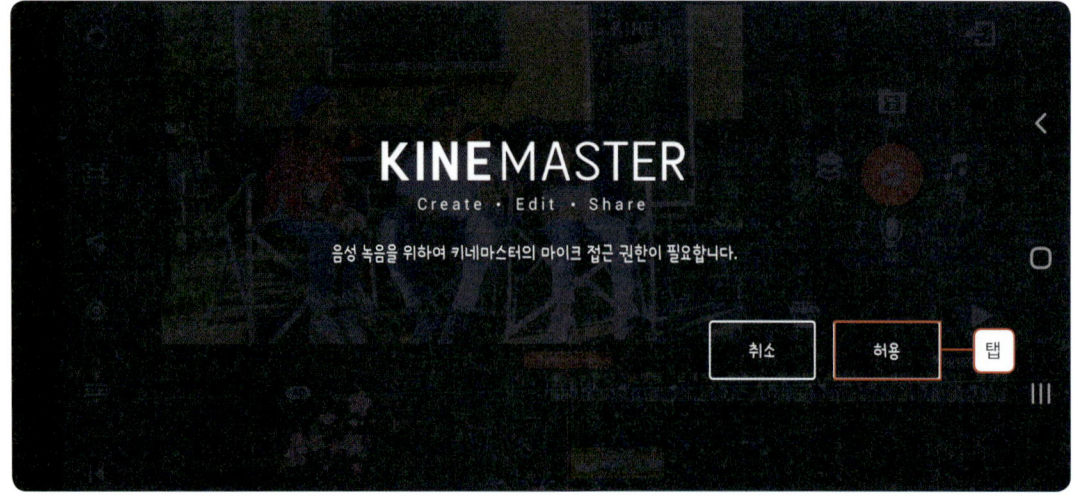

03 오디오를 녹음해도 되는지 묻는 창이에요. 마찬가지로 [허용]을 탭하세요.

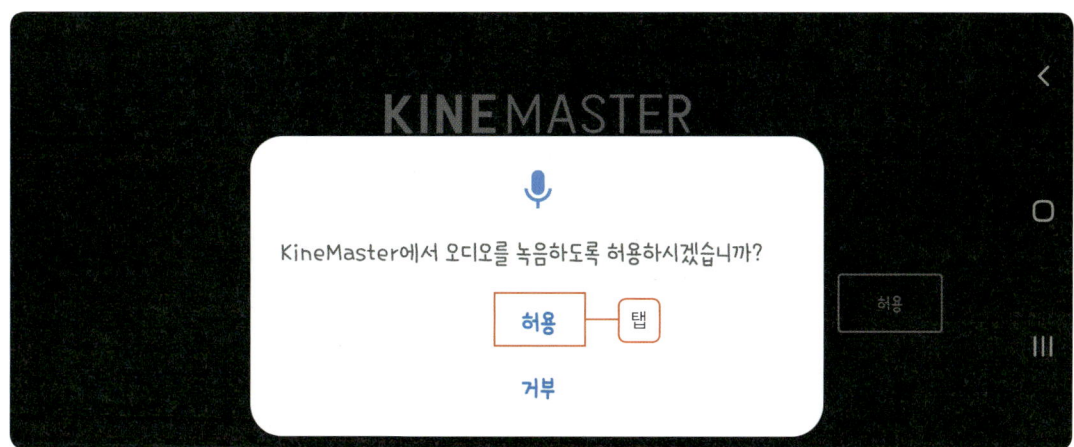

〉 아이폰을 사용하는 경우 〈

03-1 키네마스터가 마이크에 접근한다는 내용의 창이 나타나요. [승인]을 탭하세요.

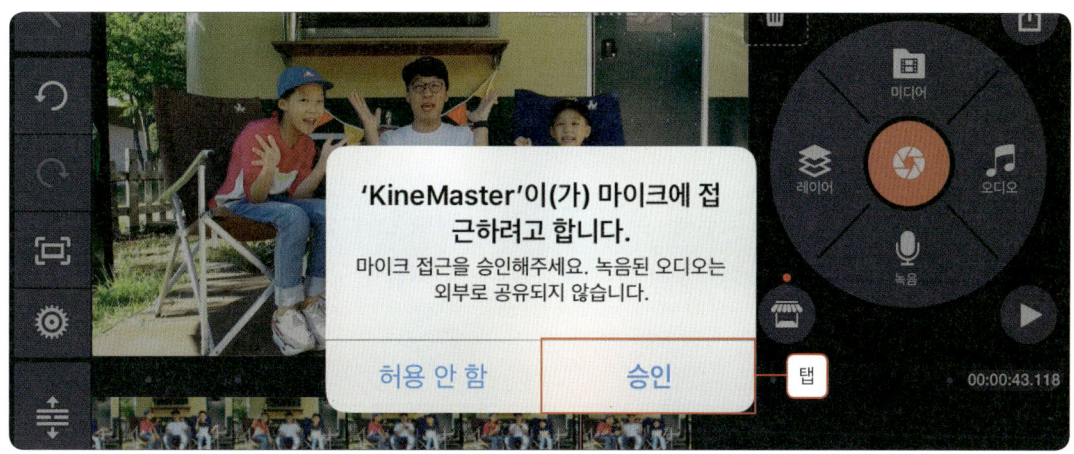

04 [시작]을 눌러 녹음을 시작하면 타임라인 막대가 이동하면서 붉은색으로 바뀌는 것이 보일 거예요. 녹음을 하고 싶은 부분에서 핸드폰에 목소리를 녹음하면 됩니다. 녹음을 마쳤으면 [정지]를 탭하세요.

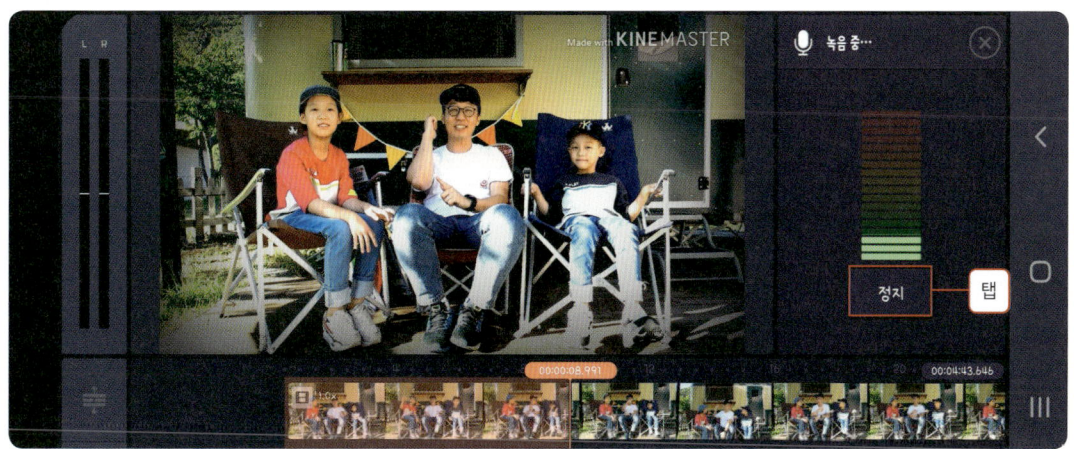

〉 안드로이드 폰을 사용하는 경우 〈

05 녹음을 정지하면 녹음된 음성 파일이 타임라인에 들어온 것을 볼 수 있지요. [들어보기]를 탭하여 녹음한 것을 들어보고, 다시 녹음하고 싶다면 [다시 녹음]을 탭하면 됩니다. ⊙를 탭하여 완료합니다.

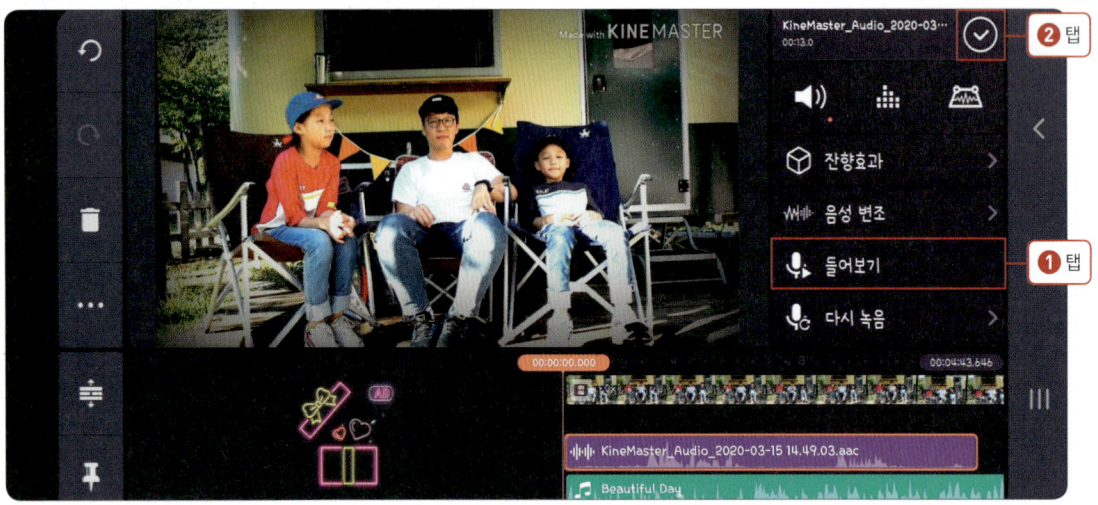

〉 아이폰을 사용하는 경우 〈

05-1 녹음을 정지하면 녹음된 음성 파일이 타임라인에 들어온 것을 볼 수 있지요. [들어보기]를 탭하여 녹음한 것을 들어보고, 다시 녹음하고 싶다면 [다시 녹음]을 탭하면 된답니다.

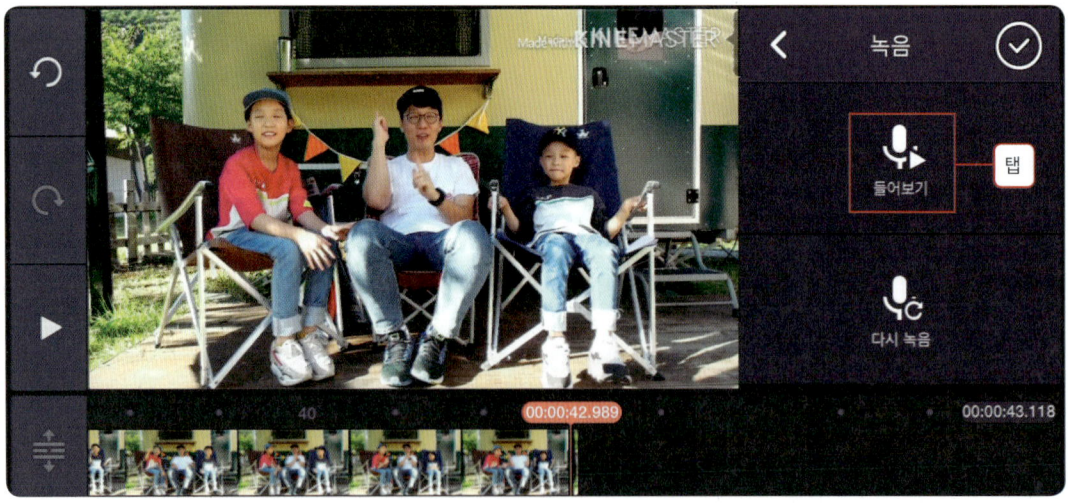

완성된 동영상을 갤러리(사진첩)로 내보내기

편집이 끝난 동영상을 내 갤러리(사진첩)로 내보내 볼까요? 그래야 스마트폰 갤러리(사진첩)에 동영상을 저장하여 유튜브에 업로드할 수 있으니까요.

〉 안드로이드 폰을 사용하는 경우 〈

01 모든 편집이 완료됐다면 동영상을 내 갤러리에 저장해 볼까요? 왼쪽의 를 탭하세요.

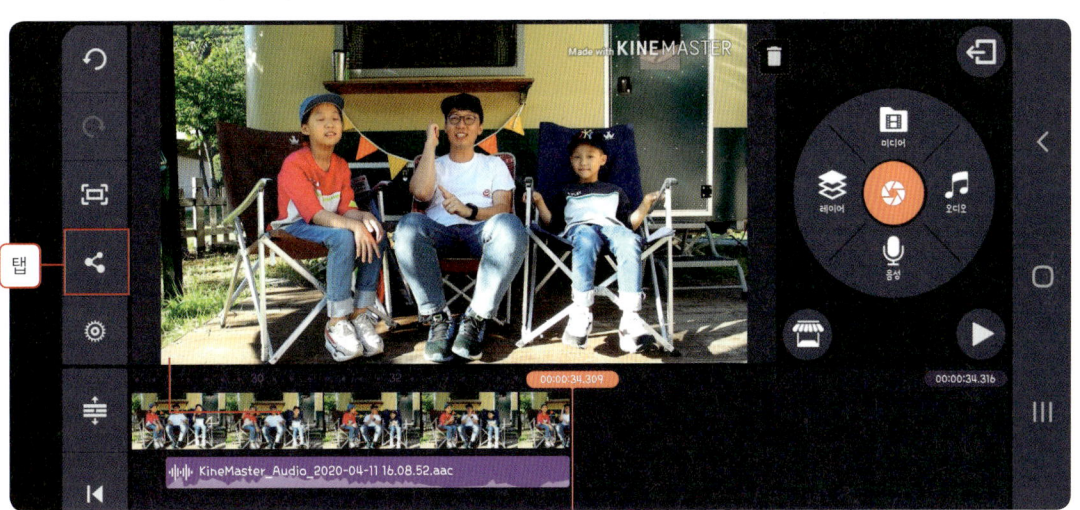

〉 아이폰을 사용하는 경우 〈

01-1 모든 편집이 완료됐다면 동영상을 내 사진첩에 저장해 볼까요? 오른쪽 위의 를 탭하세요. 키네마스터 앱의 제일 첫 화면에서 내보낼 영상 프로젝트를 탭하여 선택해 보세요.

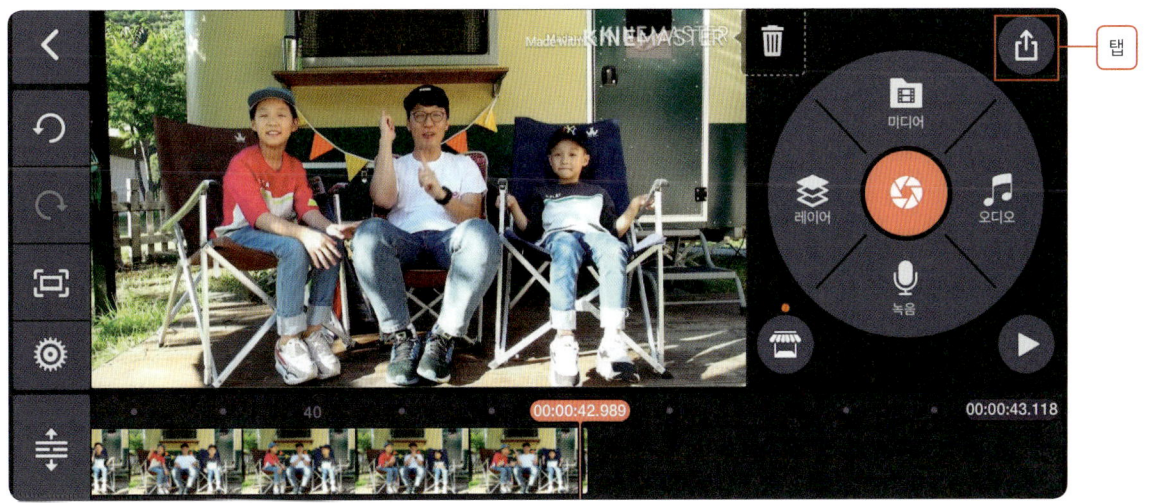

02 해상도와 프레임레이트를 설정하는 화면으로 바뀌어요. [해상도]는 [FHD1080p]으로, [프레임레이트]는 [30]으로 자동 선택되어 있어요. 아래 '잠깐만요' 내용을 참고하여 설정한 뒤, [내보내기 및 공유]를 탭하세요.

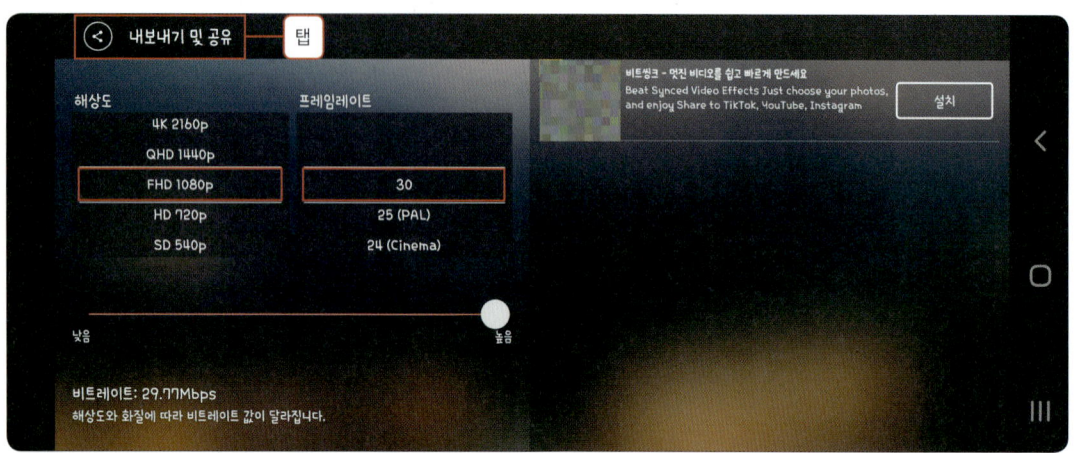

> **잠깐만요** '해상도'와 '프레임레이트'란?
>
> '해상도'는 영상 화면을 나타내는 데 '몇 개의 픽셀(조각)로 나눠서 표현했는지' 그 정도를 의미하는 말이에요. 쉽게 말하자면, 해상도가 높으면 화면이 많은 조각들로 나뉘어 표현됐기에 영상이 선명하고 깨끗하다고 할 수 있어요. 반면 해상도가 낮다면 적은 조각들로 나뉘어 표현됐기에 영상이 비교적 선명하지 않다고 할 수 있지요. 해상도가 높을수록 영상이 선명하다는 장점이 있지만 그만큼 용량(컴퓨터에 저장할 수 있는 정보량)이 커진다는 단점이 있어요. 따라서 적절한 해상도를 사용하는 것이 좋아요. 유튜브에 올리는 영상은 FHD1080p가 적당하지만 더 높은 화질을 원한다면 QHD나 4K를 선택해도 된답니다.
>
> '프레임레이트'란 영상을 재생할 때, 1초당 화면에 나타내는 장면(프레임)의 개수를 뜻해요. 보통 여러분들이 보는 유튜브 영상들은 1초에 25~30개 정도의 장면(프레임)이 지나가요. 생각보다 많은 장면들이 한 순간에 지나가지요? 하지만 더 부드러운 표현을 해야 하는 영상에서는 1초에 60~120개까지 장면 개수를 늘리기도 한답니다. 여기서는 프레임레이트를 최대인 30으로 선택해서 매끄럽게 재생되는 영상으로 만들어 보세요.

03 내보내기가 완료되면 아래 그림과 같은 화면이 나옵니다. '프리미엄' 서비스를 유료로 이용하지 않기 때문에 화면 오른쪽 위에 있는 [건너뛰기]를 탭하세요.

> 안드로이드 폰을 사용하는 경우 <

04 스마트폰 [갤러리]에 들어가면 새로 생긴 [Export] 폴더에서 내가 만든 영상을 찾아볼 수 있답니다.

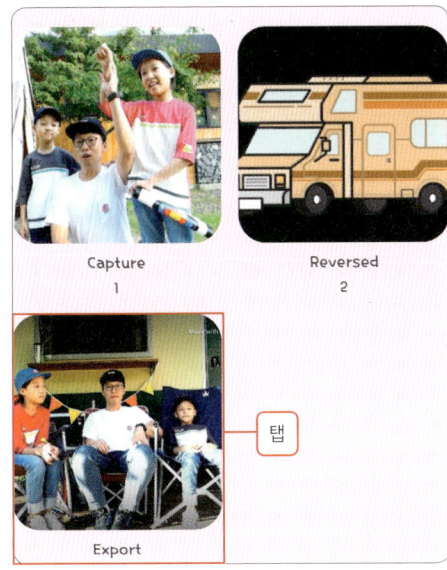

> 아이폰을 사용하는 경우 <

04-1 사진의 [나의 앨범]에서 [모든 사진] 폴더와 새로 생긴 [KineMaster Export] 폴더에서 내가 만든 영상이 저장된 것을 확인할 수 있답니다.

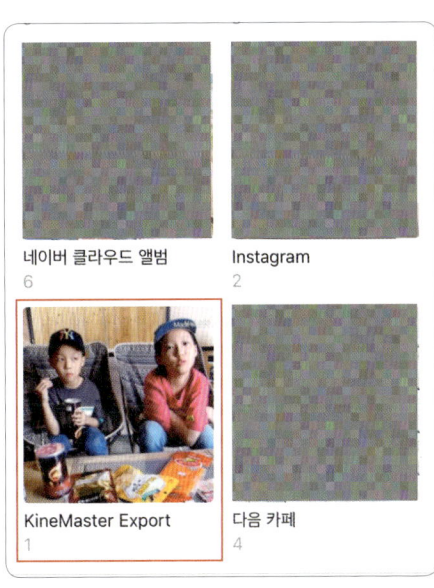

잠깐만요 | 그 외 편집 프로그램 알아보기

꼭 키네마스터를 사용하지 않아도 괜찮아요. 영상을 쉽고 간단하게 편집할 수 있는 다른 앱들도 많거든요. 무료로 사용할 수 있는지, 편집 방법이 쉽고 나에게 잘 맞는지 등을 기준으로 선택하는 것이 중요해요. 아래에 소개된 앱들 중 나에게 맞는 편집 앱을 찾아보세요.

간단한 편집을 할 때 유용한 앱

	인샷	무료 동영상 편집 앱입니다. 쉽게 따라할 수 있어서 편집 초보자들이 사용하기에 좋아요. 일부 유료 기능도 있지만 무료 기능만 사용해도 충분히 멋진 영상을 만들 수 있어요.
	비바비디오	키네마스터 다음으로 많이 사용하는 앱이에요. 스티커나, 필터와 같은 다양한 효과를 넣을 수 있어서 많은 사람들이 편집보다는 여러 가지 추가 효과를 주기 위해 사용한답니다. 일정 기간이 지나면 유료로 바뀌니 잘 알아보고 사용하세요.
	블로	우리나라에서 만든 앱이에요. 다른 앱에 없는 예쁜 효과가 많아요. 유료 서비스를 이용하고 싶을 경우, 6,900원만 내면 평생 사용할 수 있어서 좋아요.
	파워디렉터	컴퓨터 버전을 모바일로 만들어서 보다 쉽게 사용할 수 있어요. 또한 키네마스터와 마찬가지로 가로 편집이 가능해요. 하지만 아이폰에서는 사용할 수 없다는 단점이 있어요.

더욱 전문적인 영상 편집을 원한다면 컴퓨터용 편집 프로그램을 사용할 수도 있어요. 어렵지만 더욱 다양하고 화려한 효과가 들어간 영상을 제작할 수 있답니다.

간단한 편집을 할 때 유용한 프로그램

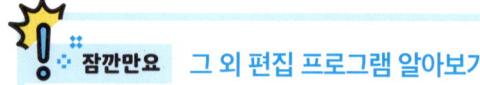 ▶프리미어 프로    ▶베가스 프로    ▶파이널컷 프로

위 세 가지 프로그램은 많은 사람들이 편집을 위해 사용하는 영상제작 프로그램이에요. 편리하고 다양한 자막 제작이 가능하며, 다양한 기능과 관련 자료가 많을 뿐만 아니라 한글 모드까지 제공되어 유용합니다. 하지만 꽤 비싼 비용에 구입을 하거나 정기적인 구독을 해야 하고, 초보자가 배우기 어렵다는 단점이 있기 때문에 어느 정도 편집에 자신감이 생긴다면 도전해 보세요.

도전! 미션 해결

키네마스터로 나만의 영상 만들기

미션 1 여러 개의 짧은 동영상을 하나의 동영상으로 구성해 보기

미션 2 클립 그래픽 기능을 활용하여 제목(타이틀)을 꾸며보기

키네마스터의 다양한 기능으로 편집하기

미션 1 영상 속에 사진 넣기

미션 2 음성 변조 효과 기능 넣기

미션 3 동영상에 배경음악 넣기

미션 4 원하는 부분에 자막 넣기

인기유튜버 제이제이에게 물어요!
영상 편집, 이것만은 꼭 알고 시작해요

Q 편집을 어떻게 배웠나요? 혹시 쉽게 배우는 방법이 있나요?

A 당연히 유튜브로 배웠어요. 유튜브 강의를 보면 우리나라뿐만 아니라 다른 나라에 있는 실력 있는 선생님께 원하는 시간에 원하는 내용을 배울 수 있어요. 편집 관련 책을 보는 것도 좋은 방법이에요. 영상을 편집하는 데 영상을 촬영하는 것보다 더 많은 시간이 걸릴 거예요. 저도 처음에 5분짜리 영상 하나를 만드는 데 3일이라는 시간이 걸렸어요. 편집이 익숙한 지금도 3시간 이상은 편집을 해야 영상 한편이 완성이 된답니다. 재미있게 편집을 배우는 방법은 짧은 길이라도 직접 본인이 영상을 끝까지 완성해 보는 거예요. 시간과 노력을 들여 만든 자기만의 영상을 보면 뿌듯한 마음이 들 거예요. 처음부터 끝까지 모두 배운 다음, 편집을 하는 것 보다는 일단 편집을 하며 궁금한 것을 하나하나 찾아가며 배운다면 더 재미있게 편집을 배울 수 있을 거예요.

Q 편집할 때 조심해야 할 점이 있나요?

A 처음에 편집을 배우면 여러 가지 효과를 영상에 적용하고 싶을 거예요. 장면 전환 효과도 화려하고, 자막도 알록달록하게 꾸미거나 움직이도록 편집하지요. 하지만 시청자들은 여러분의 편집 실력을 보고 싶은 게 아니라, 여러분의 이야기를 듣고 싶어 한다는 것을 명심하세요. 영상 편집 시, 효과가 최대한 적게 들어가도록 편집할 때 오히려 시청자들은 여러분의 영상에 집중할 수 있어요.

Q 효과음, 배경음악, 영상소스 등 편집에 필요한 소스는 어떻게 찾나요?

A 영상의 양념 역할을 하는 다양한 소스도 저작권이 있는 경우가 많아서 되도록 유튜브 스튜디오 내에 있는 오디오 라이브러리나 상업적으로 이용이 가능한 자료를 찾아서 사용해요. 힘들게 만든 영상이 저작권 문제가 생기면 속상하기 때문에 철저하게 점검해요. 여러분도 영상을 공개하기 전 비공개로 업로드해서 문제가 없는지 꼭 점검하도록 하세요.

Q 어떤 편집 프로그램을 사용하세요?

A 처음엔 '베가스 프로'라는 프로그램을 사용해서 편집했어요. 편집이 어느 정도 익숙해지고부터는 어도비의 프리미어 프로를 사용해요. 저는 합성과 같은 전문적인 편집을 해야 해서 유료 프로그램을 사용하지만 여러분은 책에서 소개한 키네마스터로도 얼마든지 좋은 영상을 만들 수 있을 거예요.

셋째 마당

편집한 동영상을 유튜브에 업로드해요

신나게 촬영하고 편집한, 여러분의 소중한 동영상! 이젠 유튜브에 업로드하기 단계입니다. 하지만 그 전에 생각해 볼 것들이 있어요. 유튜브에 올렸을 때, 이 영상을 친구나 동생들이 봐도 괜찮은지, 혹시나 문제가 생길만한 부분은 없는지 고민해 보아야 하죠. 또한, 다른 사람들에게 호감을 줄만한 분위기로 유튜브 채널을 꾸미는 작업 역시 필요하답니다. 이런 과정을 통해 유튜브 크리에이터 되기에 한 발자국 더 가까이 다가가 볼까요?

누구나 오고 싶도록 내 채널을 꾸며요

 동영상을 올리려고 내 채널에 들어왔는데 왠지 허전한 느낌이야.

 그러게! 내가 봤던 크리에이터들의 채널들은 특징을 살려서 개성 있게 꾸며져 있던 것 같은데 말이야.

유명한 유튜브 채널은 어떻게 꾸며져 있나 자세히 살펴볼까요?

 우와 귀엽다!

 채널이 예쁘게 꾸며져 있어요!

꾸며져 있으니 보기 좋지요?

 네! 귀엽게 그려진 서준이와 지우를 보니, 이 채널의 동영상들이 더 궁금해져요.

 제 채널도 저렇게 꾸미고 싶어요. 우울하게도 제 채널에는 아직 아무것도 없거든요.

 우리도 꾸미면 되지!

누구나 오고 싶도록 내 채널을 꾸미는 방법을 알아볼까요?

 ## 프로필과 배너란

인기 있는 유튜브 채널을 둘러보면 대부분 기본으로 설정된 배경과 계정 사진이 아닌 것을 확인할 수 있어요. 채널을 방문한 사람들이 구독할 마음이 생기도록 채널을 개성 있게 꾸민 것이지요. 여러분이 첫째마당에서 생각해 두었던 채널 주제에 맞게 내 채널을 한번 꾸며볼까요?

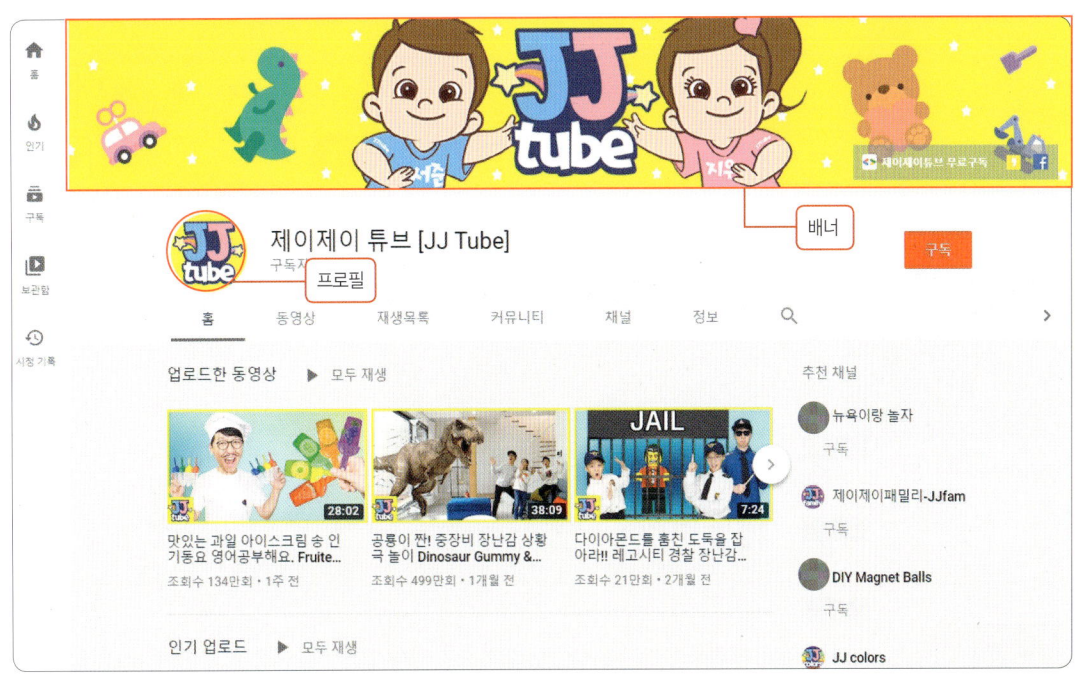

〉프로필〈

유튜브 채널에서 크리에이터를 나타내는 대표 이미지를 의미해요. 예를 들면, 카카오톡을 사용할 때 자신을 나타내는 프로필 사진을 설정하지요? 그것처럼 여러분들의 채널을 나타내는 이미지라고 할 수 있어요.

〉배너〈

사람들이 내 채널에 들어왔을 때 제일 처음 눈이 가는 부분이에요. 한 마디로 내 채널의 얼굴인 것이지요. 많은 사람들이 채널을 구독하기 전에 채널을 방문한다고 합니다. 즉 프로필과 배너가 주는 이미지가 중요하다고 할 수 있어요.

무작정 따라하기 20 프로필 만들기

'프로필'이란 유튜브 상에서 여러분을 나타내는 마스코트라고 할 수 있어요. 유튜브에 로그인하면 화면 오른쪽 위에 동그랗게 여러분 계정이 뜨지요? 바로 그것이 '프로필'입니다. 간단히 '로고'라고도 표현하지요. 한번 만들어 볼까요?

01 컴퓨터에서 유튜브 사이트에 접속하세요. 유튜브 시작 화면에서 [내 계정]-[내 채널]을 차례로 클릭합니다.

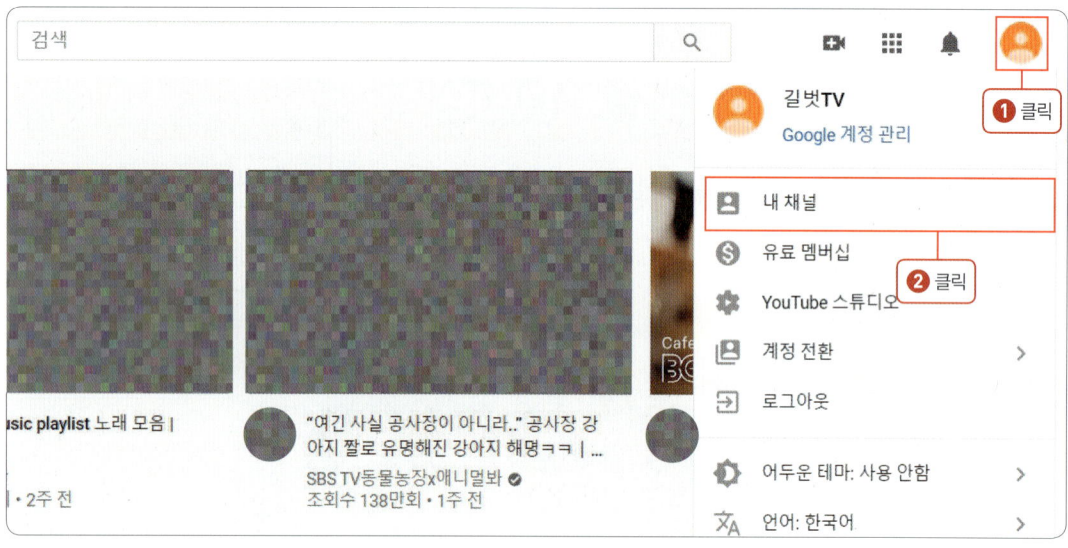

TipTalk 프로필의 색깔이 주황색이 아닌 경우도 있어요. 사람마다 색이 다르니, 주황색이 아니라고 당황하지 않아도 됩니다.

02 내 채널에 들어가면 프로필이 아래 그림처럼 동그랗게 나옵니다. 따라서 내 프로필에 사진을 넣을 때 어떤 부분이 잘리는지 잘 생각해서 프로필에 사용할 사진을 골라야 해요. ⊙을 클릭하여 프로필 사진 수정으로 들어가 볼까요?

잠깐만요 정원형으로 나타나는 프로필 이미지

프로필 사진을 설정할 때 ⓐ사진을 선택하면 ⓑ처럼 빨간 동그라미 바깥 부분은 나오지 않고 ⓒ처럼 나온다는 점을 참고하여 만들어 보세요!

03 [사진]에서 [업로드]를 클릭합니다.

04 프로필로 설정하고자 하는 사진을 내 컴퓨터에서 찾아 선택한 후 [열기]를 클릭합니다.

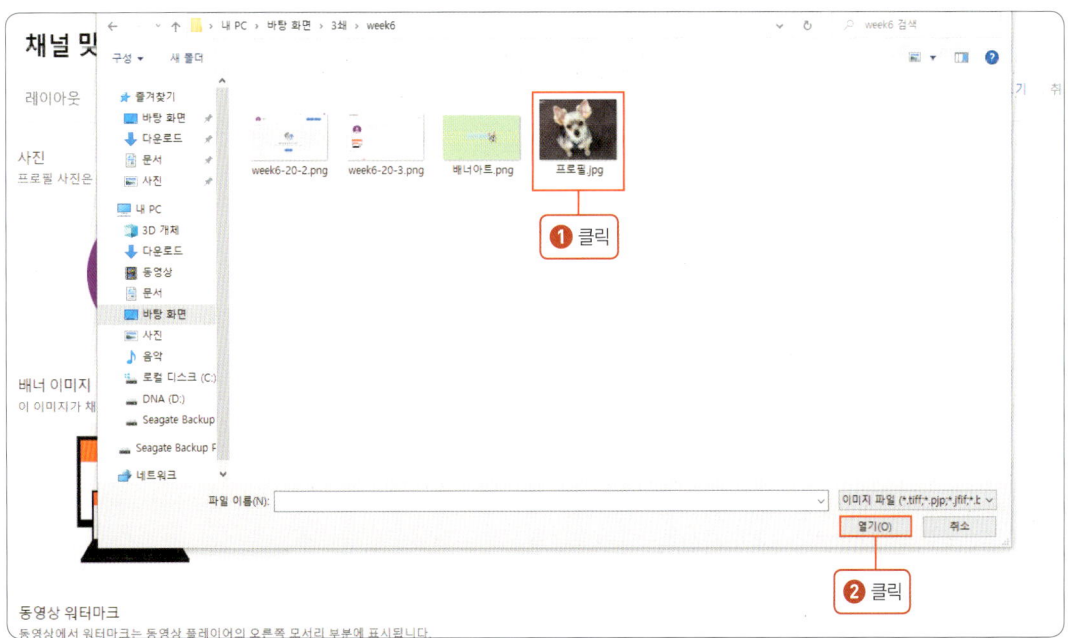

05 프로필에 나타내고 싶은 부분이 가운데에 오도록 사진을 드래그하고 [완료]를 클릭합니다.

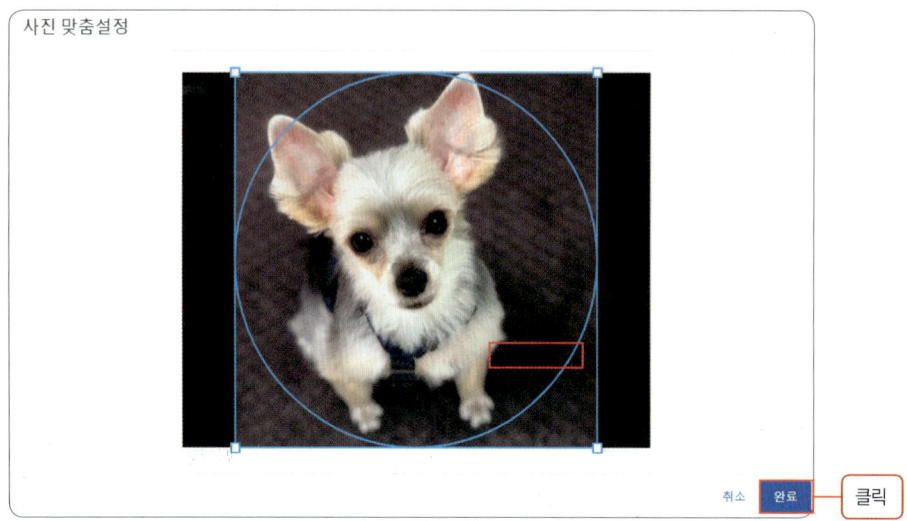

06 변경된 프로필 사진이 저장되었습니다.

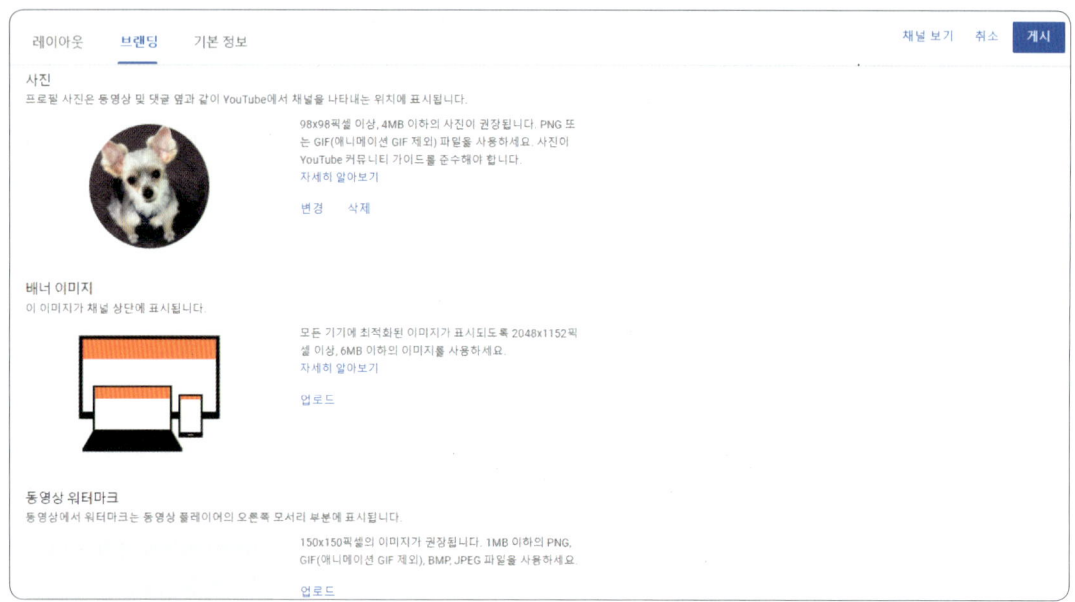

잠깐만요 워터마크에 대해 알아보기

워터마크란 내가 쓴 글, 그림, 사진, 동영상 등에 나만의 마크를 넣는 것을 말해요. 누군가 내 허락 없이 함부로 쓰지 못하도록 불법 복제를 막기 위해 사용합니다.

❶ [동영상 워터마크]에서 [업로드]를 클릭합니다.

❷ 워터마크로 사용하려는 이미지를 선택하고 [열기]를 클릭하세요. 워터마크로 사용할 이미지가 가운데에 오게 배치한 후 [완료]를 클릭합니다.

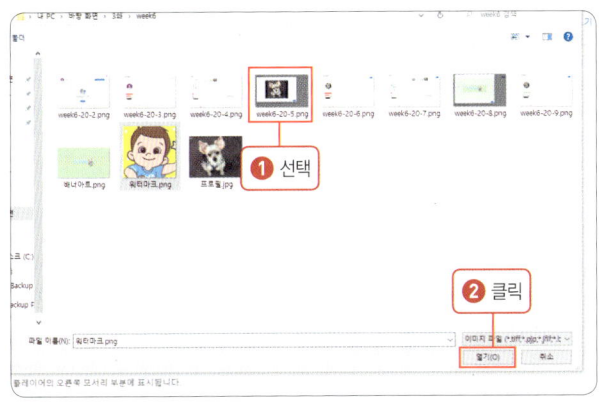

❸ 워터마크가 생성된 것을 확인한 후 동영상에 워터마크를 넣어 재생해 보세요.

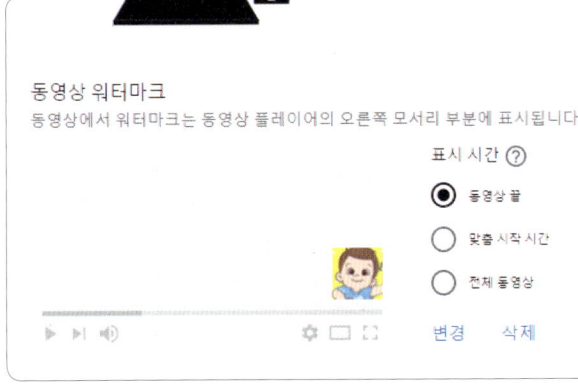
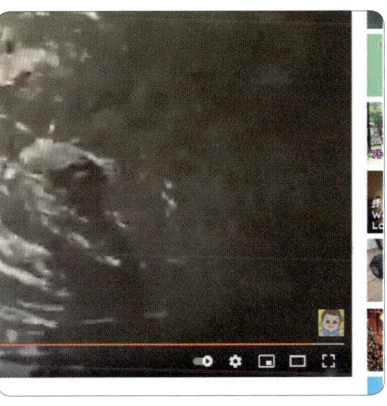

잠깐만요 스마트폰으로 프로필 만들기

스마트폰으로도 간편하게 프로필을 만들 수 있어요.

아이폰을 사용하는 경우
❶ 앱스토어를 탭하여 들어갑니다.
❷ '구글'을 검색하여 [받기]를 탭합니다.

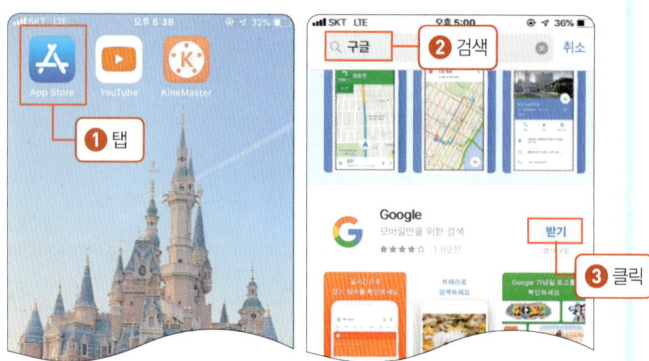

안드로이드 폰을 사용하는 경우
❶ Play 스토어를 탭하여 들어갑니다.
❷ '구글'을 검색하여 [설치]를 탭합니다.

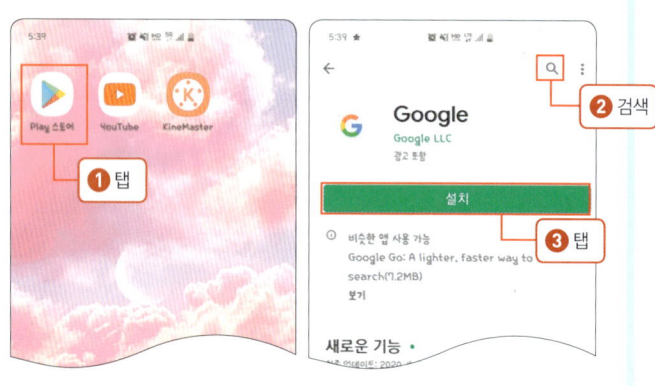

❸ 다운로드한 구글 앱을 탭하여 실행하세요.
❹ 35쪽에서 만든 구글 계정으로 로그인하세요.

❺ [내 계정]을 탭하고 [Google 계정 관리]를 탭하세요.
❻ [사진 업데이트]를 탭하세요.

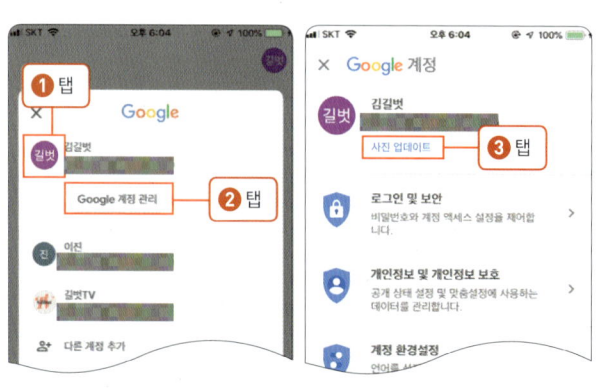

TipTalk 안드로이드 폰을 사용하는 친구들은 [사진 업데이트] 대신 사진을 클릭하면 프로필 사진 설정 창이 생겨요.

❼ [프로필 사진 설정]을 탭하세요.
❽ 내 계정 아이콘에 저장할 사진을 선택합니다.

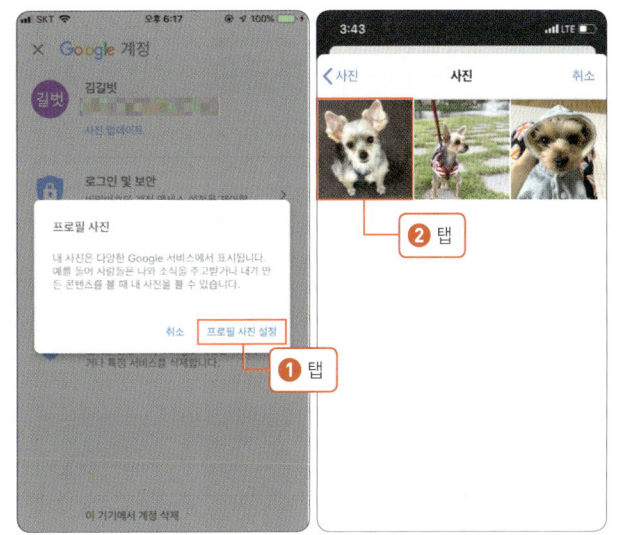

❾ [선택]을 탭합니다.
❿ 구글 계정에 아이콘이 변경된 것을 확인할 수 있어요.

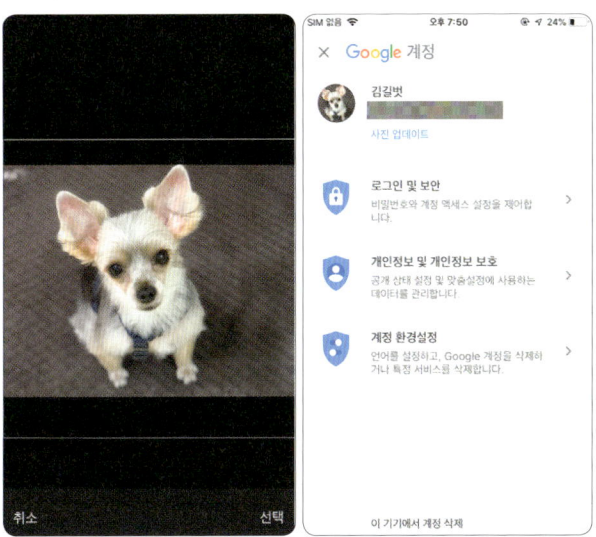

⓫ 유튜브 앱을 실행한 뒤, 시작 화면에서 오른쪽 상단의 내 계정을 탭하세요.
⓬ 내 프로필이 바뀐 것을 확인할 수 있어요.

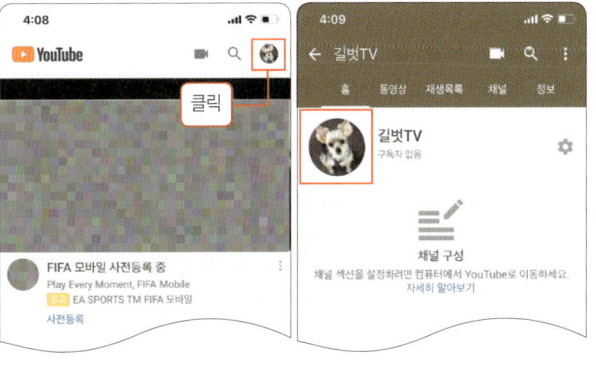

 ## 기기에 따라 다르게 보이는 배너 영역

배너는 채널에 들어가면 제일 처음 눈이 가는 부분이에요. 그래서 **배너가 주는 인상이 채널 이미지에 영향을 주기도 하지요.**

배너는 유튜브에 어떤 기기로 접속하는지에 따라 보이는 영역이 달라요. 스마트폰, 컴퓨터, 태블릿, TV로 접속했을 경우 보이는 영역이 모두 다르답니다. 아래 그림을 참고하여 설명할게요.

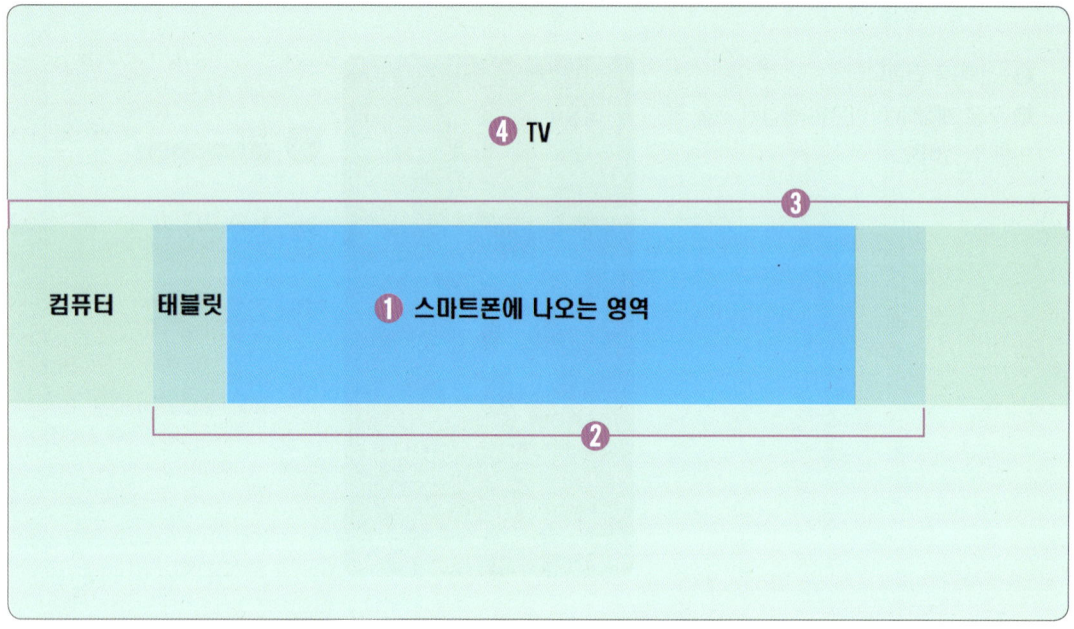

❶ 스마트폰에 나오는 영역:

❷ 태블릿에 나오는 영역: +

❸ 컴퓨터에 나오는 영역: +   +

❹ TV에 나오는 영역: +   +   +

■ (하늘색 영역)은 스마트폰 뿐만 아니라 모든 기기로 접속했을 때 보이는 영역이므로 이곳에 제일 중요한 정보가 들어가야 해요. 내 채널의 이름이나 주제 등 채널을 짧고 굵게 소개할 수 있는 정도면 됩니다. 정기적으로 어느 요일에 동영상을 공개할지 계획이 있다면, 그 요일 및 시간을 작성하는 것도 좋은 방법이에요. 채널 이름이나 주제와 관련된 핵심 이미지로 배너를 만들어 꾸미는데 활용하는 것도 훌륭한 아이디어가 될 수 있지요.

양쪽으로 살짝 붙은 ■ (두 번째로 옅은 하늘색 영역)과 ■ (세 번째로 옅은 색 영역)은, 태블릿이나 컴퓨터로 유튜브에 접속했을 때, 추가적으로 보이는 부분이에요. 컴퓨터나 태블릿으로 접속하는 사람들도 많기 때문에, 신경 써서 꾸미면 더 많은 사람들에게 긍정적인 이미지를 남길 수 있어요.

마지막으로 위, 아래에 붙은 ■ (가장 옅은 색 영역)은 TV로 접속했을 때 추가적으로 보이는 부분이랍니다. TV로 접속하는 사람이 비교적으로 많지 않지만, 최근에는 스마트TV로 유튜브를 보는 사람들이 늘어나고 있고, 나이가 많은 어르신들이나 여러 명이 함께 시청하고자 할 때에는 TV로 유튜브 채널에 접속하는 경우도 있기 때문에, 시간적 여유가 있다면 이 부분을 꾸미는 것도 좋겠지요?

21 배너 만들기1_도형과 텍스트 입력하기

배너에는 무엇이 들어가면 좋을지 생각하면서 한번 만들어 볼까요? 이번에는 책에서 제공하는 자료를 길벗 홈페이지에서 다운로드하여 실습해 볼게요.

01 길벗 홈페이지(www.gilbut.co.kr)에서 '초등학생을 위한 유튜브 크리에이터 무작정 따라하기'를 검색해요. 그리고 [자료실]에 들어가 채널아트 파워포인트 자료를 다운받아 볼까요?

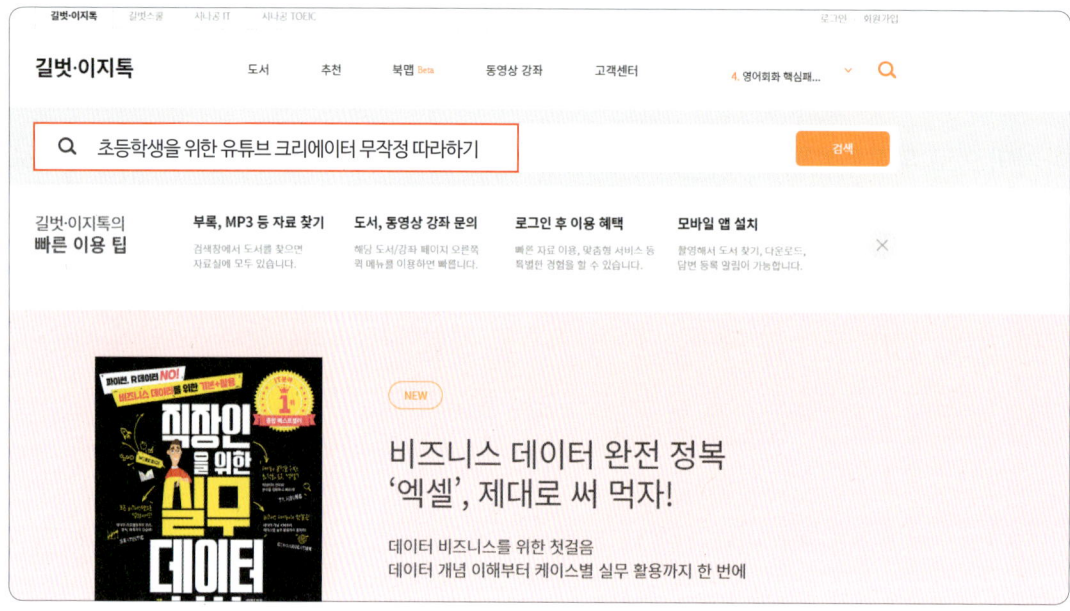

02 다운로드한 파워포인트 파일을 실행합니다. 스마트폰, 태블릿, 컴퓨터, TV에 나오는 영역을 확인한 뒤, 각 영역과 글자를 클릭하고 Delete 를 눌러 삭제해요.

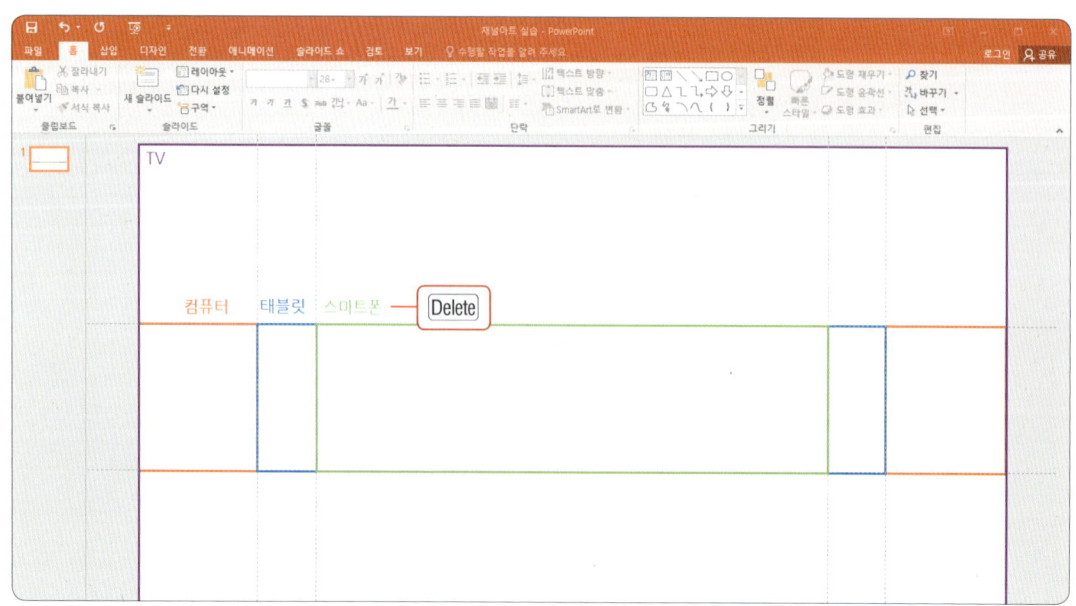

03 배경을 꾸미기 위해 마우스 오른쪽 버튼을 클릭하여 [배경 서식]을 클릭합니다.

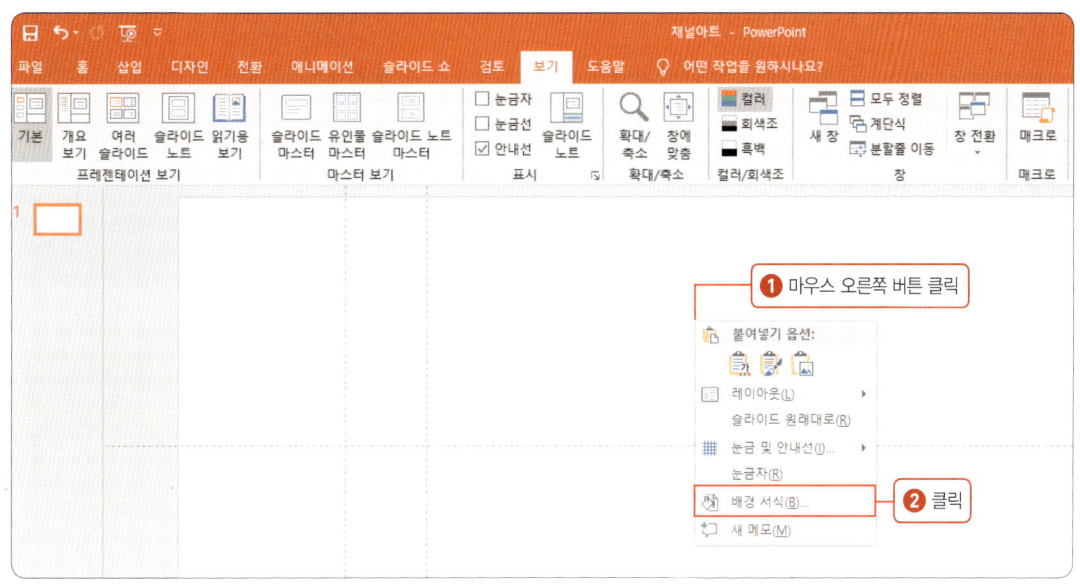

04 오른쪽 메뉴에서 [색]의 내림 단추를 클릭하여 배너의 배경색으로 하고 싶은 색을 선택하세요.

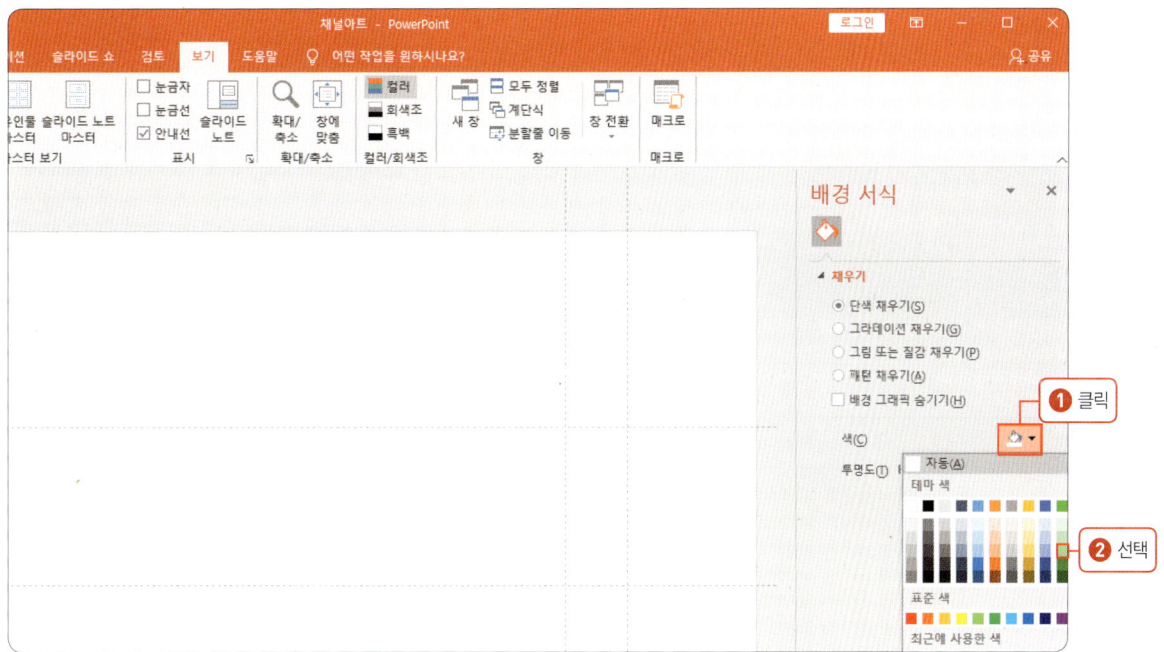

05 도형을 넣어 무늬를 만들어 볼까요? [삽입] 메뉴를 클릭하고 [도형]의 내림 단추를 클릭해 원하는 도형을 선택합니다. 이 책에서는 [타원]을 선택해 보았어요.

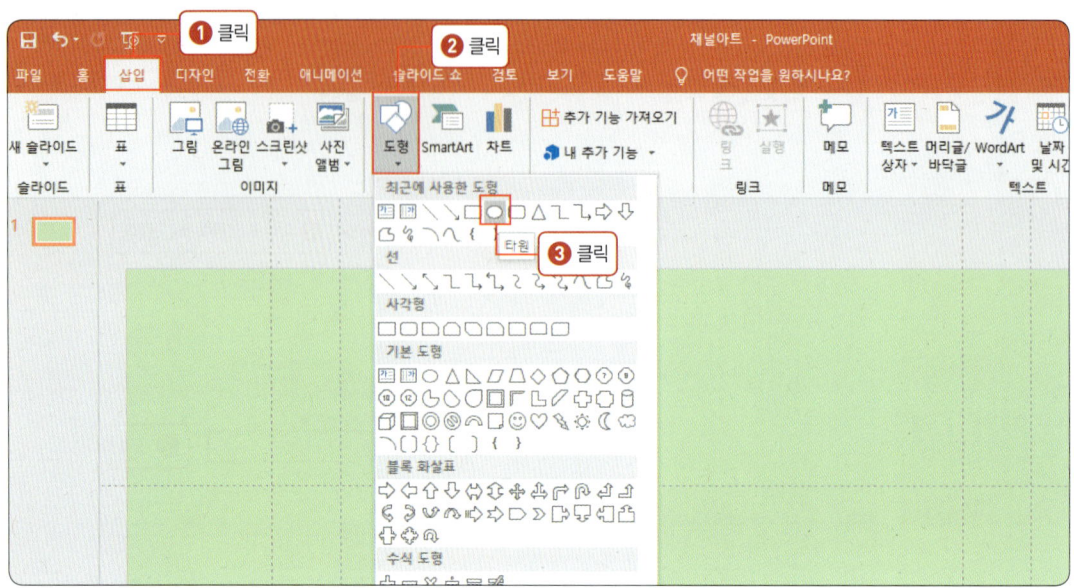

06 도형을 넣고 싶은 부분에 마우스를 드래그하여 넣어 주세요.

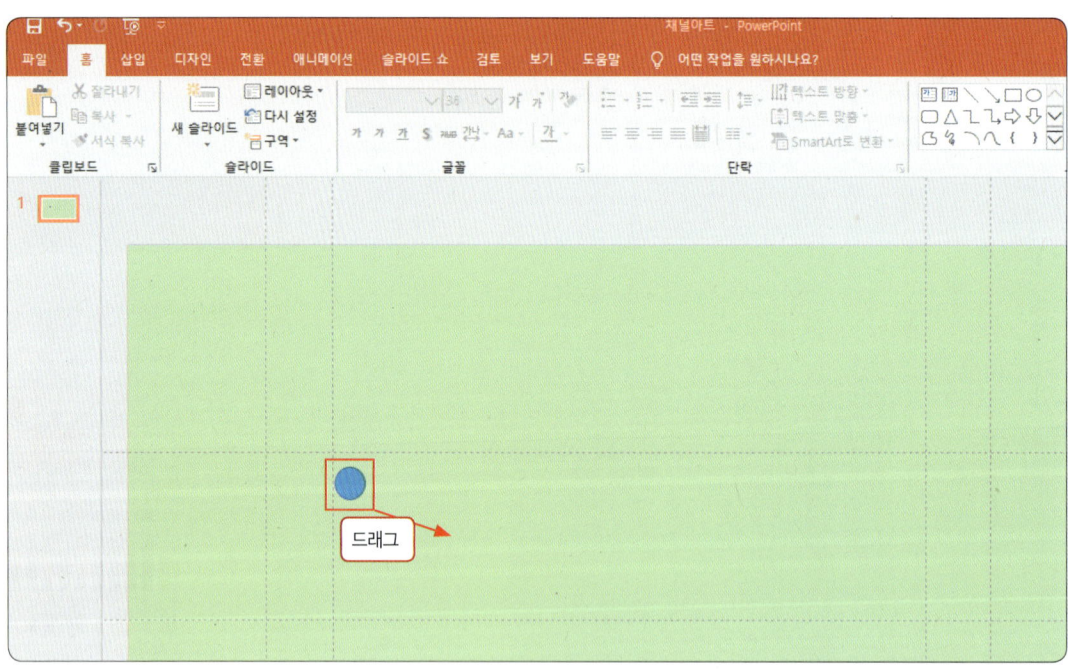

TipTalk 키보드에서 Shift 를 누른 상태에서 마우스로 드래그하면 찌그러지지 않은 도형을 만들 수 있어요.

07 도형을 클릭하면 오른쪽에 [도형 서식] 메뉴가 생겨요. 그중 [채우기]에서 [색]의 내림 단추를 클릭하여 도형의 색도 선택합니다.

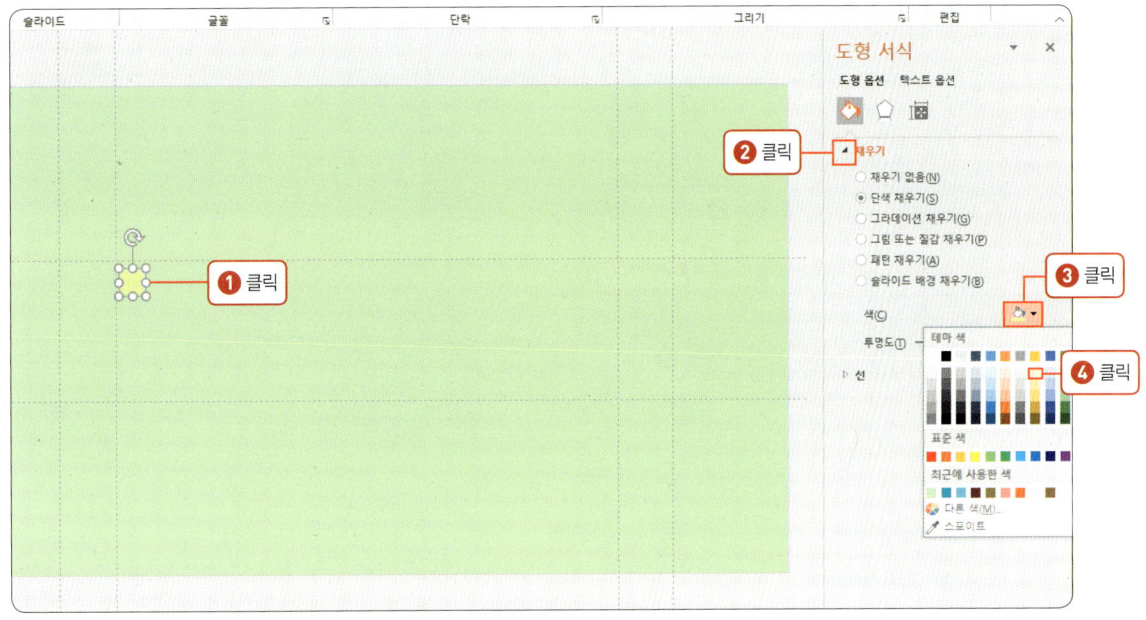

08 도형의 색을 옅게 하고 싶을 경우에는 [투명도]의 버튼을 드래그하여 값을 조절할 수 있어요. 그리고 테두리의 선을 지우고 싶다면 [선]의 [선 없음]을 클릭합니다.

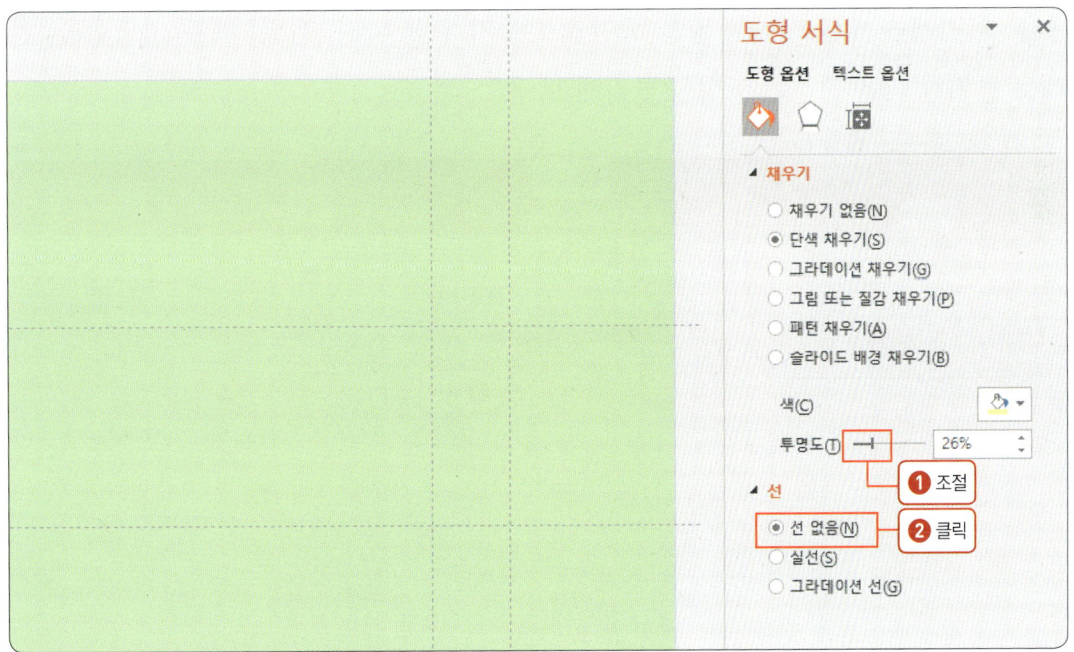

09 도형을 클릭하고 Ctrl+C를 함께 누르면 도형이 복사되어요. 원하는 위치에 Ctrl+V를 함께 누르면 복사했던 도형이 붙여 넣기 됩니다.

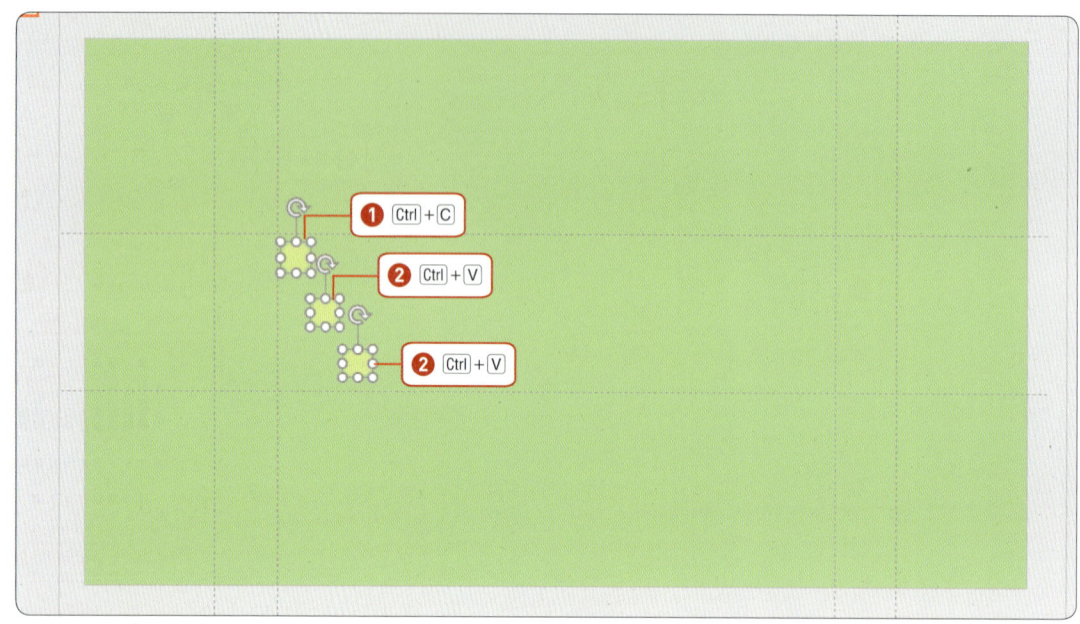

TipTalk 도형 여러 개를 한꺼번에 복사하고 싶으면 Ctrl을 누르는 동시에 여러 개의 도형을 클릭한 다음 Ctrl+C를 눌러 복사할 수 있어요.

10 이번에는 채널 이름을 넣을 도형을 만들기 위해 다시 [삽입] 메뉴 - [도형]을 차례로 클릭한 다음 원하는 도형을 클릭해 보세요.

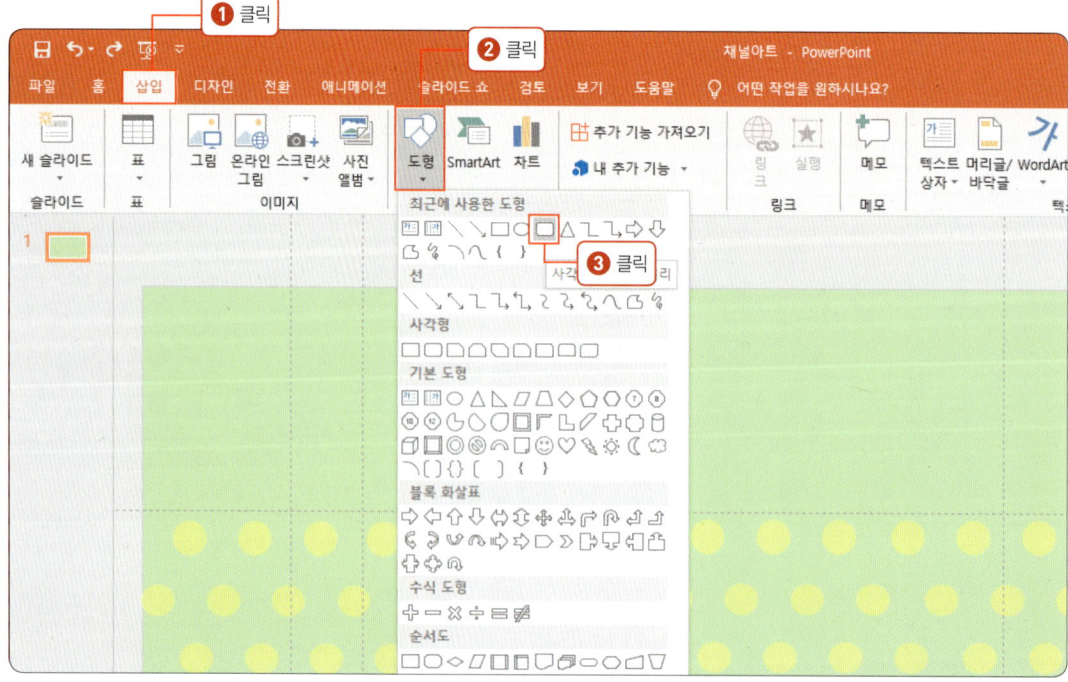

11 채널 이름을 써 넣기 위해 [삽입] 메뉴의 [텍스트 상자]에서 [가로 텍스트 상자 그리기]를 클릭해 볼까요?

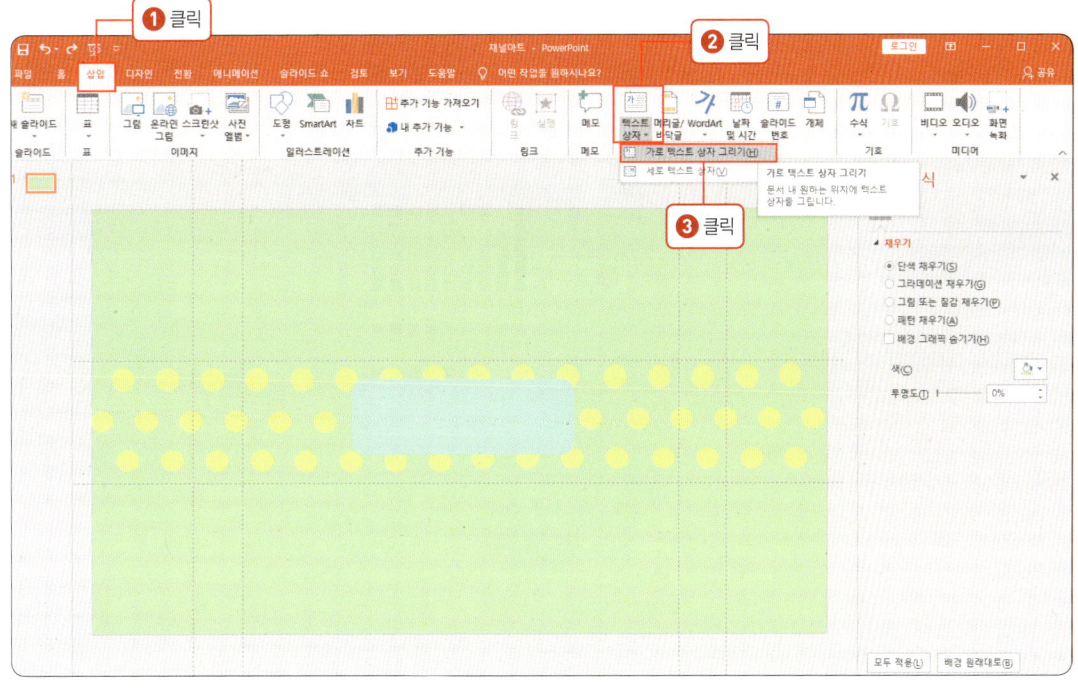

12 채널 이름을 넣고 싶은 부분에서 드래그하면 글씨를 넣을 수 있는 상자가 나타나요. 그곳에 채널 이름을 적습니다. 여기서는 '길벗TV'라고 적어보았어요. 여러분들도 채널 이름을 적어보세요.

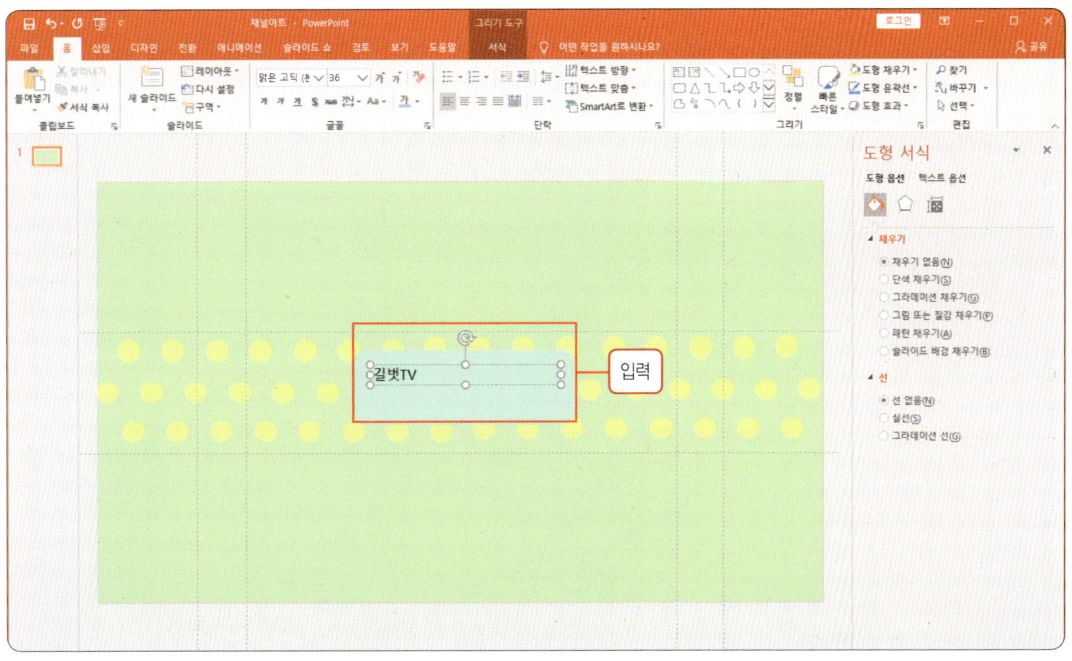

13 글씨를 드래그하여 블록 처리한 뒤, 표시된 부분에서 글자체, 글자 크기, 글자색을 고릅니다.

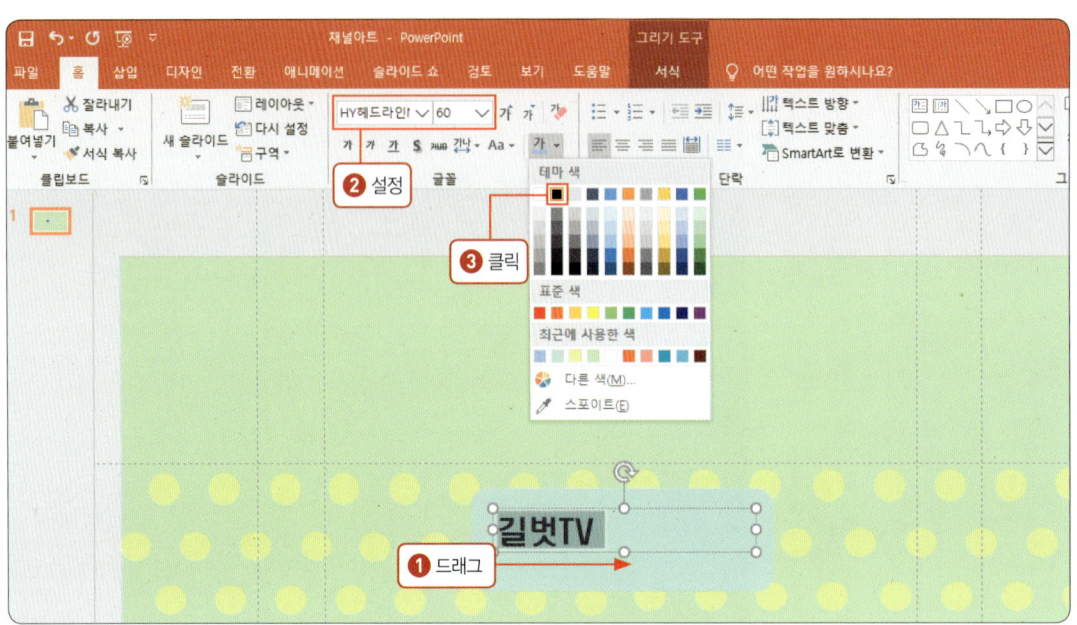

> **잠깐만요** 글자를 도형의 가운데로 위치시키는 방법
>
>
>
> [홈] 메뉴의 ⓐⓑⓒⓓ 에서 선택하세요.
>
> ⓐ 왼쪽부터 글자가 작성되는 **왼쪽 정렬**, ⓑ 가운데부터 글자가 작성되는 **가운데 정렬**, ⓒ 문장 끝이 오른쪽에 맞춰지는 **오른쪽 정렬**, ⓓ 문장의 왼쪽과 오른쪽에 비는 글자가 없도록 하는 **양쪽 정렬**입니다.
>
> 글자를 도형의 가운데에 위치하고 싶다면, 마우스로 드래그하여 블록을 지정한 상태에서, ⓑ **가운데 정렬**을 클릭하세요.

무작정 따라하기 22 — 배너 만들기2_사진 넣기

여러분은 평소 글만 쓰여 있는 배너와, 글, 그림이 함께 어우러져 있는 배너 중 어느 것에 더욱 눈길이 가나요? 아무래도 채널의 주제를 한번에 이해할 수 있는 사진이나 눈길을 확 사로잡는 그림이 있는 배너가 더 눈에 띄지요. 그럼 우리 배너에도 사진을 한번 넣어 볼까요?

01 사진을 넣고 싶은 경우에는 메뉴의 [삽입]-[그림]을 차례로 클릭합니다. 파일에서 배너에 넣고 싶은 사진을 클릭하여 선택한 다음 [삽입]을 클릭하세요.

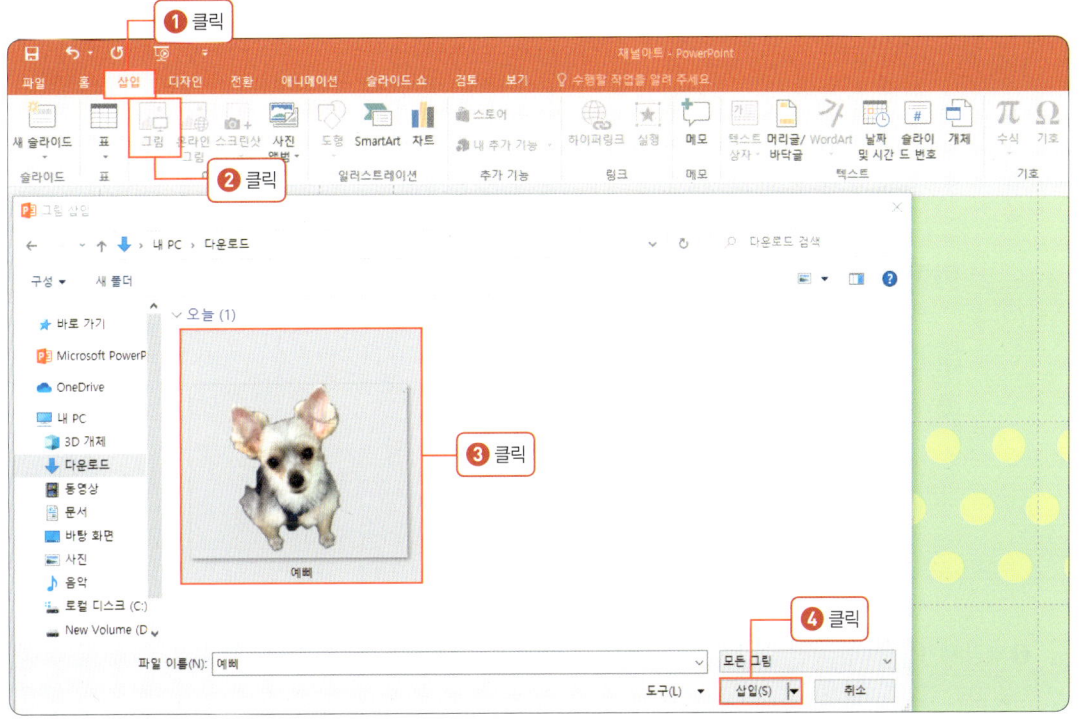

잠깐만요 — 사진 배경을 지우는 두 가지 방법

파워포인트를 활용하는 경우

❶ 배경을 없애고 싶은 사진을 파워포인트에서 불러와요. 사진을 클릭한 뒤, 메뉴의 [그리기 도구]-[서식]의 [배경 제거]를 클릭합니다.

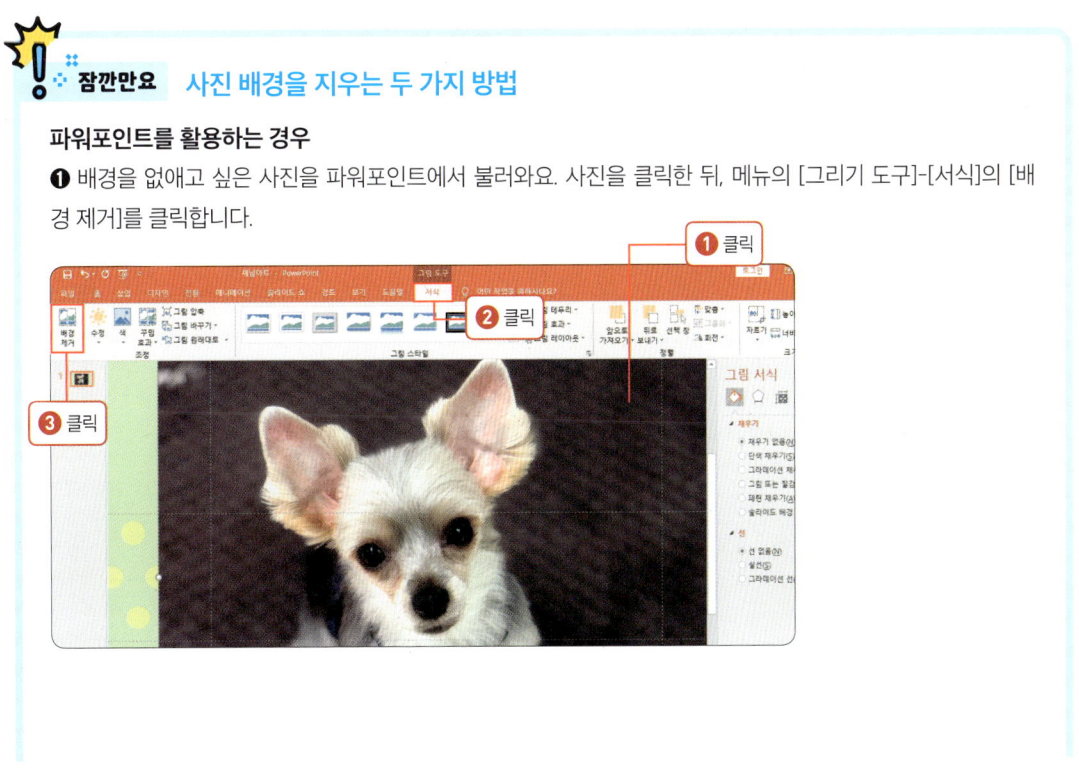

❷ 보라색 부분이 삭제되는 부분이고, 사진으로 나오는 부분이고 점선 네모 안의 부분이에요. 조절점을 드래그하여 삭제하려는 영역을 정하세요. [보관할 영역 표시]를 클릭하고 보관해야 할 부분을 드래그하면 제거되지 않습니다. 반대로 [제거할 영역 표시]를 누르고 드래그하면 그 부분은 보라색으로 표시되며 제거되어요.

사이트를 활용하는 경우

❶ 크롬으로 remove.bg 사이트(www.remove.bg)에 접속하여 [이미지 업로드]를 클릭해요.

❷ 배경 제거를 원하는 사진이 있는 내 PC의 폴더에 들어가 사진을 클릭한 뒤 [열기]를 클릭하세요.

❸ [다운로드]를 클릭해요. 내 컴퓨터의 다운로드 폴더에 저장됩니다.

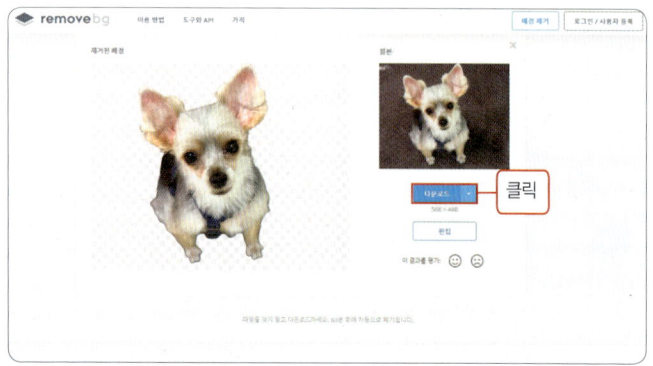

176

02 사진의 조절점을 드래그하여 크기를 조절해요.

03 완성되었다면 저장하기 위해 [파일] 메뉴를 클릭합니다.

04 [다른 이름으로 저장]을 클릭한 뒤, 폴더를 지정하고 [파일 이름]을 입력합니다. [파일 형식]을 [PNG 형식]으로 선택합니다.

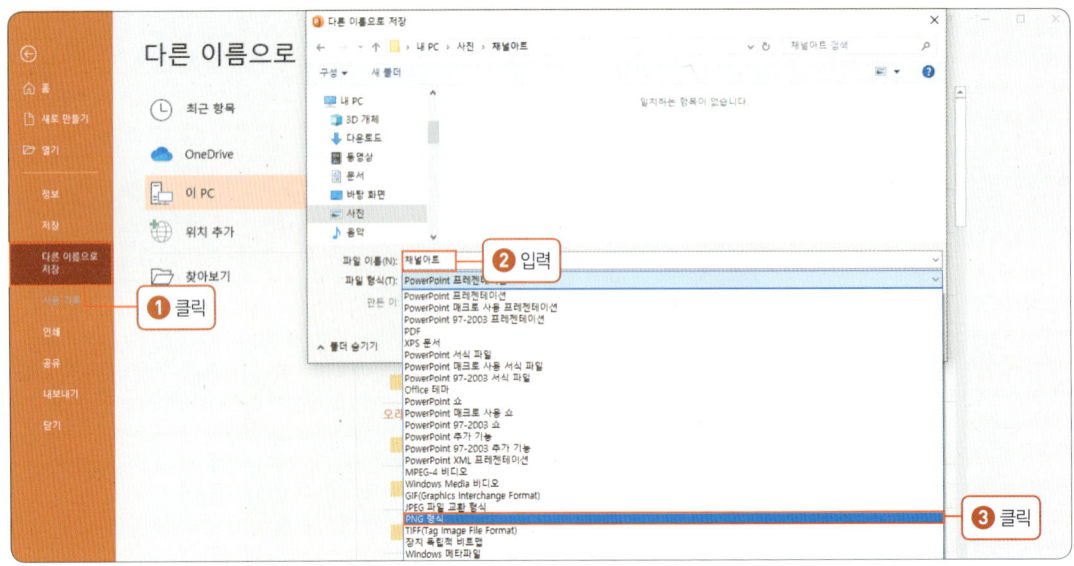

05 그럼 '내보낼 슬라이드를 선택하세요'라는 작은 창이 떠요. 여기서 [현재 슬라이드만]을 클릭합니다.

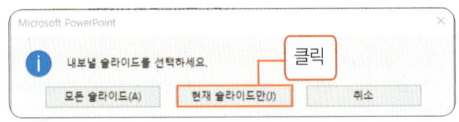

06 내가 만든 배너를 적용해 볼까요? 크롬에서 유튜브에 접속하여 [내 계정]-[내 채널]을 차례로 클릭합니다.

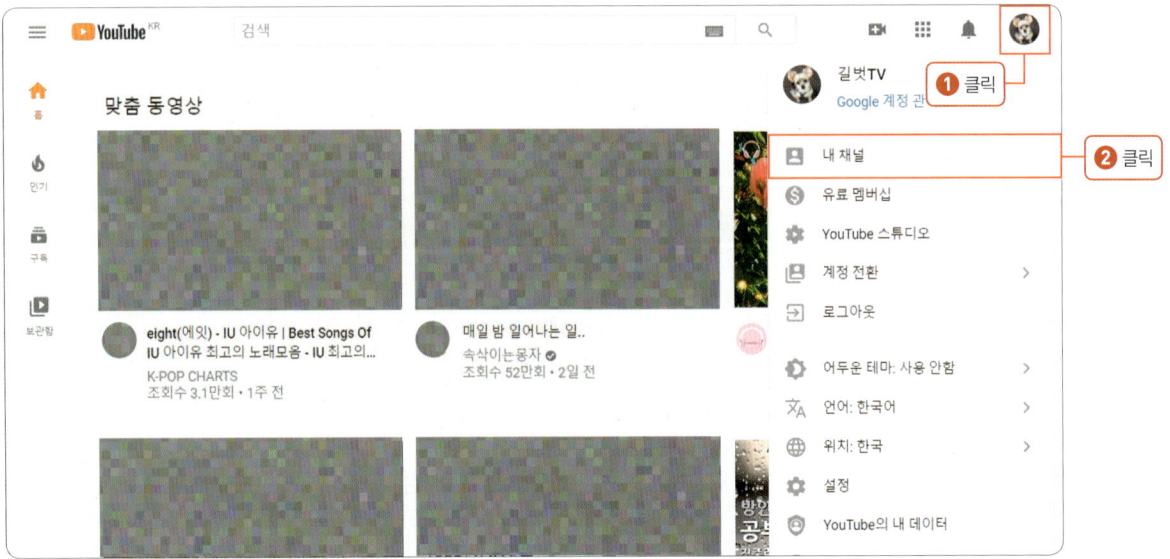

07 [채널 맞춤설정]을 클릭하세요.

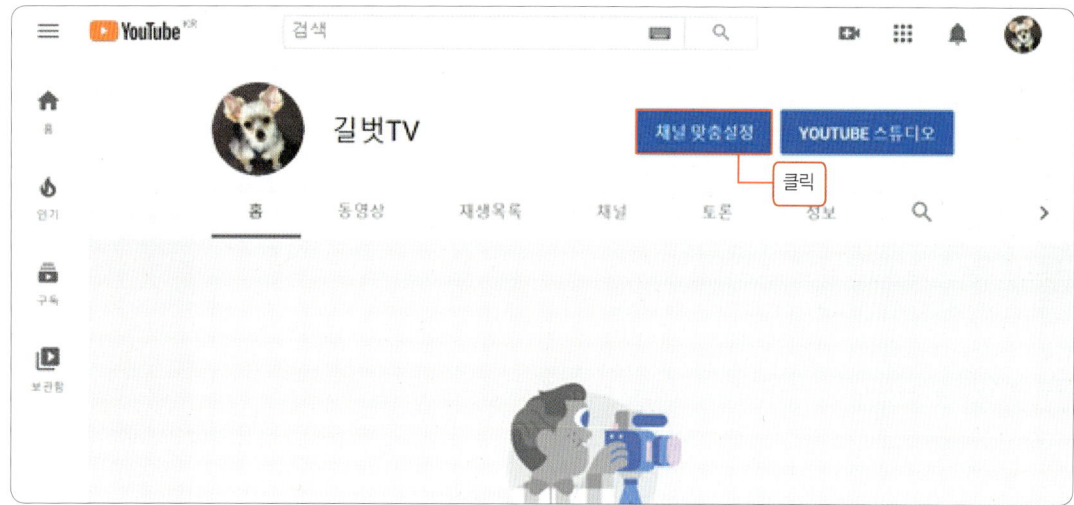

08 [컴퓨터에서 사진 선택]을 클릭합니다.

09 **04**번에서 저장한 배너 이미지 파일을 찾아 클릭하여 선택하고 [열기]를 클릭해요.

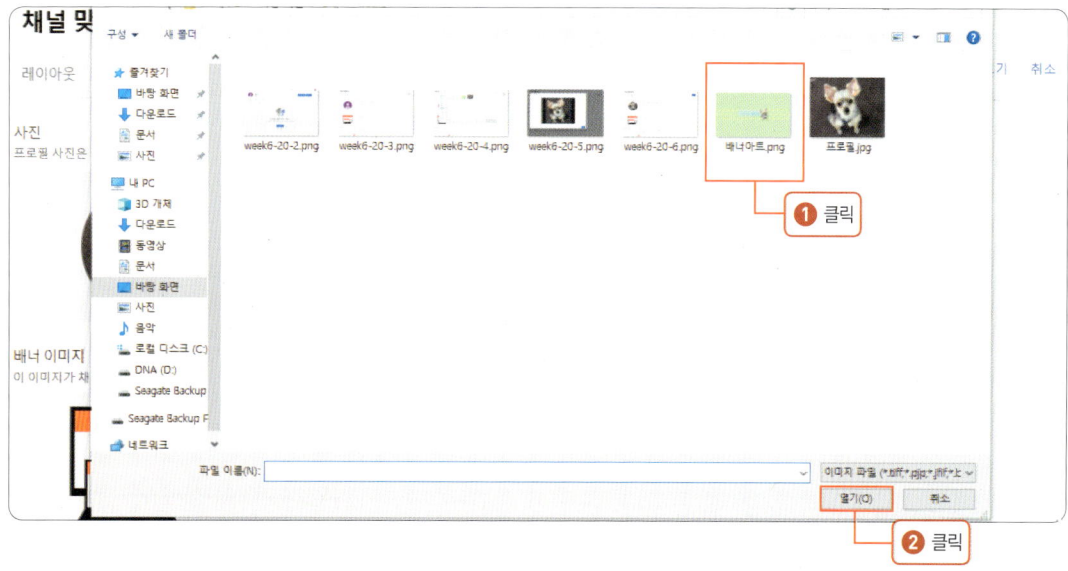

10 데스크톱(컴퓨터), TV에서는 내가 설정한 배너가 어떻게 보이는지 참고할 수 있도록 미리보기 이미지가 나와요. 모바일에서 보는 이미지는 데스크톱과 같아요. 마음에 든다면 [완료]를 클릭하세요. [채널로 이동]을 클릭하여 변화된 모습을 확인해 보세요.

11 배너가 완성되었습니다!

 **인기유튜버 제이제이에게 물어요!**

프로필과 배너를 만드는 노하우

Q 프로필과 아트를 어떻게 만들었나요?

A 프로필로 처음에는 지우와 서준이의 얼굴로 만들려고 했어요. 그런데 당시 지우와 서준이는 하루가 다르게 크는 때여서 자주 사진으로 아이콘을 만들어야 할 것 같아 이미지로 만들게 됐어요. 제이제이튜브 채널명을 이용해서 "JJ tube"로 만들기로 하고 그중 JJ가 지우와 서준이를 의미하니 각각 서로 다른 색깔로 하고 tube 보다는 큰 글씨 크기로 만들었어요.

▲ 초기 <제이제이튜브> 채널

▲ 초기 <제이제이패밀리> 채널

지금의 프로필과 배너는 현 소속사의 힘을 빌려 업그레이드가 된 버전이라 더 멋지긴 해요. 하지만 채널의 시작을 함께 한 위 이미지들은 제게 남다른 의미가 있어요. 그러니 시작부터 너무 멋진 결과물을 만들려고 시간을 낭비하지 마세요. 그보다는 자신만의 생각으로 나만의 프로필과 배너를 일단 만들고 차차 업그레이드를 하는 방법을 추천합니다.

▲ <제이제이튜브>
장난감 상황극 키즈 채널

▲ <제이제이패밀리>
일상 여행 브이로그 가족 채널

▲ <제이제이게임>
마인크래프트 로블록스 등 게임 채널

나의 첫 작품! 동영상을 업로드해요

배너와 프로필로 꾸민 내 채널이 정말 맘에 들어!

맞아! 이제 편집해서 만든 동영상만 올리면 될 것 같아!

이제 유튜브에 동영상을 업로드한다는 거군요!

업로드요? 다운로드는 많이 들어봤는데 업로드는 처음 들어봐요!

다운로드는 누군가가 올린 파일을 내려 받는 것 아닌가요?

오! 다운로드에 대해 잘 알고 있군요. 그렇다면 업로드의 의미도 알아낼 수 있을 것 같은데요?

아하! 업로드는 다운로드의 반대말이군요!

파일을 내려 받는 것의 반대말이라면, 파일을 올린다는 것?

오~ 제법 똑똑한 걸?

맞아요! 유튜브에 동영상을 업로드하면서 여러 가지 기능을 알아볼까요?

메타데이터 이해하기

메타데이터란 간단히 말해 데이터(자료)에 대한 데이터를 의미해요. 여기서 데이터를 우리말로 쉽게 말하면 '자료' 혹은 '정보'예요.

여러분이 유튜브에 동영상을 올리면, 이것 역시 하나의 자료 혹은 정보가 되어요. 사전이나 책뿐만 아니라 컴퓨터, 스마트폰, 인터넷, 유튜브 등 다양한 곳에 자료나 정보가 존재한다고 할 수 있지요.

그럼 메타데이터, 즉 데이터에 대한 데이터는 무엇일까요? 내가 올린 동영상이라는 데이터에 대한 데이터, 즉 동영상에 대한 설명 자료이지요. **동영상을 업로드할 때 동영상의 제목, 설명, 관련된 키워드 혹은 태그들을 작성**하는데, 그것들이 바로 **메타데이터**입니다.

키워드와 태그는 **영상에 대한 힌트 또는 관련 단어들**이라고 할 수 있어요.

- **키워드** : 검색엔진(네이버, 다음, 유튜브처럼 무엇인가를 검색할 때 활용하는 매체)이 파악하는 단어

- **태그** : 사람들이 키워드로 검색했을 때, 결과로 나올 수 있도록 콘텐츠(영상 등의 문화 매체)의 주인이 콘텐츠에 직접 등록해 두는 단어

따라서 키워드 혹은 태그를 많이 작성해 두면, **다른 사람이 검색엔진에 내가 작성한 태그를 입력하였을 때 검색 결과에 내 동영상이 많이 등장하도록 할 수 있어요.**

메타데이터를 잘 활용하면 조회수를 높일 수 있답니다. 제목에 썼던 데이터를 설명란이나 태그에 중복해서 작성하면 메타데이터의 정확도가 높아져 사람들이 검색했을 때 내 동영상이 나올 확률이 높아지기 때문이지요. 그렇다고 해서 아무 단어나 써 넣거나, 인기 단어, 자극적인 단어를 사용하면 시청자들의 내 콘텐츠(동영상)에 대한 신뢰가 떨어집니다. **정확한 단어, 내 콘텐츠를 잘 나타내 주는 단어를 키워드 혹은 태그로 작성하는 것이 중요해요**. 그러니 유튜브에 동영상을 올릴 때, 제목, 설명, 태그 등의 메타데이터를 잘 작성해야 하겠죠?

동영상 업로드 기본 설정하기

동영상을 유튜브에 업로드하기 전, 업로드 기본 설정을 먼저 해 봅시다. '업로드 기본 설정'을 통해 내 채널에 맞는 기본 설정을 변경해 놓으면 매번 업로드할 때마다 내용을 수정할 필요 없이 영상을 더 빠르고 간단하게 업로드할 수 있답니다.

01 유튜브 시작 화면에서 [내 계정]을 클릭하여 나오는 메뉴에서 [YouTube 스튜디오]를 클릭하세요.

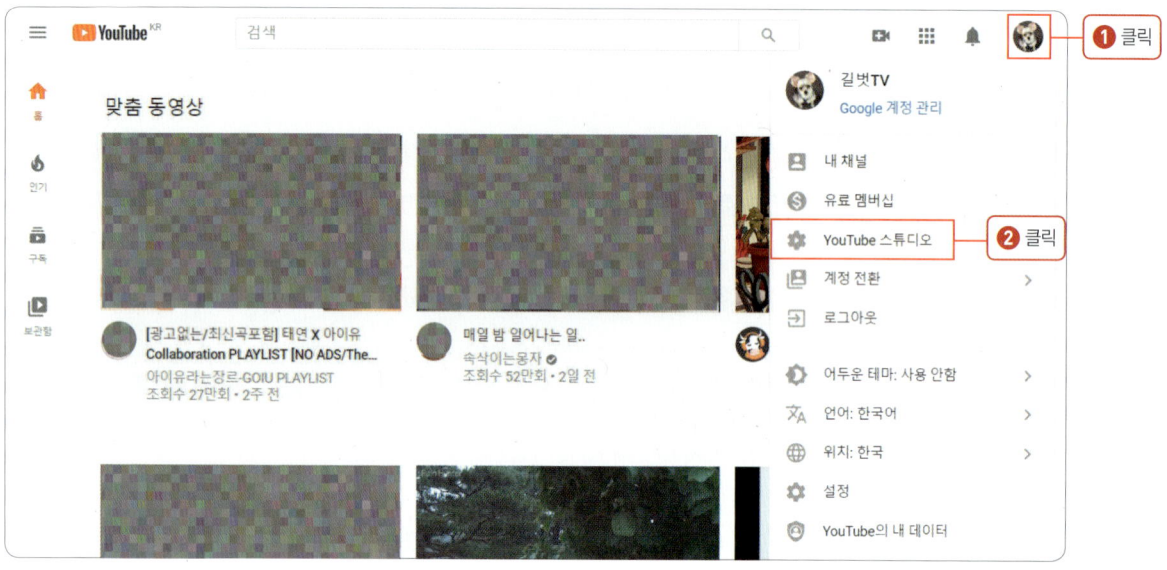

> **TipTalk** YouTube 스튜디오에 대한 자세한 설명은 259쪽에 나와 있어요. 더 자세히 알고 싶은 친구들은 미리 읽고 참고해도 좋아요.

02 YouTube 스튜디오의 왼쪽 메뉴에서 [설정]을 클릭하세요.

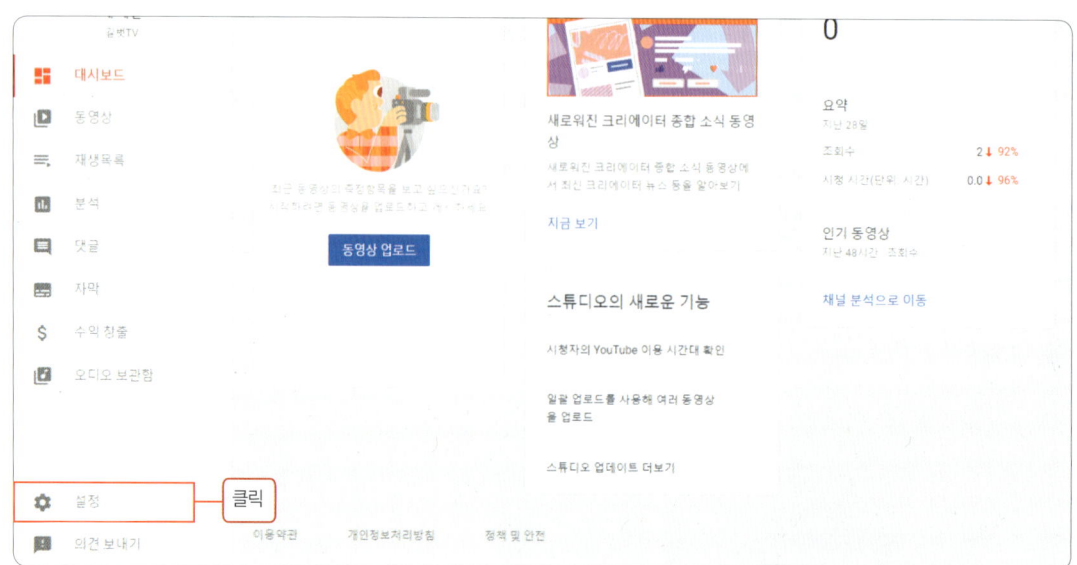

03 왼쪽 메뉴에서 [업로드 기본 설정]을 클릭합니다. 일단 윗 부분을 살펴볼까요? [기본 정보]와 [고급 설정] 두 가지 탭이 있네요. 이 중 [기본 정보]를 설정해 봅시다. [제목]과 [설명]에 내 채널에 업로드하는 동영상 설명에 공통적으로 들어갈 내용을 입력합니다.

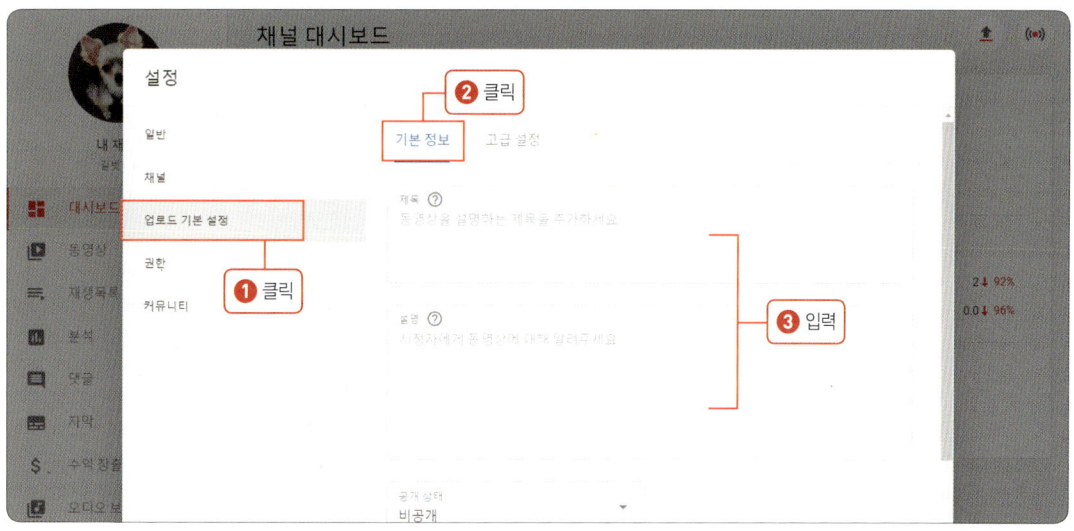

04 [공개 상태]에서는 공개, 비공개, 일부공개 중에서 선택할 수 있어요. 이 중 [비공개]로 설정하는 것을 추천합니다. 동영상에 나오지 말아야 할 것이 실수로 편집이 안 되어 공개되는 경우를 막을 수 있고, 음악의 저작권 문제를 확인하기 위해서이지요. 유튜브에는 영상에 사용된 음원을 자동으로 찾아내는 시스템이 있기 때문에 동영상을 비공개로 업로드하여 음원 저작권 문제가 발생할지 미리 알아볼 수 있거든요. 내가 사용할 음원에 문제가 없다고 확인된 후에 '공개 상태'를 '공개'로 바꾸면 되겠죠?

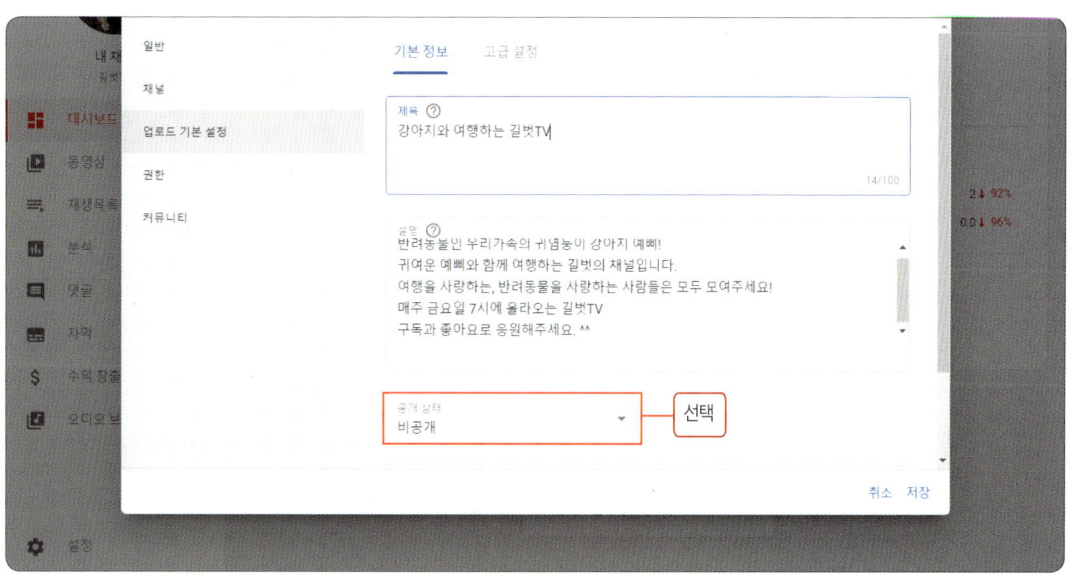

TipTalk 페이스북이나 인스타그램처럼 여러분이 활동하고 있는 SNS가 있다면 [설명]에 계정을 남겨보세요. 그럼 계정을 보고 찾아오는 팔로워 수가 늘어날 수 있겠지요?

05 [태그]는 내 영상과 관련된 단어를 추가하는 곳이에요. 단어를 쓰고 뒤에 쉼표 (,)를 붙이면 태그가 완성돼요. 태그를 사용할 때에는 반드시 내가 올리는 영상과 관련 있는 내용으로 등록해 주세요. 그럼 여러 개의 태그를 등록해 볼까요?

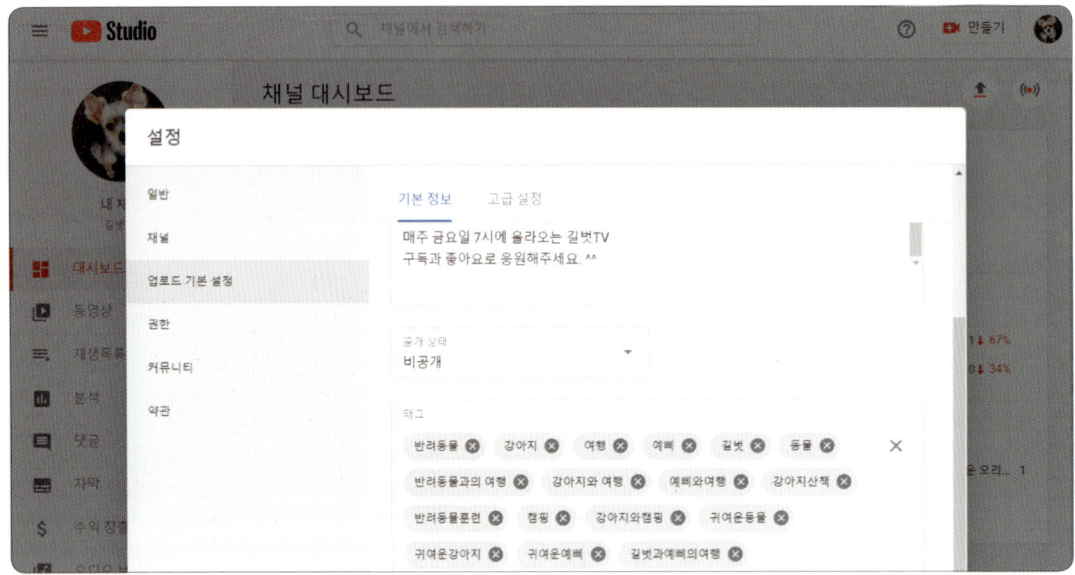

06 이번에는 [고급 설정] 탭을 선택합니다. 그중 첫 번째 메뉴인 [라이선스]는 [표준 YouTube 라이선스]로 설정해주세요.

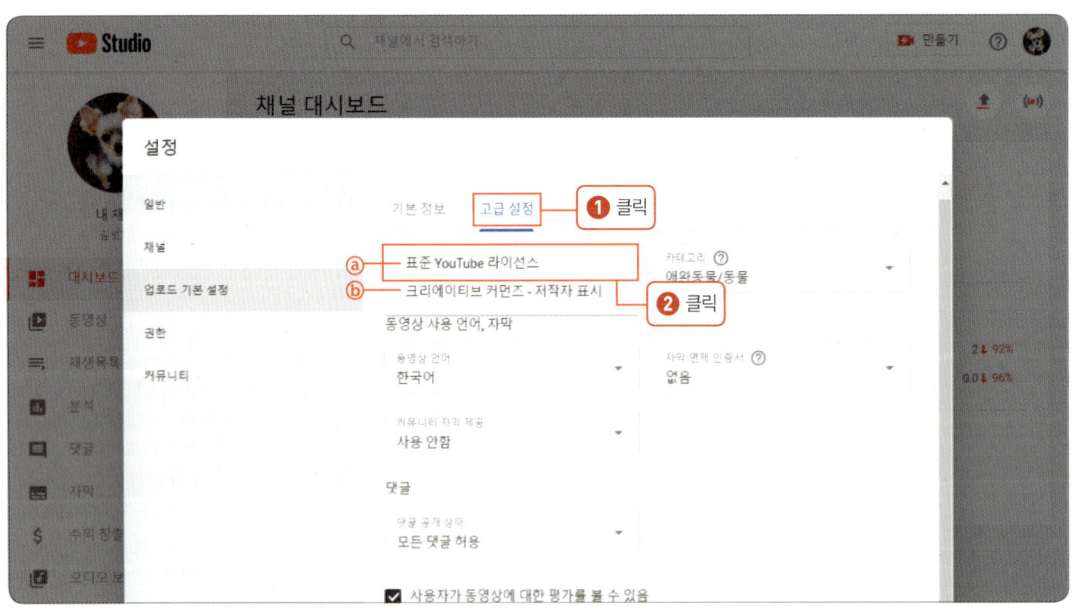

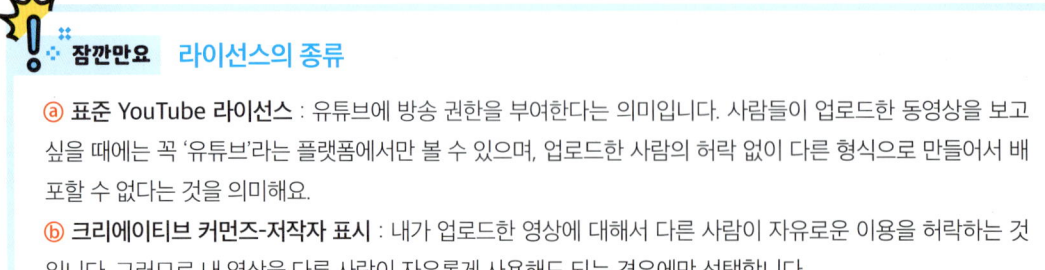

잠깐만요   라이선스의 종류

ⓐ **표준 YouTube 라이선스** : 유튜브에 방송 권한을 부여한다는 의미입니다. 사람들이 업로드한 동영상을 보고 싶을 때에는 꼭 '유튜브'라는 플랫폼에서만 볼 수 있으며, 업로드한 사람의 허락 없이 다른 형식으로 만들어서 배포할 수 없다는 것을 의미해요.

ⓑ **크리에이티브 커먼즈-저작자 표시** : 내가 업로드한 영상에 대해서 다른 사람이 자유로운 이용을 허락하는 것입니다. 그러므로 내 영상을 다른 사람이 자유롭게 사용해도 되는 경우에만 선택합니다.

07 [카테고리]에는 '영화/애니메이션', '자동차/교통', '음악', '애완동물/동물', '여행/이벤트' 등의 주제가 있습니다. 이 중 내가 자주 올리는 영상에 맞는 주제를 선택하여 설정합니다. 그리고 [동영상 언어]는 [한국어]로 설정합니다. 원하는 설정을 모두 마쳤다면 [저장]을 클릭하세요.

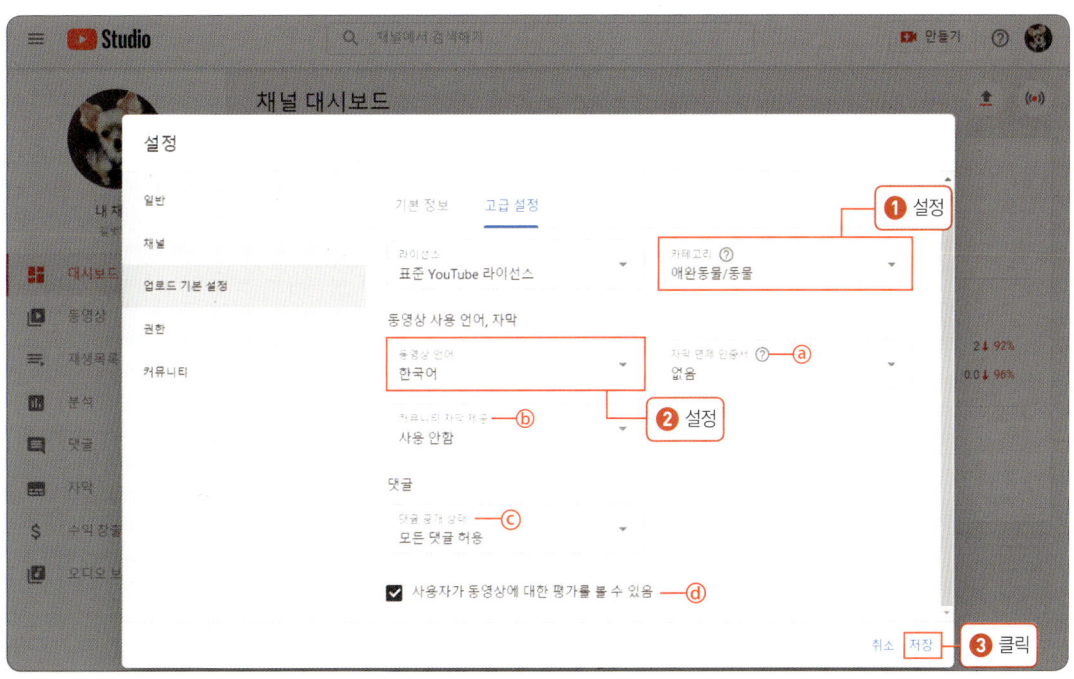

잠깐만요 [고급 설정]의 그 밖의 메뉴 선택 요령

ⓐ **자막 면제 인증서** : '없음'으로 설정해 주세요. 자막 면제 인증서는 2012년 이후 미국에서 방영된 프로그램이나 영상물의 경우, 유튜브 영상에 자막을 제공해야 한다는 미국 방송 규정에 따라 만들어진 항목으로, 내 영상에 자막이 있는지의 여부와 상관없이 설정하는 항목입니다.

ⓑ **커뮤니티 자막 제공** : 영상물에 대한 자막을 시청자들의 의견을 반영해서 만드는 것과 관련된 내용입니다. 이 항목을 선택하면 시청자들이 직접 영상물의 제목, 내용, 설명을 제공할 수 있습니다.

ⓒ **댓글 공개 상태** : 영상에 달리는 댓글의 허용 정도를 설정할 수도 있어요.
  - 댓글 차단 : 누구도 댓글을 달 수 없게 댓글 창이 닫힙니다.
  - 검토를 위해 모든 댓글 보류 : 작성된 댓글을 확인한 후 공개 여부를 결정할 수 있어요.
  - 부적절할 수 있는 댓글은 검토를 위해 보류 : 특정 단어를 포함한 댓글을 비공개로 걸러낸 후 직접 검토해서 공개여부를 정할 수 있어요. 이 설정을 추천합니다.
  - 모든 댓글 허용 : 모든 댓글이 게시되도록 허용됩니다.

ⓓ **사용자가 동영상에 대한 평가를 볼 수 있음** : '좋아요'와 '싫어요' 숫자가 표시됩니다. 시청자들에게 '좋아요'와 '싫어요' 수를 공개하고 싶지 않으면 체크 박스를 눌러 취소해 주면 됩니다.

채널 설정하기

동영상 업로드 기본 설정을 마쳤다면, 이번엔 내 채널의 기본적인 사항을 설정해 볼까요?

01 화면 왼쪽 메뉴에서 [채널]을 클릭합니다. 화면 위쪽에 [기본 정보], [고급 설정], [브랜딩], [기능 사용 자격요건] 등의 다양한 탭이 보입니다. 여기서 우리는 [기본 정보], [고급 설정]만 다루어 볼 거예요.

02 [기본 정보] 탭의 [키워드]에 자신의 채널과 관련된 대표적인 키워드를 입력해 보세요. 이때 키워드를 입력하고 뒤에 꼭 ⎡,⎤ 키를 눌러야 한다는 점을 기억해 두세요! [국가]는 [대한민국]으로 선택하여 설정하세요.

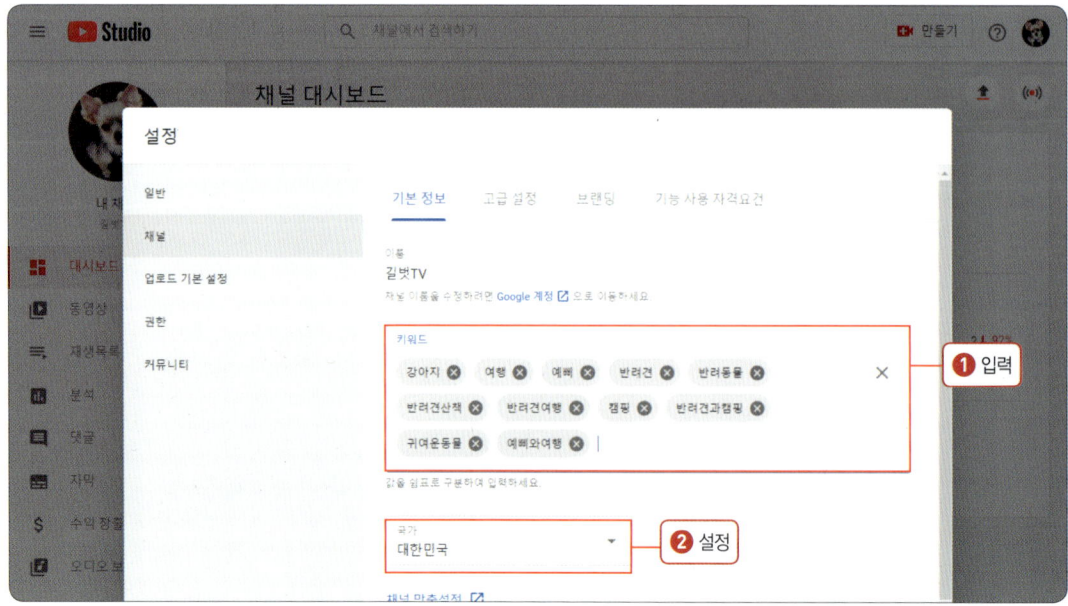

03 [고급설정] 탭을 클릭하면 시청자층을 선택할 수 있는 항목이 나옵니다. 여기서는 [동영상별로 이 설정을 검토하겠습니다.]에 체크하였습니다.

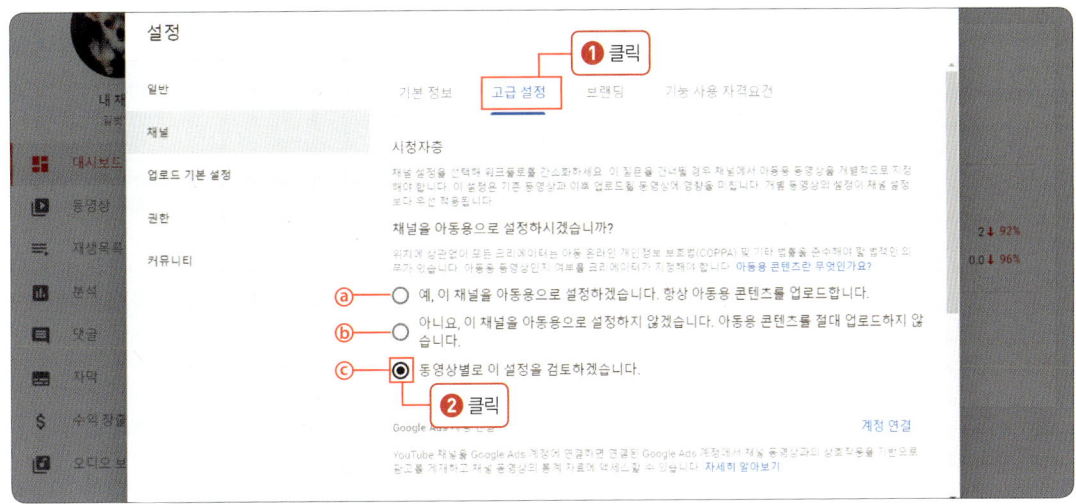

> **잠깐만요** **시청자층 항목 자세히 알아보기**
>
> ⓐ **예, 이 채널을 아동용으로 설정하겠습니다. 항상 아동용 콘텐츠를 업로드합니다.** : 이 메뉴는 내 채널에서 아동용 콘텐츠(아동용 동영상)만 업로드할 때 선택해요. 이 메뉴를 선택하면 채널에서 몇 가지 유튜브 기능(댓글, 알림, 최종 화면, 커뮤니티 등)을 사용할 수 없어요. 내가 업로드하는 동영상에 아동이 출연한다면 반드시 체크합니다.
> ⓑ **아니요, 이 채널을 아동용으로 설정하지 않겠습니다. 아동용 콘텐츠를 절대 업로드하지 않습니다.** : 이 메뉴는 아동용 콘텐츠를 절대로 업로드하지 않는 경우에 선택해요.
> ⓒ **동영상별로 이 설정을 검토하겠습니다.** : 동영상을 업로드할 때마다 개별적으로 시청자층을 선택할 경우 선택해요. 이 역시 영상별로 몇 가지 유튜브 기능(댓글, 알림, 최종화면, 커뮤니티 등)을 사용할 수 없어요.

04 스크롤을 아래로 내리면 [내 채널의 구독자 표시]의 체크 박스를 클릭합니다. 그러면 내 채널의 구독자 수가 다른 사람에게 공개됩니다. 반대로 다른 사람들에게 내 채널의 구독자 수를 공개하고 싶지 않다면 체크 표시를 하지 않으면 되겠죠. 모든 설정이 끝났으면 [저장]을 클릭합니다.

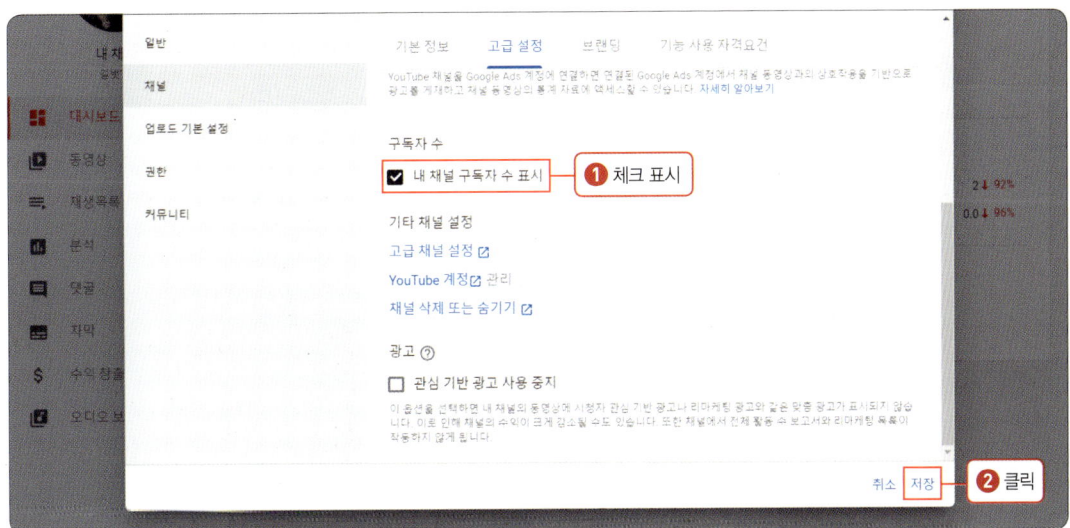

재생목록 만들기

동영상을 업로드하기 전에, 재생목록을 만들어 볼 거예요. '재생목록'이란, 채널의 동영상들을 정보의 종류별로 분류해서 내 채널에 게시하는 것을 의미합니다. 예를 들어, 여행과 관련된 동영상끼리 분류하고, 동물과 관련된 동영상끼리 분류해 두는 것이지요. 이렇게 해 두면 방문자들이 우리 채널에서 원하는 정보를 찾을 때 더 쉽겠지요? 여행 관련 영상을 보고 싶다면 재생목록이 여행으로 된 동영상을 연속 재생하여 시청하면 되니까요.

01 재생목록을 만들기 위해 [내 계정]-[내 채널]을 차례로 클릭하여 내 채널로 들어갑니다. [채널 맞춤설정]을 클릭합니다.

02 화면 왼쪽에서 [재생목록] 탭을 클릭합니다.

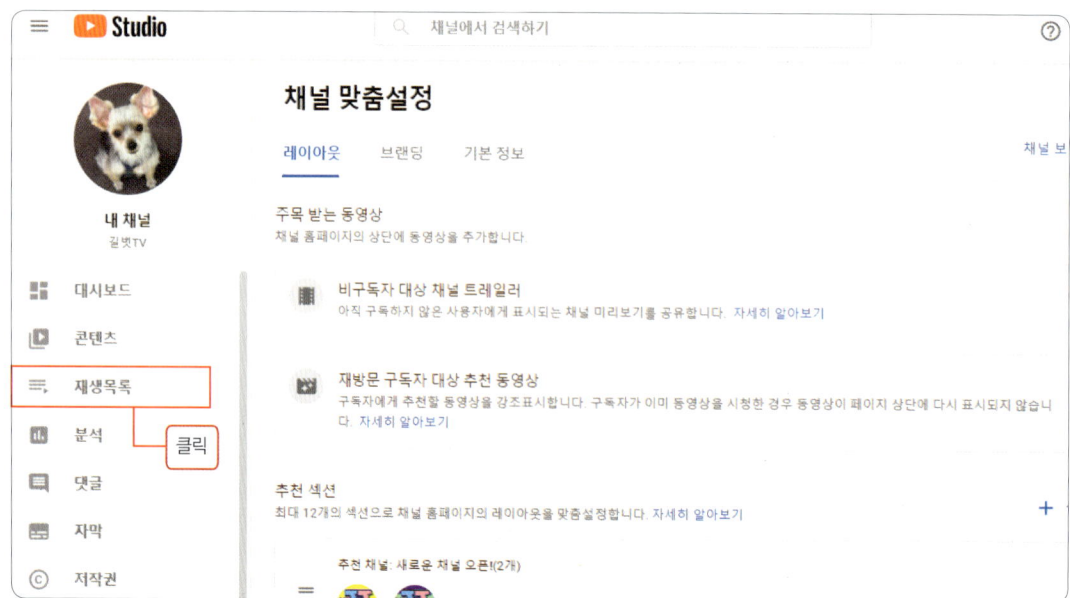

03 채널 재생목록 화면에서 오른쪽 위에 [새 재생목록]을 클릭합니다.

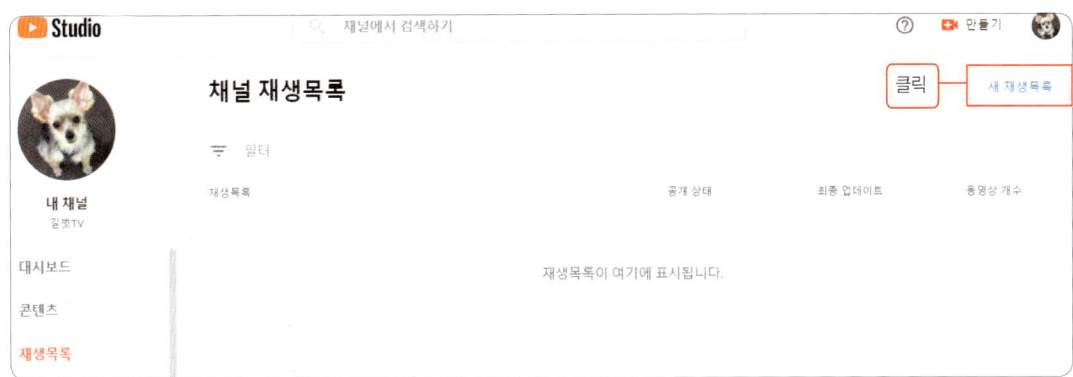

04 [재생목록 제목]에 분류할 기준을 생각하여 재생목록 제목을 적어보세요. 여행에 관련 재생목록이라면 여행과 관련된 제목을, 동물과 관련 재생목록이라면 동물과 관련된 제목을 붙여주는 것이 좋아요. 주제에 맞는 제목을 입력한 후 [만들기]를 클릭합니다.

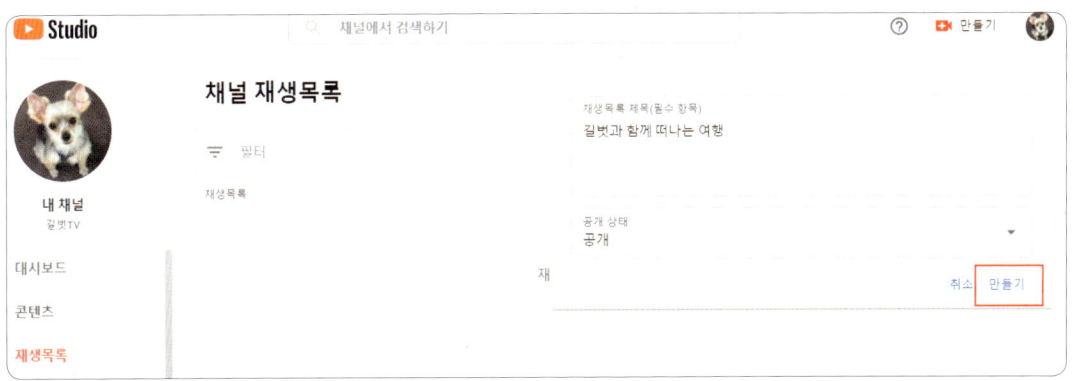

05 재생목록이 만들어졌어요. 이제 영상을 업로드할 때 재생목록의 주제에 맞게 올려보세요. 필요에 따라 재생목록을 추가로 만들어도 좋아요.

무작정 따라하기 26 | 동영상 업로드하기

동영상 업로드 기본설정도 마치고, 재생목록도 만들어 보았으니, 이제 본격적으로 동영상을 업로드해 볼까요? 진짜 유튜브 크리에이터가 되는 순간이에요. 차근차근 책 내용을 따라가며 동영상을 업로드해 봅시다.

01 유튜브 시작 화면의 오른쪽 위에 있는 을 누르고 [동영상 업로드]를 클릭합니다.

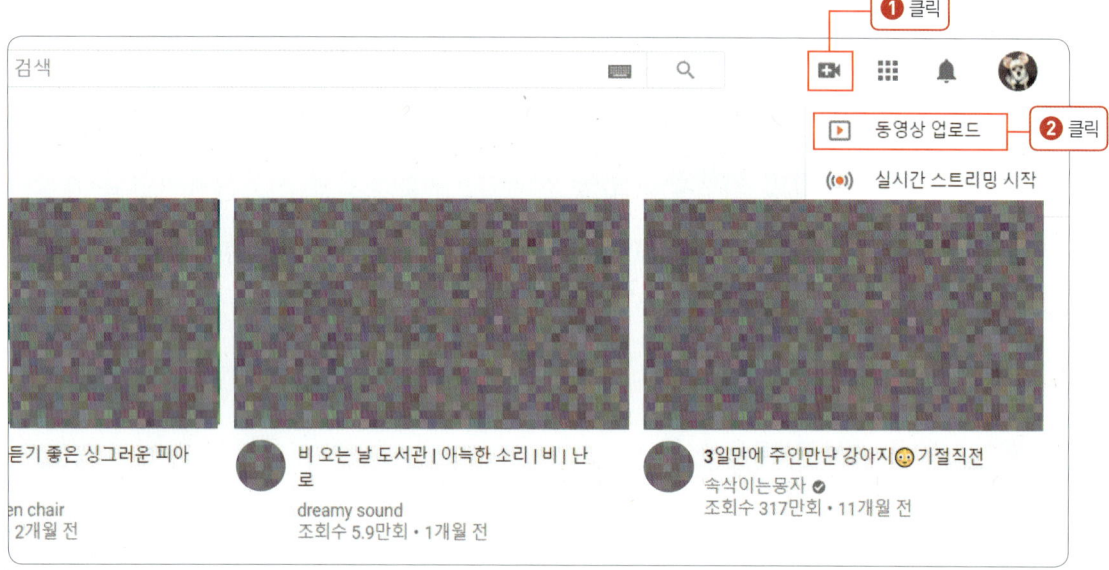

02 유튜브에 업로드할 동영상 파일을 클릭한 상태에서 '동영상 업로드' 창에 드래그 앤 드롭을 하여 추가할 수 있지만, 이 책에서는 [파일 선택]을 클릭해서 동영상 파일을 업로드하는 방법을 살펴볼게요. [파일 선택]을 클릭하세요. 업로드할 동영상이 있는 폴더에서 동영상을 클릭하고 [열기]를 클릭합니다.

03 업로드할 동영상의 [제목]과 [설명]이 184쪽에서 실습한 업로드 기본 설정에서 작성한 내용으로 되어 있어요. 수정하고 싶다면 다시 작성합니다.

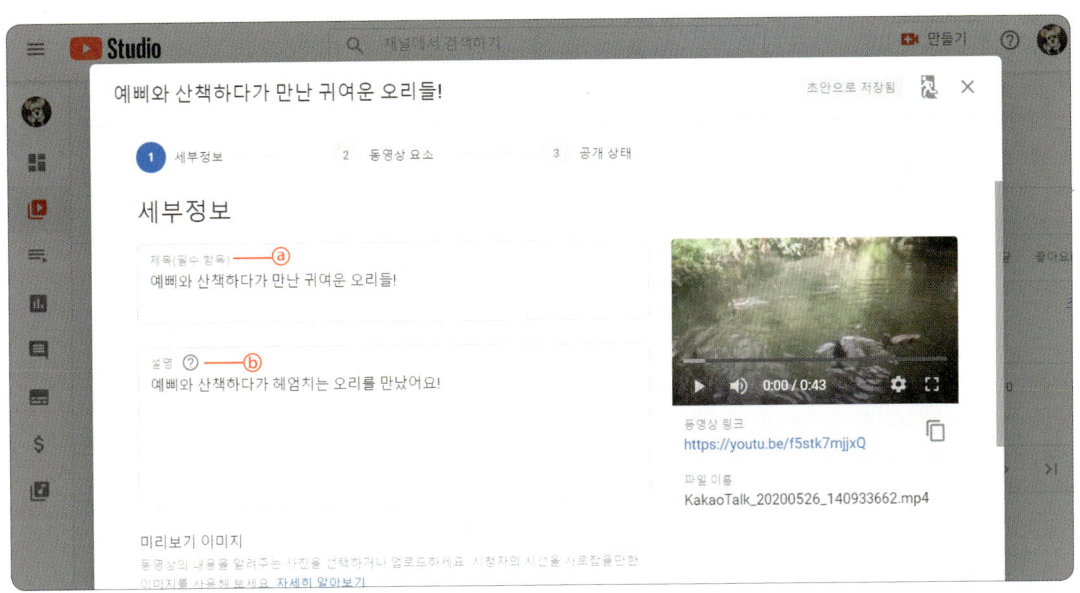

> **잠깐만요** **세부정보 입력하기**
>
> ⓐ **제목** : 최대 100자까지 입력이 가능해요. 사람들의 관심 키워드를 이용해서 문장으로 작성하면 좋답니다.
> ⓑ **설명** : 제목에서 적지 못한 내용을 추가적으로 자세하게 작성합니다. 저작권 관련 내용이 있다면 여기에 작성해 주세요.

04 [미리보기 이미지]는 동영상을 클릭하기 전에 동영상의 내용을 미리 알려주는 화면을 의미해요. 세 가지 화면 중 원하는 이미지가 있다면 클릭합니다. 그 아래에는 재생목록을 선택하는 곳이 보여요. [선택] 옆의 ▼를 클릭해 볼까요?

TipTalk 만약 유튜브에서 추천하는 미리보기 이미지 외에 직접 만들어 올리고 싶다면 203쪽의 무작정 따라하기27을 참고하세요.

05 동영상에 알맞은 재생목록을 클릭하여 체크 표시를 하고 아래의 [다음]을 클릭합니다.

06 그 아래에서는 [시청자층]을 선택할 수 있어요. 아동용이면 [예, 아동용입니다]를, 비아동용이면 [아니요, 아동용이 아닙니다]를 선택합니다. 이 영상은 [아니요, 아동용이 아닙니다]를 클릭하여 선택했어요. 다 됐다면 오른쪽 아래에 있는 [다음]을 클릭합니다.

> **Tip Talk** 동영상 속에 아동이 출연하는 경우에는 반드시 [예, 아동용입니다]를 선택해야 합니다. 아동용 콘텐츠에 대해 궁금한 점은 '아동용 콘텐츠란 무엇인가요'를 클릭해 살펴보세요.

07 태그에 영상과 관련된 키워드를 써 넣어요. 단어를 입력하고 ,(쉼표)를 입력하면 태그가 완성됩니다. 최대 500자까지 입력이 가능합니다. 영상과 관련 없는 내용을 태그로 써서 사람들을 속이는 경우 유튜브에서 제재를 주니 주의하도록 해요.

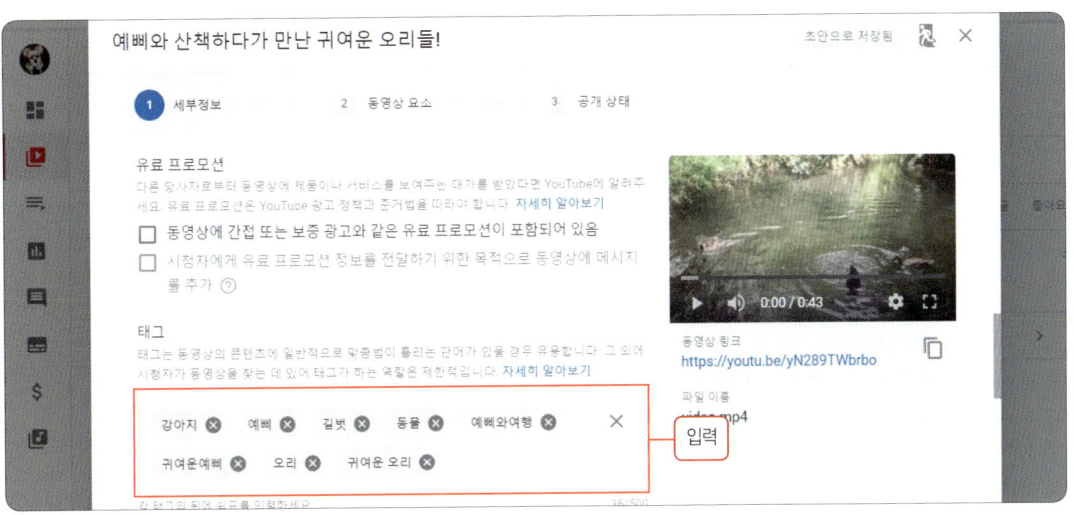

TipTalk 유료 프로모션은 내가 나중에 유명 크리에이터가 됐을 경우, 어떤 회사나 브랜드로부터 일정 수익을 받고, 광고 혹은 정보 전달을 목적으로 그 회사나 브랜드의 제품이나 서비스를 보여주는 것이에요.

08 스크롤을 내리면 [언어 및 자막]과, [녹화 날짜 및 위치]를 작성할 수 있는 화면이 보여요. 그중 [언어 및 자막]은 업로드 기본 설정 때 선택한 대로 되어 있어요. 수정하고 싶다면 수정해도 좋습니다. [녹화 날짜] 옆의 ▼를 클릭하면 달력에서 동영상 녹화 날짜를 선택할 수 있어요. 그리고 [동영상 위치] 아래에 장소를 입력하면 동영상을 어디서 촬영했는지 작성할 수 있어요. 물론 [녹화 날짜 및 위치] 입력은 선택사항이니 안 해도 괜찮아요.

09 [라이선스 및 배포]에서 라이선스를 선택할 때에는 앞서 동영상 업로드 기본 설정때 선택했던 내용으로 되어 있어요. 186쪽을 참고하여 다시 수정해도 좋습니다. [퍼가기 허용]에 체크 표시를 하면 다른 웹사이트로 내 동영상을 퍼가는 것을 허락한다는 의미입니다. 원치 않을 경우, 체크 표시를 한 번 더 클릭하여 해제하세요. [구독 피드에 게시하고 구독자에게 알림 전송]을 클릭하면, 동영상을 업로드하였을 때, 내 채널의 구독자에게 알림이 뜹니다.

10 [댓글 및 평가]에서도 동영상 업로드 기본설정 때 했던 내용을 다시 선택할 수 있습니다. [다음]을 클릭하세요.

11 [동영상 요소]를 선택하는 창이에요. 최종 화면과 카드를 추가할 수 있는데, 전에 업로드 된 동영상이 있을 경우에 넣을 수 있는 부분이므로 일단 [다음]을 클릭합니다. 최종 화면과 카드의 기능이 무엇인지 궁금한 친구들은 221쪽의 내용을 참고하세요!

12 [공개 상태]를 설정하는 창이에요. 일단 처음 동영상을 업로드할 때에는 [비공개]에 체크 표시를 하고 업로드하는 것이 좋습니다. [저장]을 클릭합니다.

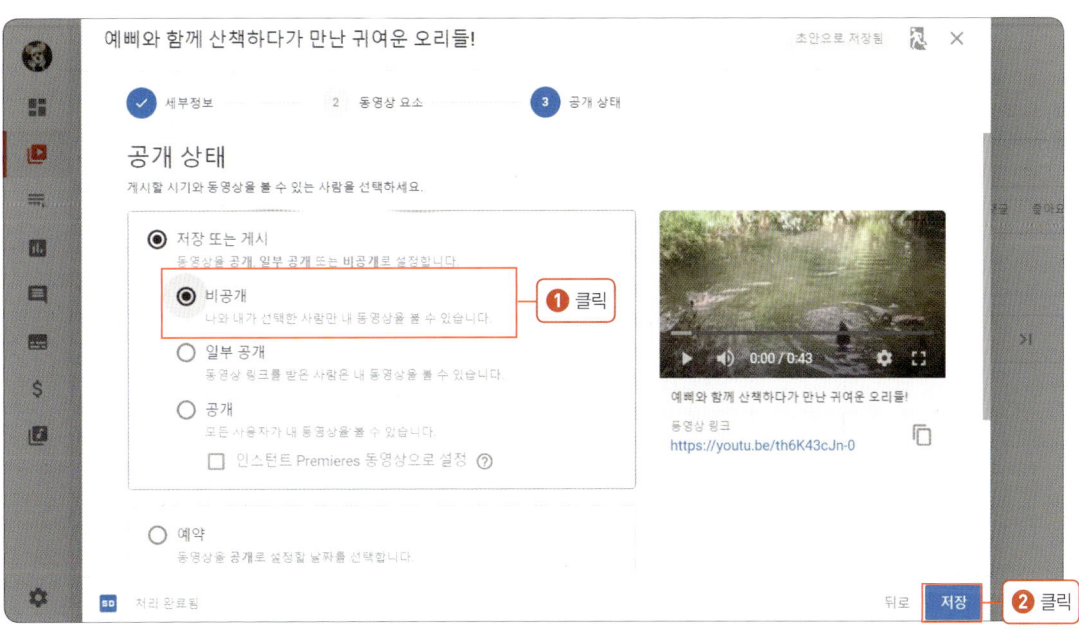

13 내가 올린 동영상 목록이 나오는 창으로 바뀌었어요. 내 동영상에 마우스를 갖다대면 오른쪽에 여러 아이콘이 생겨요. 이 중 [YouTube에서 보기]를 클릭하여 영상을 재생합니다.

14 새로운 창이 뜨면서 내 동영상이 재생됩니다. 보면서 문제가 있지는 않은지 확인해 보세요. 문제가 없어서 공개해도 될 경우에는 크롬 탭의 오른쪽 [닫기]를 눌러 종료합니다.

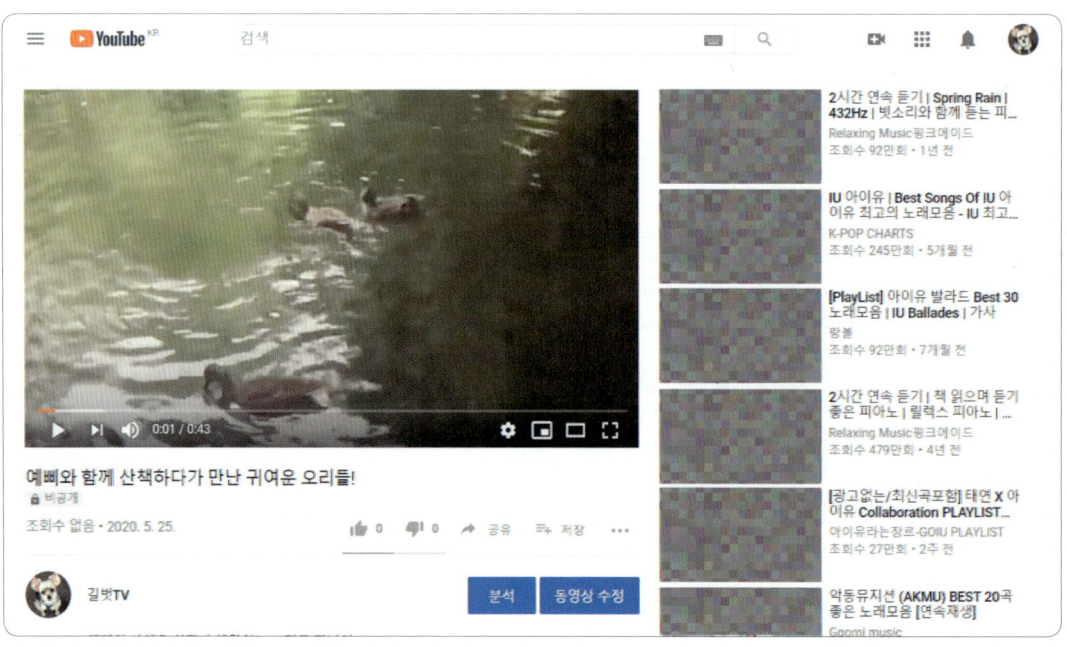

15 처음 창으로 돌아옵니다. 공개 상태가 비공개이지요? 공개로 바꾸기 위해 [비공개] 오른쪽의 ▼를 클릭합니다.

16 [공개]를 선택하고 [게시]를 클릭합니다.

17 공개 상태가 [공개]로 바뀌어 게시된 것을 확인해 볼 수 있어요.

18 내 채널에 들어가면 동영상이 업로드된 것을 확인할 수 있습니다.

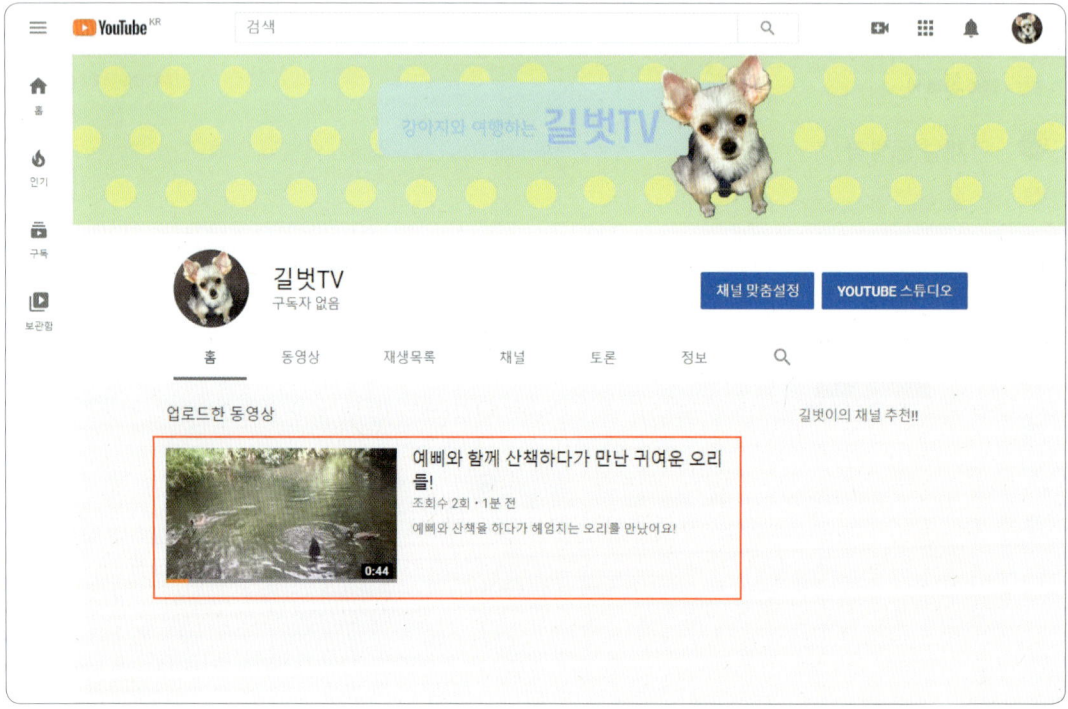

미리보기 이미지(섬네일)이란

사람들이 목록에서 시청할 동영상을 클릭하기 전에, 동영상의 첫 화면처럼 보이는 이미지를 '미리보기 이미지, 즉 '섬네일'이라고 해요. 동영상의 클릭수를 늘리기 위해서는 섬네일이 굉장히 중요해요. 사람들은 섬네일을 보고 동영상을 클릭할지 여부를 결정하기 때문이지요.

그렇다면 섬네일에는 어떤 내용이 들어가야 하는지 알아볼까요?

첫째, **동영상 내용을 잘 나타내는 화면이 들어가야 합니다.** 사람들은 섬네일을 보고 동영상이 어떻게 흘러갈지 예측할 수 있어요. 따라서 동영상의 주된 내용이 담긴 화면이어야 합니다. 그리고 그 화면이 사람들의 호기심을 불러일으킨다면 더욱 좋습니다. 그만큼 사람들이 섬네일을 통해 관심을 갖고 동영상을 클릭하여 보게 되는 경우가 많기 때문이지요.

둘째, **동영상의 주제가 들어가야 합니다.** 사람들이 동영상의 주제가 쓰여 있는 섬네일을 보면, 본인이 원하는 정보가 담겨있는지 확인할 수 있기 때문이에요. 동영상의 주제를 작성할 때, 조회수를 의식하여 지나치게 자극적인 내용으로 쓰는 것은 좋지 않아요. 물론 사람들의 관심을 끄는 섬네일은 좋지만, 그렇다고 해서 동영상 내용을 부풀려 쓴 섬네일은 실제로 동영상을 보는 이들에게 실망감을 안겨줄 수 있기 때문이에요. 또 영상과 관련이 없는 내용으로 섬네일을 지속적으로 업로드할 경우 유튜브로부터 경고를 받거나 채널이 정지될 수도 있으니 주의하세요.

섬네일에 어떤 내용이 들어가야 하는지에 대해 알아보았어요. 사실, 섬네일에 어떤 내용이 들어가야 하는지, 어떻게 만들어야 하는지에 대한 뚜렷한 정답은 없어요. 하지만, **사람들이 내 동영상을 조회하기 위해 클릭할지, 안 할지 결정하는 데 섬네일이 중요한 역할을 하기 때문에**, 유튜브 크리에이터로서 섬네일을 신경 써야 하는 것은 확실히 중요하다고 할 수 있지요. 그래서 유명한 크리에이터 중 몇몇은 동영상 만들기 중 첫 기획단계에서 섬네일에 어떤 문구를 작성할지 미리 정하는 경우도 있어요. 촬영단계에서는 미리 작성한 섬네일에 맞게 동영상을 찍는 것이죠. 따라서 우리도 이런 섬네일의 중요성을 느끼고 신경 써서 만들어 보아요.

미리보기 이미지(섬네일)를 파워포인트에서 만들어 보기

미리보기 이미지는 여러 방법으로 만들 수 있는데 여기서는 파워포인트를 이용하여 간단히 미리보기 이미지를 만드는 방법을 살펴볼게요.

01 먼저 유튜브에 업로드할 동영상을 전체화면으로 재생합니다. 내가 편집할 영상을 감상하며 섬네일로 만들면 적절할 화면이 무엇일지 고민하고 그 장면에서 일시정지 버튼을 클릭합니다. 그리고 PrtScr 키를 눌러 그 화면을 캡처합니다.

02 컴퓨터에서 파워포인트를 실행합니다. [디자인] 메뉴의 [슬라이드 크기]에서 [와이드스크린(16:9)]을 클릭합니다.

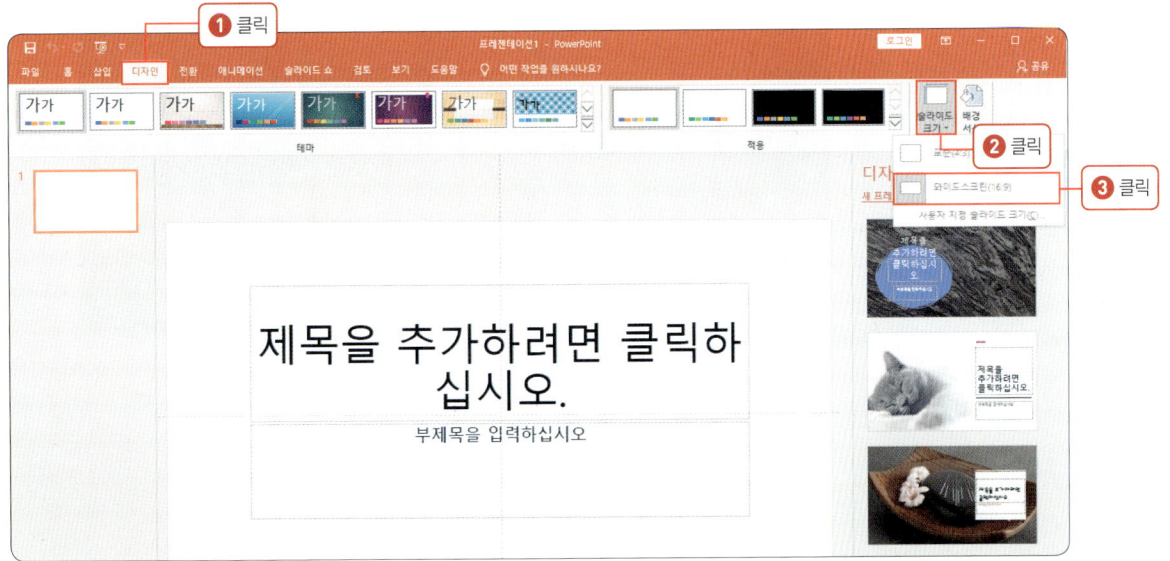

TipTalk 파워포인트 2013 버전 이상에서는 처음부터 와이드 화면으로 설정되어 있기 때문에 크기를 따로 변경할 필요가 없어요. 이 책에서는 파워포인트 2016 버전을 활용하였습니다.

03 Ctrl+V 를 누르면 **01**번에서 캡처한 화면이 나옵니다. [그림 도구]의 [서식] 메뉴를 클릭하고 [자르기]-[자르기]를 차례로 클릭합니다.

04 ┏ 와 ━ 을 드래그하여 원하는 영역을 지정한 후 마우스로 그림 바깥 부분을 클릭하면 원하는 영역만 깔끔하게 남아요.

05 그림을 클릭하면 생기는 조절점을 드래그하여 아래 그림과 같이 슬라이드에 꽉 차도록 사진을 늘려줍니다.

06 이번엔 Week06의 168쪽에서 배웠던 내용을 적용하여 글자를 써 넣어 볼까요? [삽입] 메뉴의 [텍스트 상자]를 클릭하고 [가로 텍스트 상자 그리기]를 클릭합니다. 화면을 클릭하여 텍스트 상자를 추가하세요.

TipTalk 섬네일에 들어갈 글자는 무조건 커야 해요. 컴퓨터로 봤을 때 아무리 크더라도 스마트폰으로 확인하면 작은 경우가 많거든요. 핵심 문구가 잘 드러나도록 내용을 간결하게 쓰고, 글자의 글꼴이나 크기를 눈에 잘 띄는 것으로 선택하세요.

07 오른쪽 아래에는 영상의 재생시간이 나오기 때문에 글자가 가려지므로 글자를 써 넣지 않도록 주의합니다. 또, 글자에 테두리가 있으면 눈에 더 잘 들어온답니다. 그래서 [텍스트 윤곽선]의 [색]을 선택하고, [너비]도 보기 좋은 정도로 굵게 조절합니다.

08 완성됐다면 [파일] 메뉴 클릭하여 [다른 이름으로 저장]을 누른 뒤, [이 PC]를 더블클릭하여 저장할 폴더를 지정합니다. [파일 이름]을 입력하고, [파일 형식]은 [JPG]로 선택하고 [저장]을 클릭하세요.

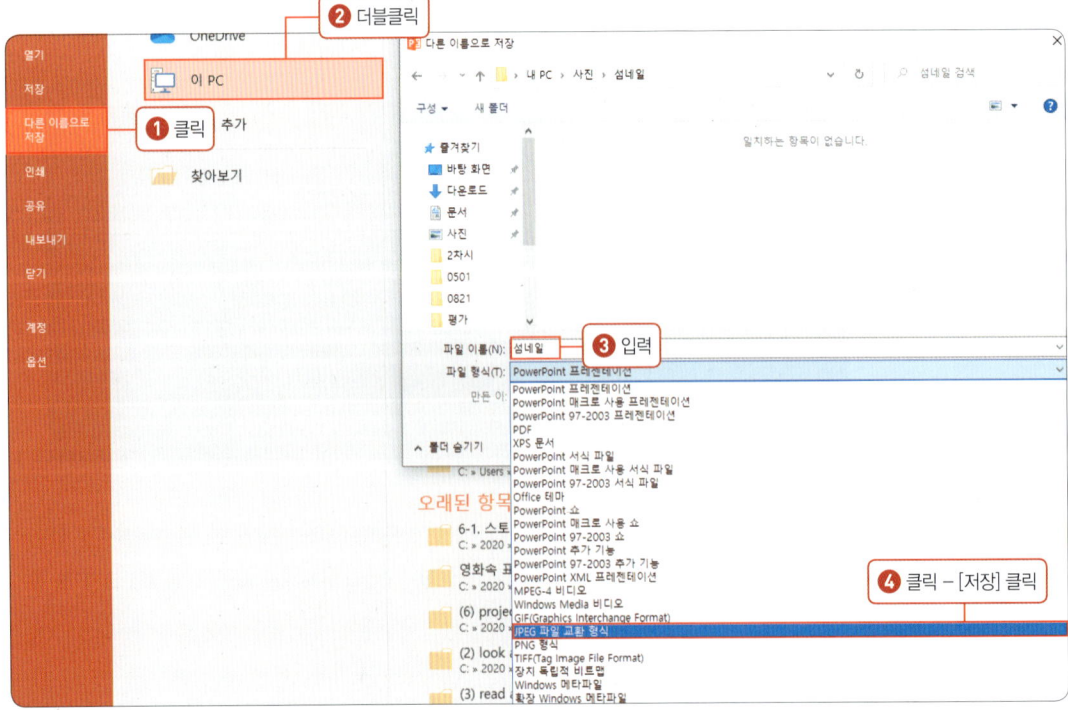

09 '내보낼 슬라이드를 선택하세요' 창에서 [현재 슬라이드만]을 클릭합니다.

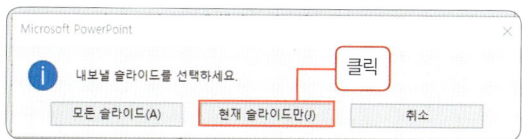

10 내가 만든 섬네일이 완성되었습니다.

직접 만든 미리보기 이미지로 업로드하기

203쪽의 무작정 따라하기27에서 내가 만든 섬네일로 미리보기 이미지를 업로드하고 싶은 경우 아래와 같이 따라해 보세요.

01 193쪽의 **04**번 과정 이후부터 아래 내용을 따라하면 됩니다. 만든 섬네일을 업로드하고 싶은 경우에는 [미리보기 이미지 업로드]를 클릭해야 합니다. 하지만 [미리보기 이미지 업로드]가 회색 글씨로 되어 있어서 클릭해도 새로운 창이 뜨지 않는 경우에는 아래 **TipTalk**을 참고하세요.

TipTalk 파란색 글씨로 되어 있는 [자세히 알아보기]를 클릭합니다. 이때, [미리보기 이미지 업로드]가 파란색 글씨로 되어 있어 클릭했을 경우 새로운 창이 뜬다면 **07**번으로 넘어가세요.

02 [맞춤 동영상 미리보기 이미지 만들기] 아래 문장 중, 파란색 글씨로 되어 있는 [인증된 계정]을 클릭합니다.

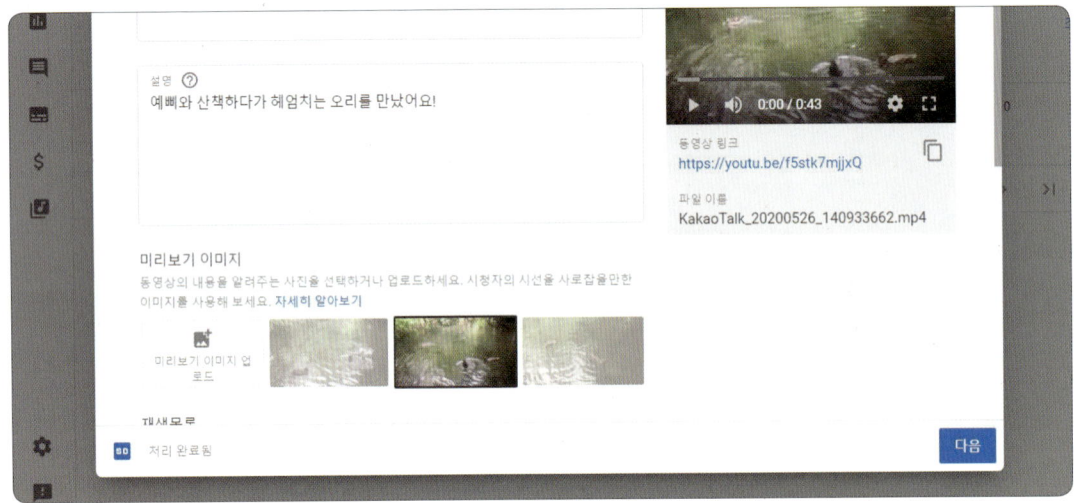

03 '인증 코드를 어떻게 받으시겠습니까?'에서 [자동 음성 메시지로 전화 받기]를 선택합니다. 이 과정에서는 부모님과 함께 실습해 보세요.

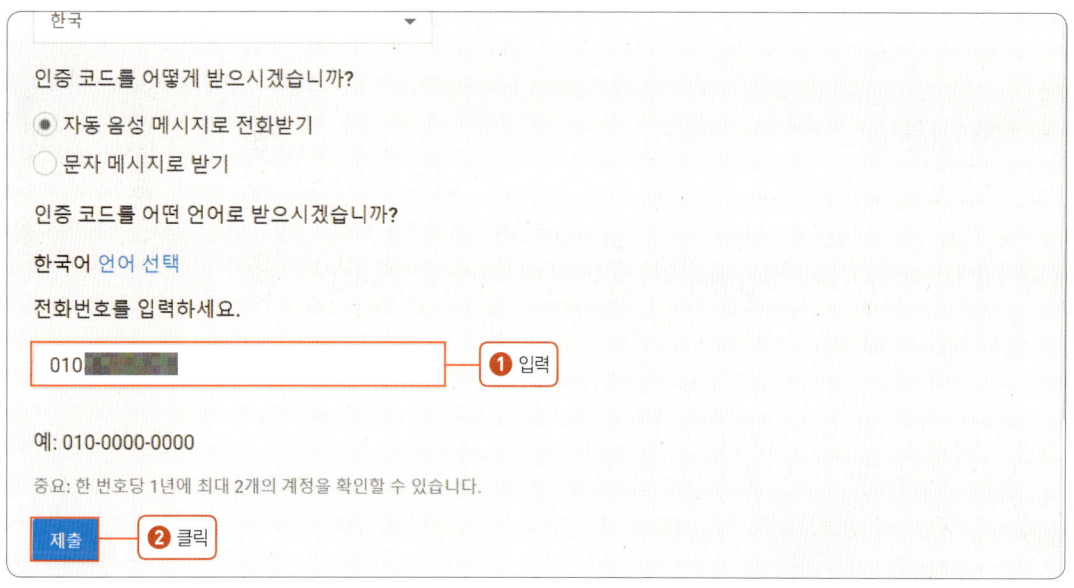

> **TipTalk** [문자 메시지로 받기]를 선택해도 괜찮습니다.

04 새로 창이 나타나면 [확인]을 클릭합니다. [전화번호를 입력하세요.]의 입력란에 전화번호를 입력하고 [제출]을 누릅니다.

05 전화로 알려주는 코드를 입력한 뒤, [제출]을 클릭합니다.

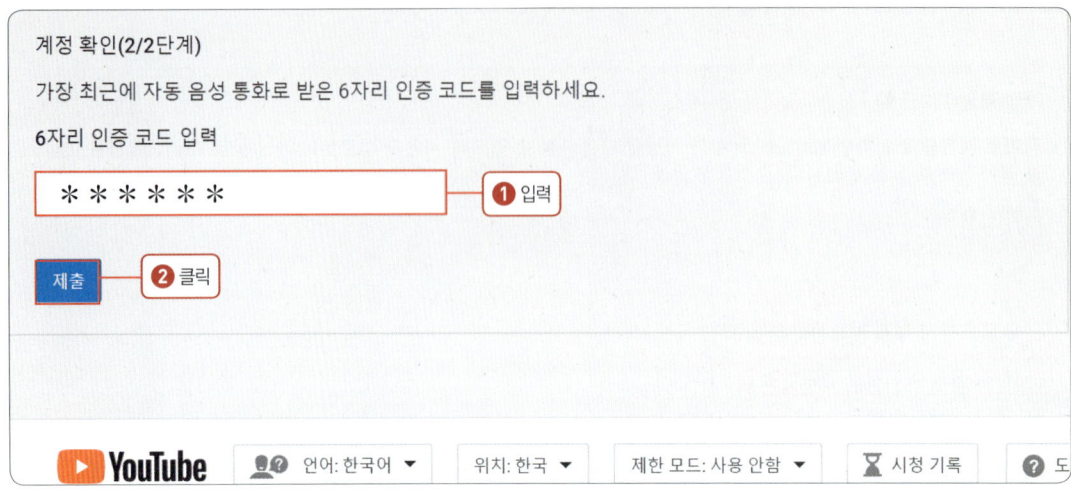

06 [계속]을 클릭합니다. 계정 확인이 완료되었으니 섬네일을 올려볼게요.

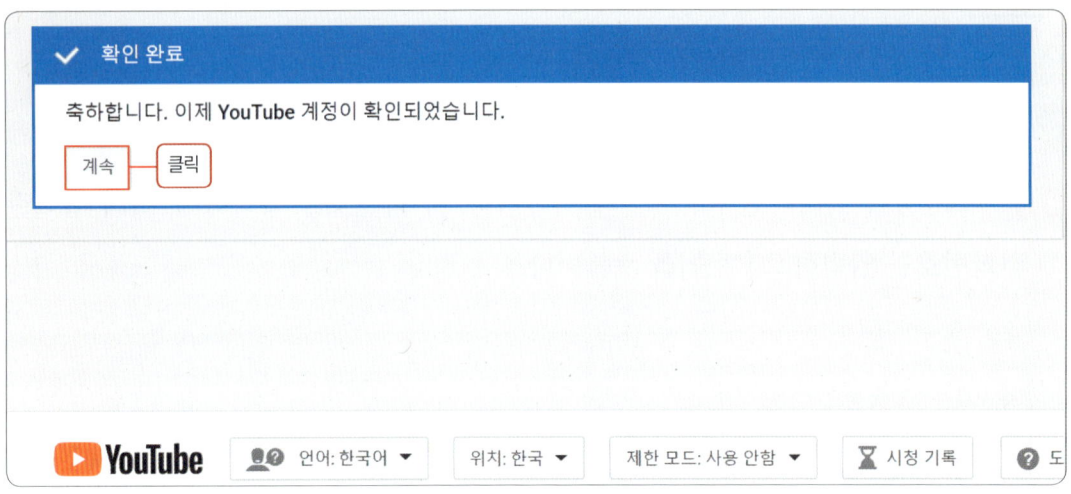

07 01번에서 이어 실습합니다. 섬네일이 저장된 폴더에서 섬네일 파일을 클릭한 뒤 [열기]를 누릅니다.

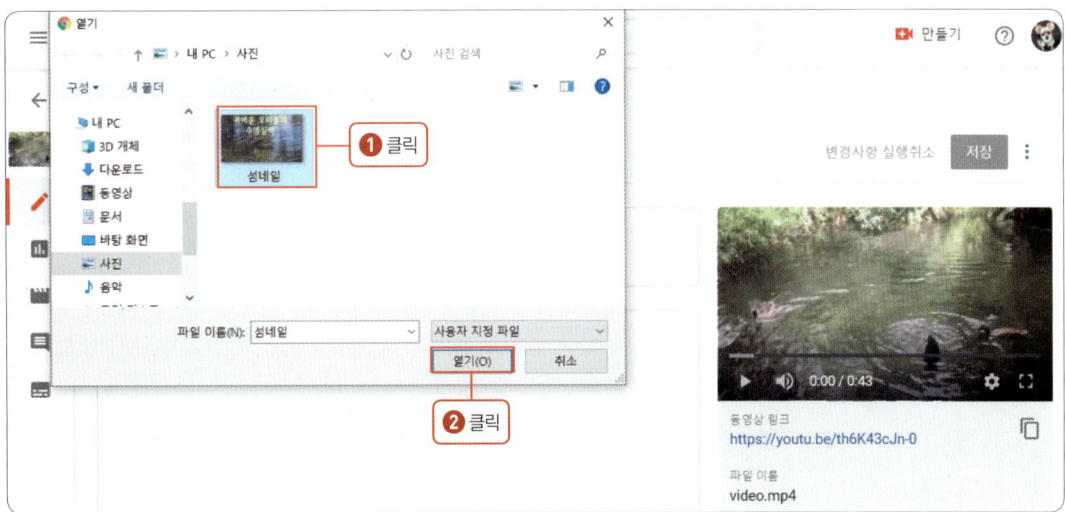

08 [재생목록]의 내림 단추를 클릭하면 190쪽 무작정 따라하기25에서 만든 재생목록이 나옵니다. 여기서 영상 주제에 해당하는 재생목록을 클릭합니다. 주제가 여러 가지라면, 재생목록을 여러 개 선택할 수도 있습니다. [다음]을 클릭하세요.

09 동영상 업로드가 완료되었습니다. 내가 만든 섬네일을 적용하기 전과 후를 비교하기 위해, 동영상 목록에 섬네일이 어떻게 나타나는지 확인해 봅시다.

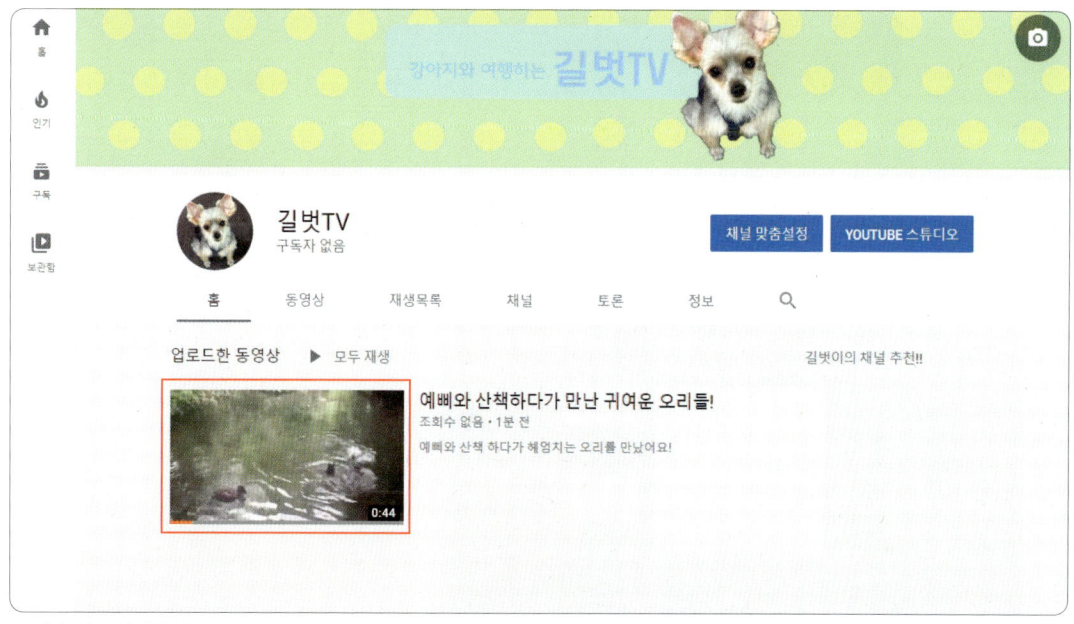

▶ 내가 만든 섬네일 적용 전 동영상 목록

▶ 내가 만든 섬네일 적용 후 동영상 목록

잠깐만요 재생목록을 추가하거나 이름을 바꾸는 방법

동영상을 업로드한 뒤에도 재생목록을 새로 만들거나 바꿀 수 있어요.

❶ 유튜브 시작 화면에서 [내 계정]-[내 채널]을 클릭하여 내 채널로 들어갑니다. 재생목록에 추가하고 싶은 동영상 제목 옆의 [더 보기]를 클릭하여 나타나는 메뉴 중에서 [재생목록에 저장]을 클릭합니다.

❷ 동영상을 추가하고 싶은 재생목록을 클릭하여 체크 표시를 하고 ☒를 클릭하면 해당 재생목록에 동영상이 저장됩니다. 만약 새 재생목록을 만들어 그 곳에 동영상을 저장하고 싶다면 [새 재생목록 만들기]를 클릭합니다.

❸ [이름]에 새로운 재생목록 이름을 작성하고 [공개 범위 설정]을 클릭하여 '공개'로 설정한 후 [만들기]를 클릭하면 새로 만든 재생목록에 동영상이 저장됩니다.

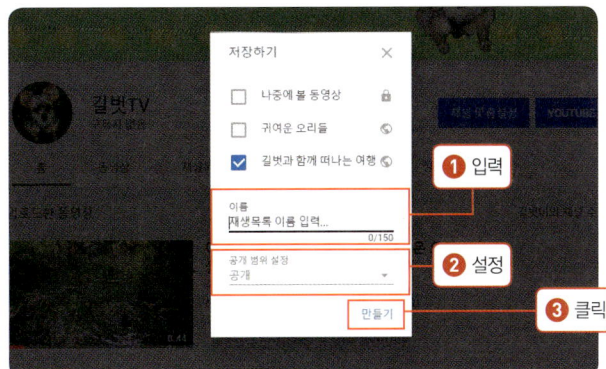

TipTalk 재생목록이 공개라 해도 비공개로 설정된 동영상은 목록에 뜨지 않습니다.

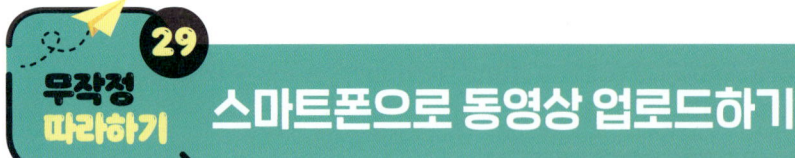

스마트폰으로 동영상 업로드하기

동영상을 편집하고 나서 컴퓨터에 파일을 옮기지 않고 곧바로 유튜브에 동영상을 업로드한다면 더욱 편리하겠지요? 그 방법에 대해 알아봅시다.

01 스마트폰에서 유튜브 앱에 들어갑니다. 유튜브 시작 화면의 아래쪽 가운데에 있는 ⊕를 탭하세요.

02 동영상을 업로드하기 위해서는 유튜브 앱이 내 스마트폰의 카메라와 마이크에 접근할 수 있어야 해요. 파란색 단추인 [액세스 허용]을 탭합니다.

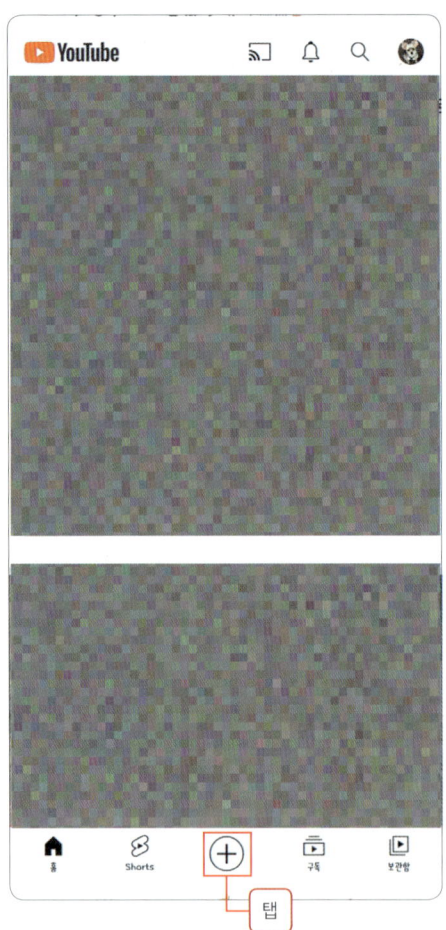

03 카메라와 마이크에 접근한다는 팝업창에서 [승인]을 탭합니다.

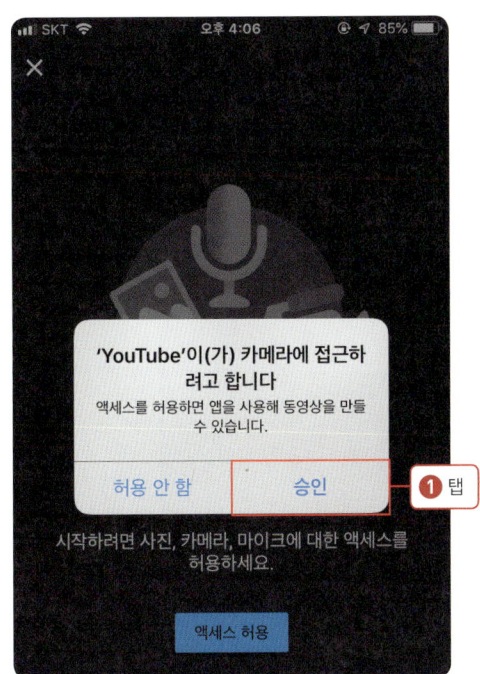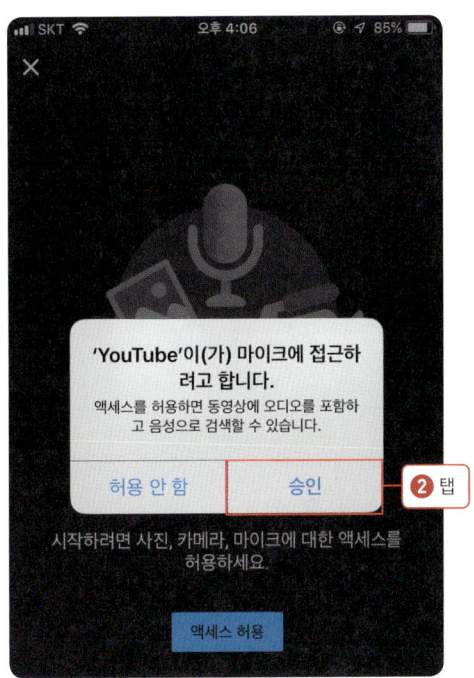

TipTalk 안드로이드 폰에서는 **03**번의 승인 과정이 나타나지 않으니 **04**번 과정으로 바로 넘어가세요.

04 업로드할 동영상을 탭하세요.

05 파란색 바로 편집할 수 있는 타임라인 막대가 나와요. 드래그하며 조절한 다음 완료되었다면 [다음]을 탭합니다.

06 [제목], [설명]을 작성하고 [공개 설정]의 [공개]를 탭합니다.

07 우선은 [비공개-나만 볼 수 있음]을 선택합니다. 그리고 오른쪽 위의 [업로드]를 탭하세요.

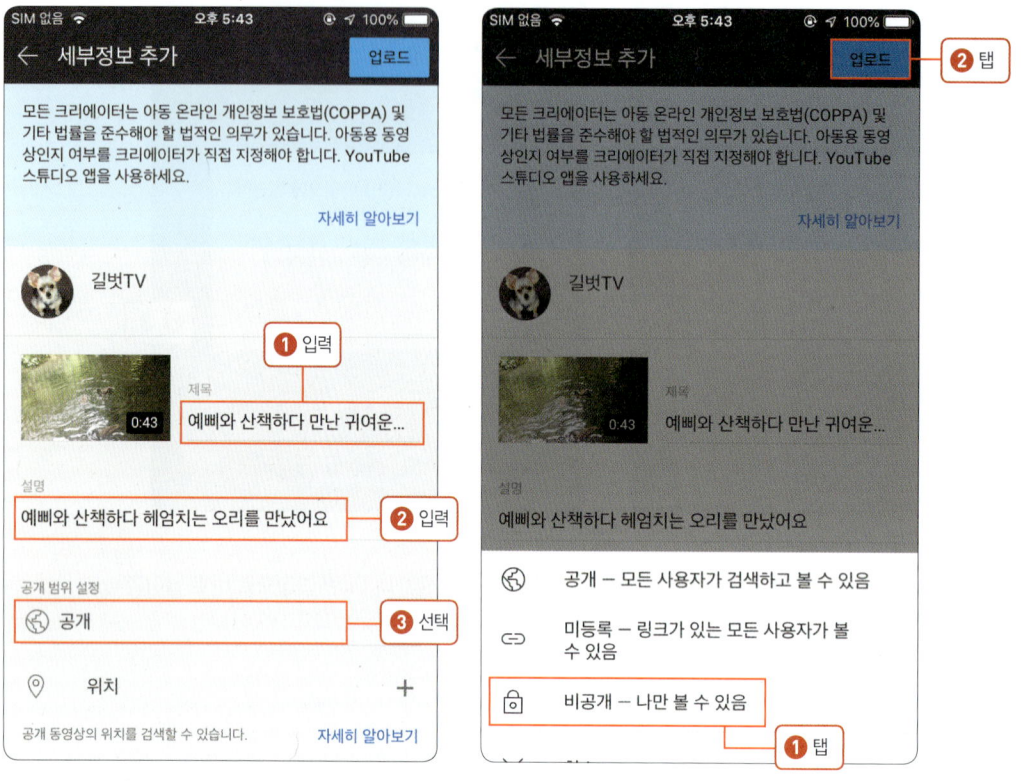

08 업로드된 동영상은 내 채널의 [홈] 탭에서 보이지 않아요. [내 계정]-[내 채널]의 [동영상] 탭으로 들어가 동영상을 눌러 문제가 없는지 재생해 봅니다.

무작정 따라하기 30 — 동영상을 '공개' 또는 '예약'으로 바꿔 설정하기

동영상을 업로드할 때 '비공개'로 우선 업로드하였습니다. 업로드 후에 재생했을 때 문제가 없다면 '공개' 혹은 '예약'으로 바꿔 주어요.

01 유튜브 시작 화면에서 [내 계정]-[YouTube 스튜디오]를 차례로 클릭합니다.

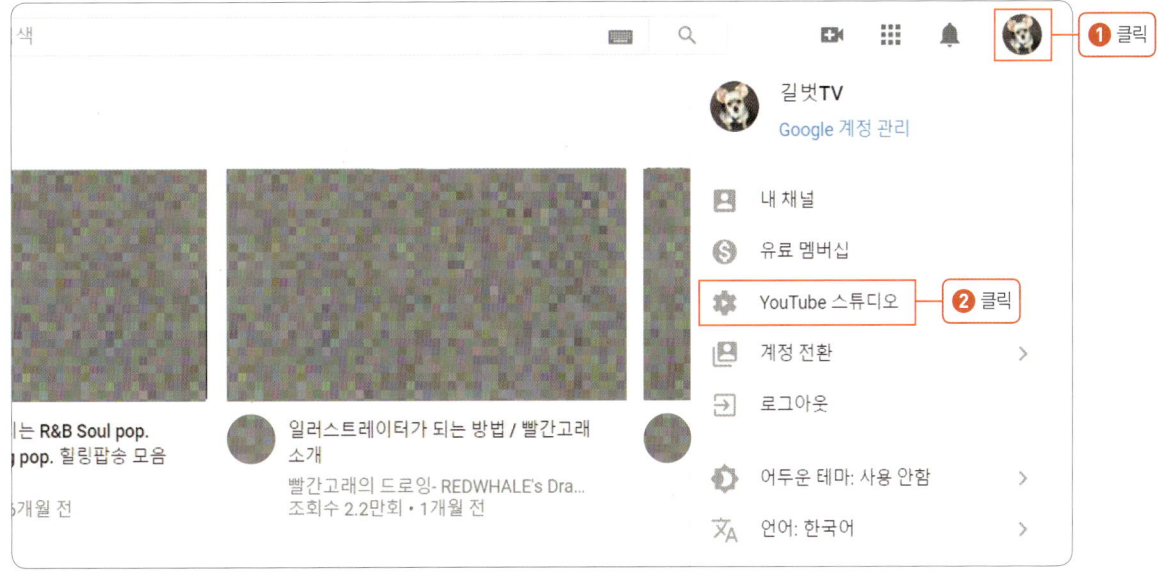

02 업로드한 동영상 오른쪽의 공개 상태의 ▼를 클릭하여 [공개]를 선택하고 [게시]를 클릭하면 동영상이 공개로 바뀌어 게시됩니다.

03 [예약]을 선택한 후 업로드 될 날짜와 시간을 설정한 뒤 [예약]을 클릭하면 그 시간에 업로드됩니다.

스마트폰으로 동영상을 '공개'로 바꿔 설정하기

업로드한 비공개 동영상에 문제가 없을 경우, 공개로 바꾸는 방법을 앞에서 배웠어요. 컴퓨터뿐만 아니라 스마트폰을 이용해서도 쉽게 공개로 다시 설정할 수 있어요.

01 유튜브 앱의 [내 채널]로 들어가 [동영상] 탭을 탭합니다.

02 동영상의 오른쪽에 있는 [더 보기]를 탭하면 다양한 메뉴가 생깁니다. 여기서 [수정]을 탭하세요.

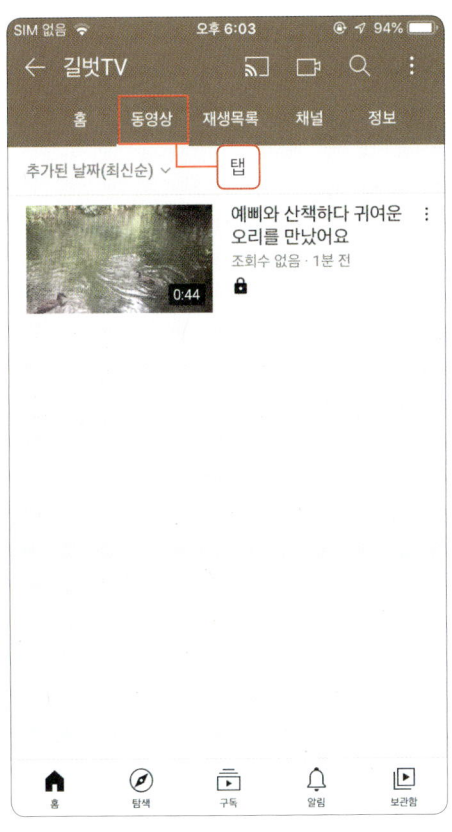
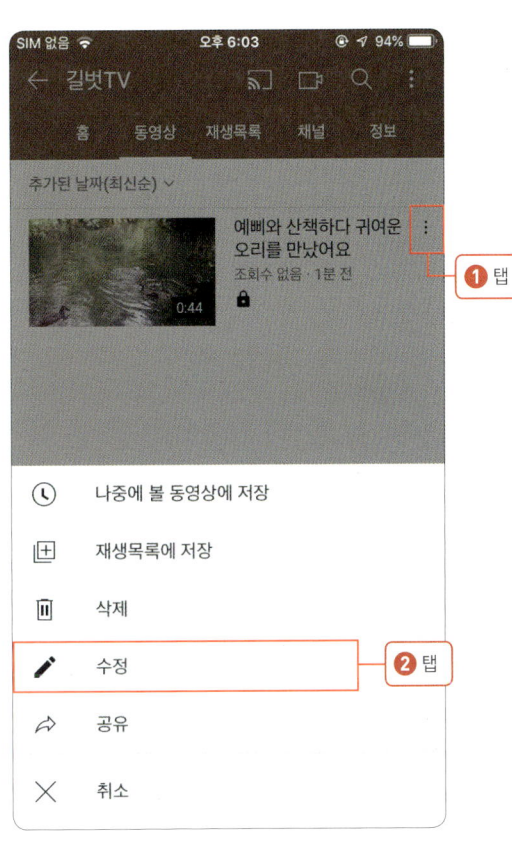

03 [공개 설정]이 [비공개]로 되어 있는데 탭하여 [공개]로 바꿔줍니다.

04 그런 다음 오른쪽 위의 [저장]을 탭하면 완료됩니다.

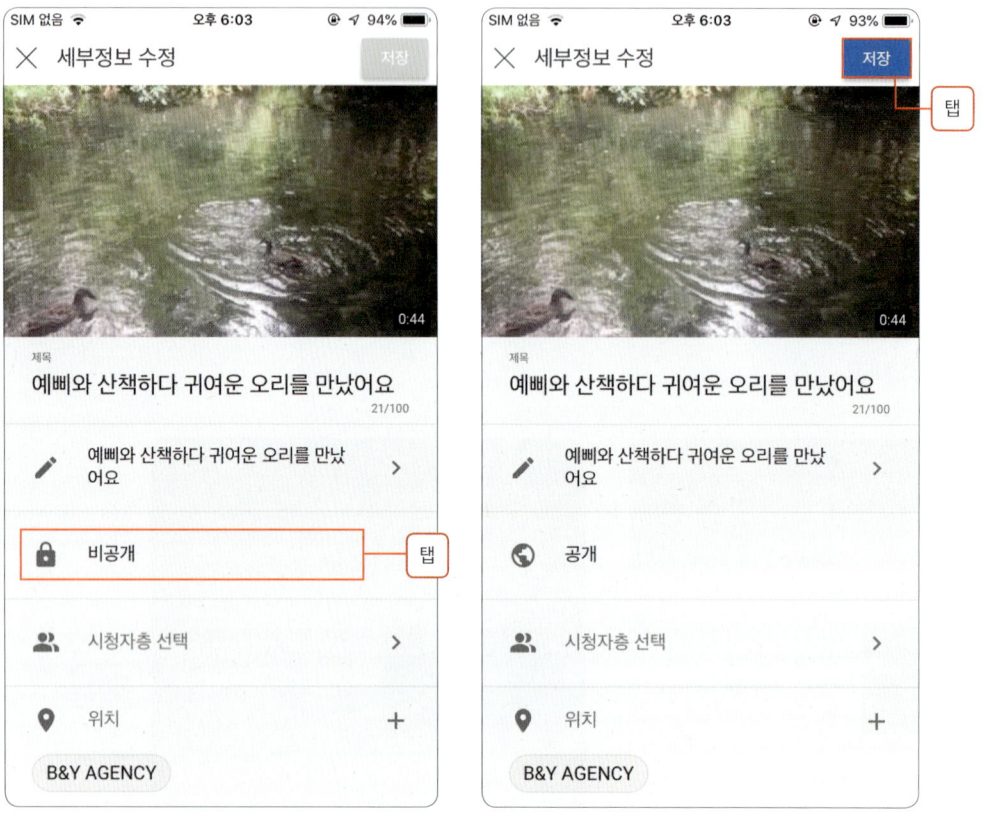

05 업로드한 동영상이 시청자들이 볼 수 있도록 게시되었습니다.

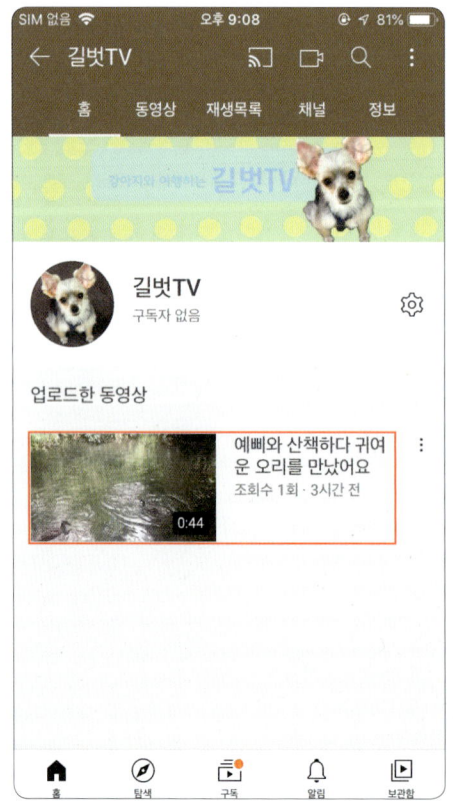

내 동영상의 조회수를 높여줄 수 있는 최종 화면과 카드

업로드한 동영상이 많아졌다면, 이번엔 사람들이 내 동영상을 보고 나의 또 다른 동영상을 보거나 내 채널을 구독할 수 있도록 버튼을 만들어 볼까요? 동영상을 업로드할 때, 사람들에게 이런 버튼을 누르도록 유도하는 화면을 만들 수 있어요. 그것을 바로 최종 화면과 카드라고 해요. 먼저 아래 그림을 볼까요?

위에 그림처럼 **최종 화면**이란, **영상 맨 마지막에 나의 다른 영상을 추천해 주거나 구독 버튼이 뜨도록 하는 화면을 의미해요.** 화면 마지막 부분의 최소 5초에서 최대 20초까지 설정할 수 있어요. 사람들이 나의 현재 영상을 보고 내 채널에 관심이 생겼다면, 이 버튼을 클릭하여 구독하기 쉽게, 또 나의 또 다른 영상을 조회하기도 쉽게 만들어 주는 것이지요.

위의 사진처럼 카드란, 영상을 보는 중간에 화면 오른쪽 위에 생기는 하얀색 막대입니다. 영상 재생 중 이런 하얀 막대를 왜 넣을까요? 이것을 클릭하면 아래 사진처럼 지금 재생되는 내용과 관련된 참고 영상을 볼 수 있기 때문이에요. 그래서 많은 유튜브 크리에이터들은 영상을 업로드할 때, 영상 속 이 화면을 보는 사람들이 알고 싶어 할 것 같은 내용과 관련된 카드를 넣습니다. 위의 영상은 서준이가 방을 소개하는 장면이에요. 사람들은 지우방도 궁금해 할 수 있을 거예요. 그래서 위에 지우 방 소개 영상을 흰색 막대 즉, 카드를 넣는 것이지요. 카드는 한 영상 당 최대 5개를 넣을 수 있어요.

이처럼 내가 업로드한 동영상에 최종 화면과 카드를 넣어서 사람들이 나의 다른 동영상을 보도록, 또 채널을 쉽게 구독할 수 있도록 해 보세요.

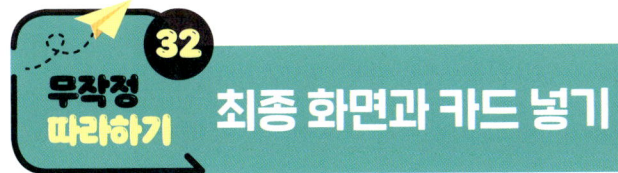

32 최종 화면과 카드 넣기

최종 화면과 동영상을 업로드 할 때 동영상 요소를 선택하는 창에서 최종 화면과 카드를 추가할 수 있습니다. 먼저 최종 화면을 넣어 볼까요?

01 [최종 화면 추가] 옆에 있는 파란색 [추가]를 클릭합니다.

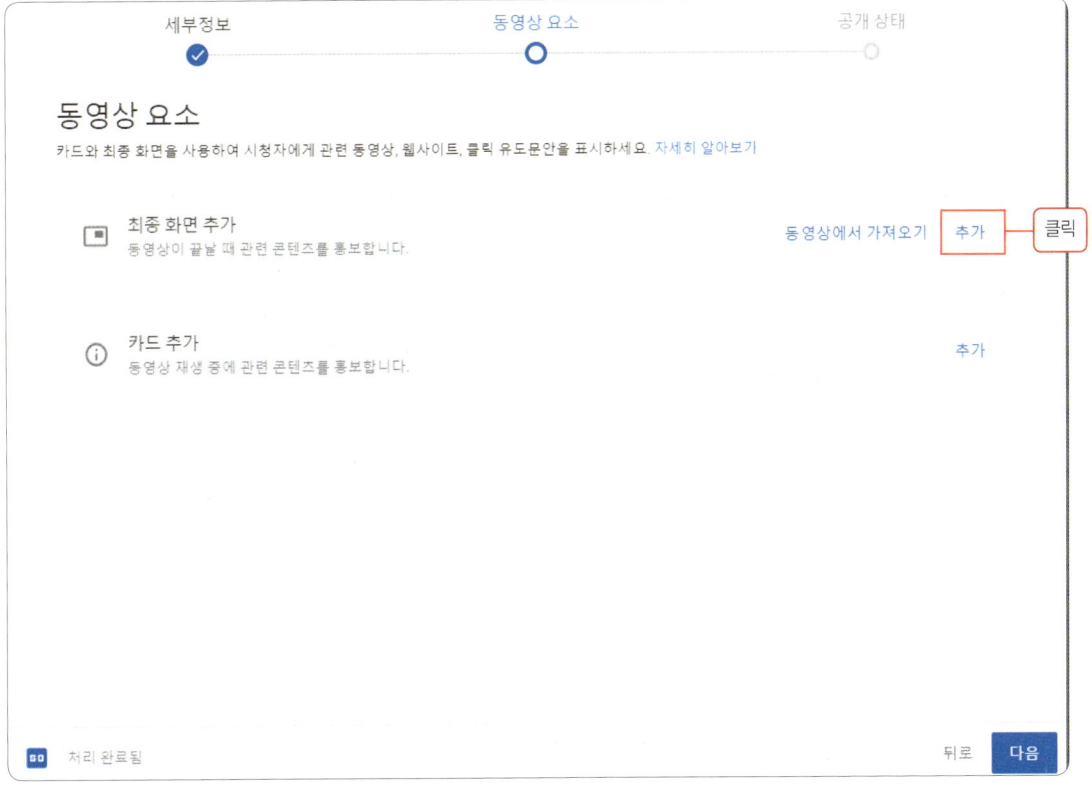

02 왼쪽에 다양한 스타일의 최종 화면이 등장합니다. 원하는 스타일이 있다면 클릭합니다.

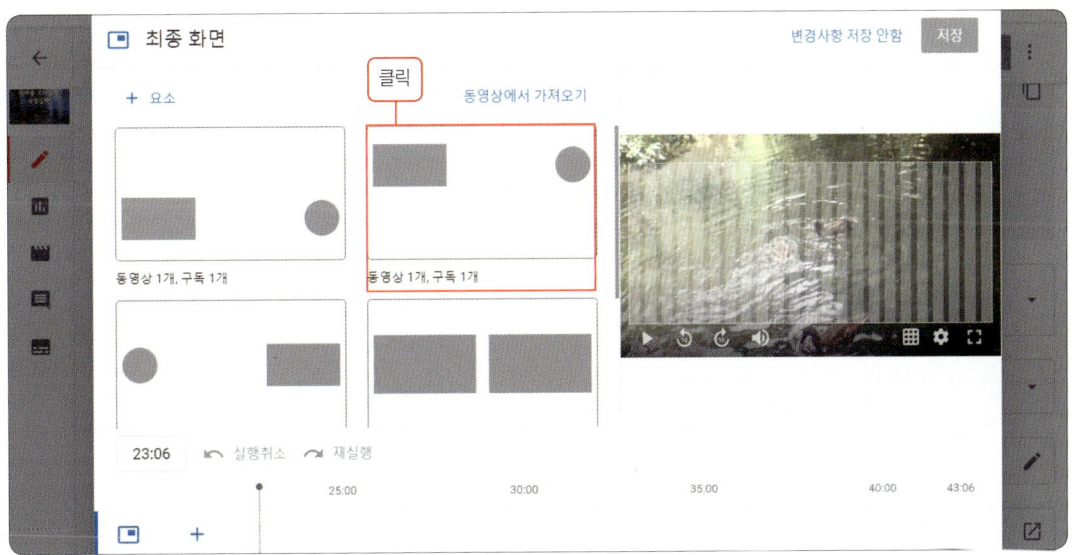

03 동영상 1개, 구독 버튼 1개 들어가는 스타일을 골랐습니다. 구독 버튼은 저절로 만들어졌지요? 원하는 동영상을 넣기 위해 회색 [동영상:시청자 맞춤]을 클릭합니다.

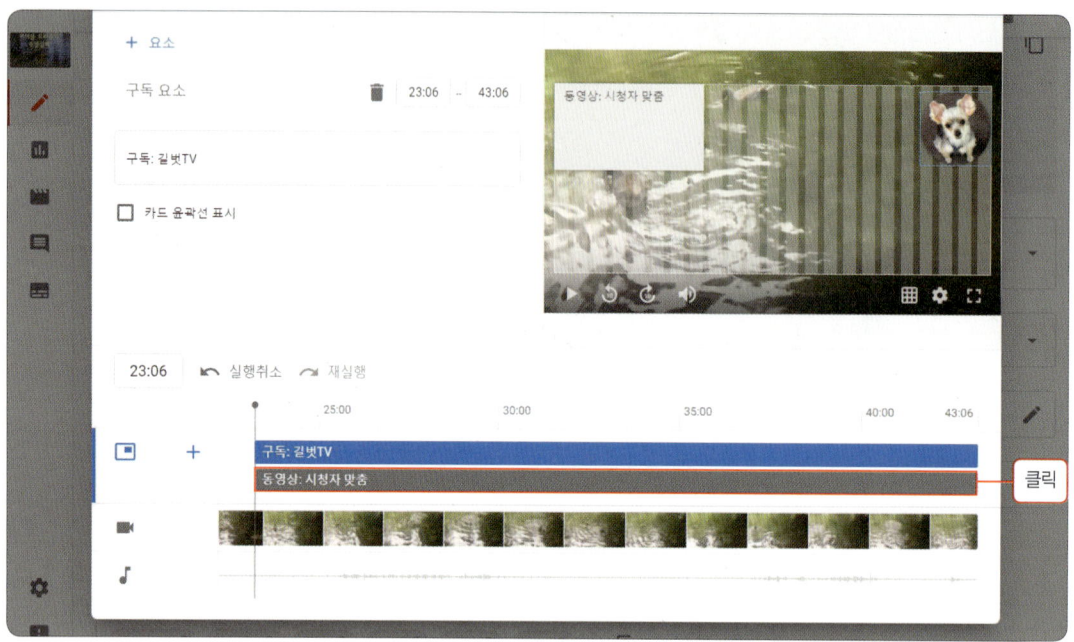

04 왼쪽에서 [최근 업로드된 동영상], [시청자 맞춤], [특정 동영상 선택] 중 본인이 원하는 동영상을 클릭합니다. 여기서는 [특정 동영상 선택]을 클릭했습니다.

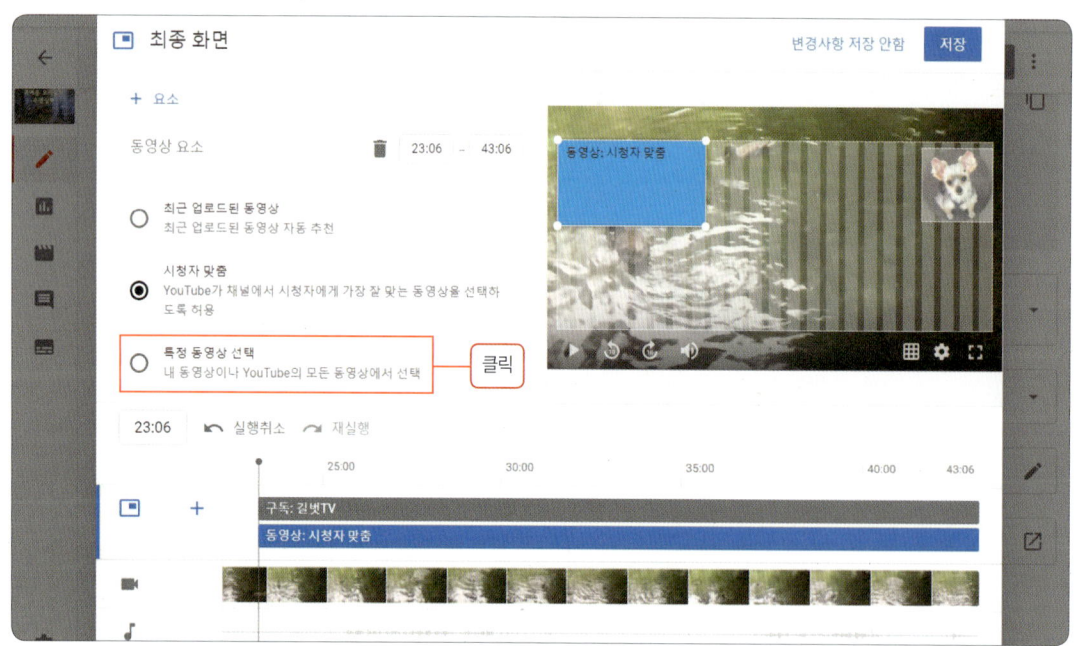

05 [특정 동영상 선택]을 클릭하면 내가 넣고 싶은 동영상을 선택할 수 있습니다. 왼쪽 [동영상]을 탭을 누르면 내가 업로드한 동영상 중에 하나를 선택할 수 있어요.

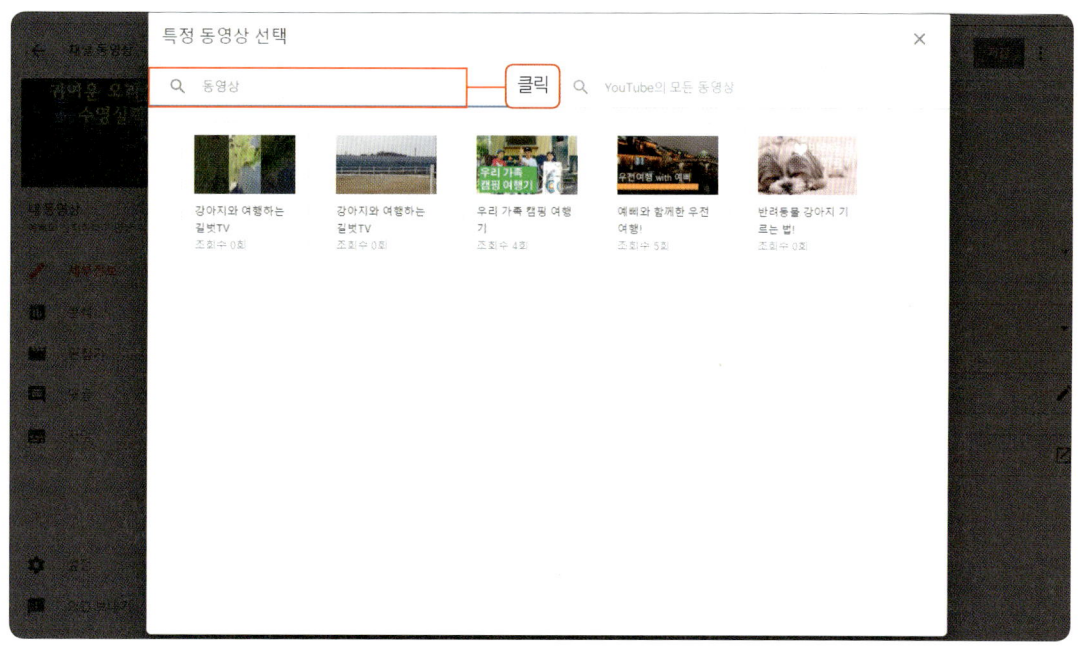

06 오른쪽 [YouTube의 모든 동영상]을 클릭하여 검색어를 입력하면 관련 동영상이 있어서 선택할 수 있습니다.

WEEK 07

225

07 또 다른 요소를 더 넣고 싶다면 왼쪽 위의 [+ 요소]를 클릭합니다.

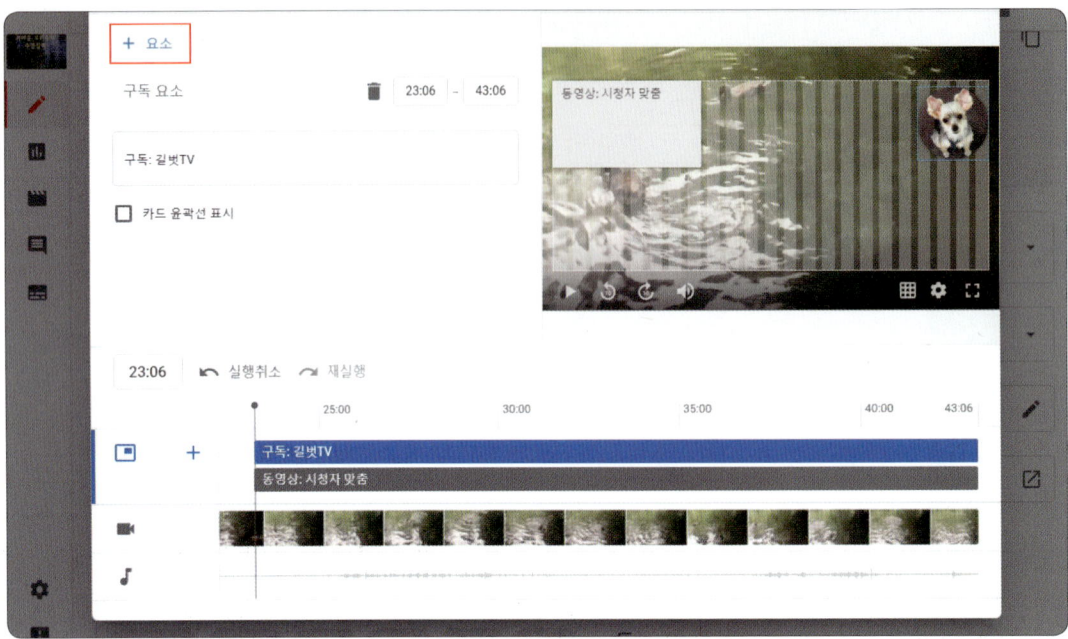

08 [동영상], [재생목록], [채널] 중 더 넣고 싶은 요소를 클릭하여 화면에 넣습니다.

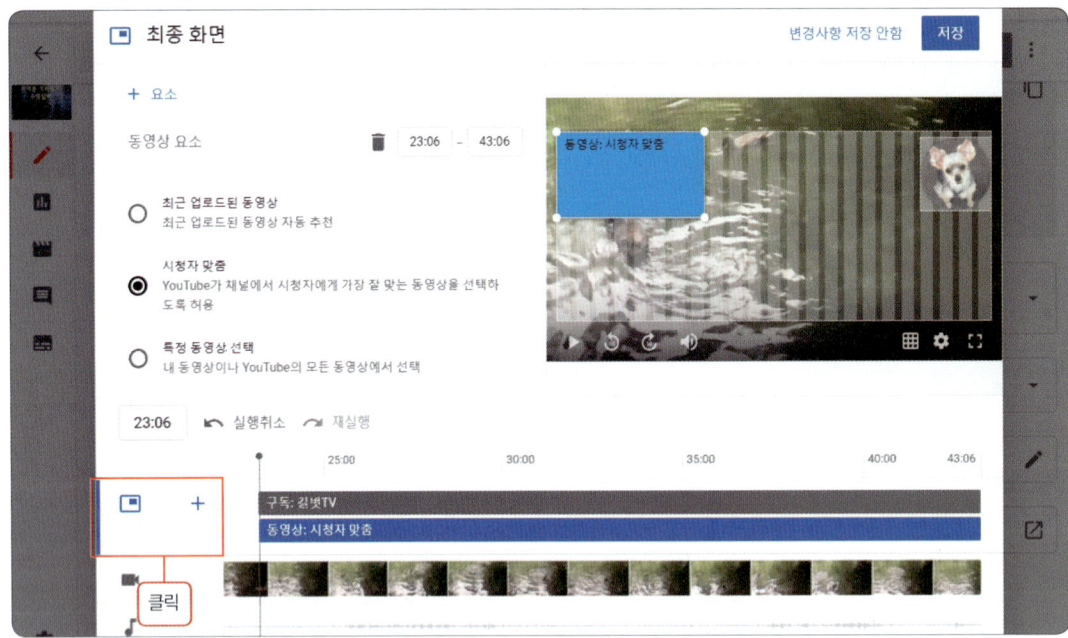

09 요소들을 클릭하여 파란 테두리가 생기면 드래그하여 원하는 위치에 두거나, Del를 눌러 삭제할 수도 있어요. 최대 4개의 요소를 넣을 수 있답니다. 다 완성됐다면 오른쪽 위 [저장]을 클릭합니다.

TipTalk 요소들의 모서리에 있는 둥근 부분을 움직여 크기를 조절할 수도 있어요.

10 이번에는 [카드 추가] 옆에 있는 [추가]를 클릭합니다.

11 카드를 넣고 싶은 시간대에 회색 바를 맞춰주세요.

12 왼쪽에 [동영상], [재생목록], [채널], [링크] 등의 메뉴가 나오는데 보통 동영상을 많이 넣습니다. [동영상]의 [+]를 클릭합니다.

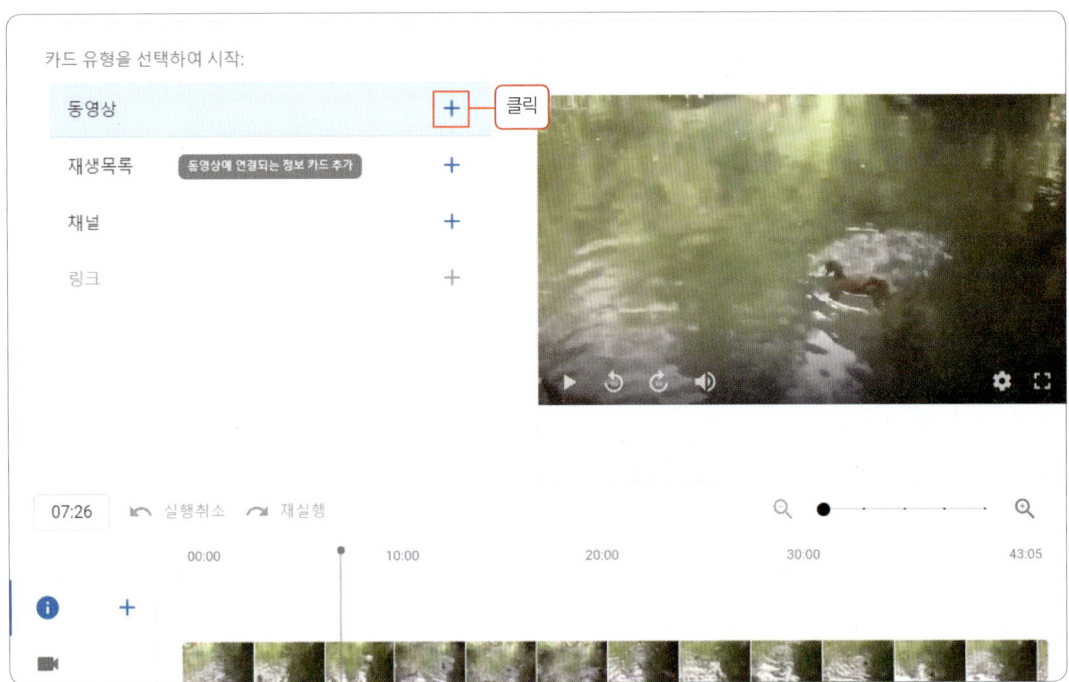

13 그럼 내가 예전에 올렸던 동영상이 보여요. 카드로 만들고 싶은 동영상을 클릭합니다.

14 [저장]을 클릭합니다.

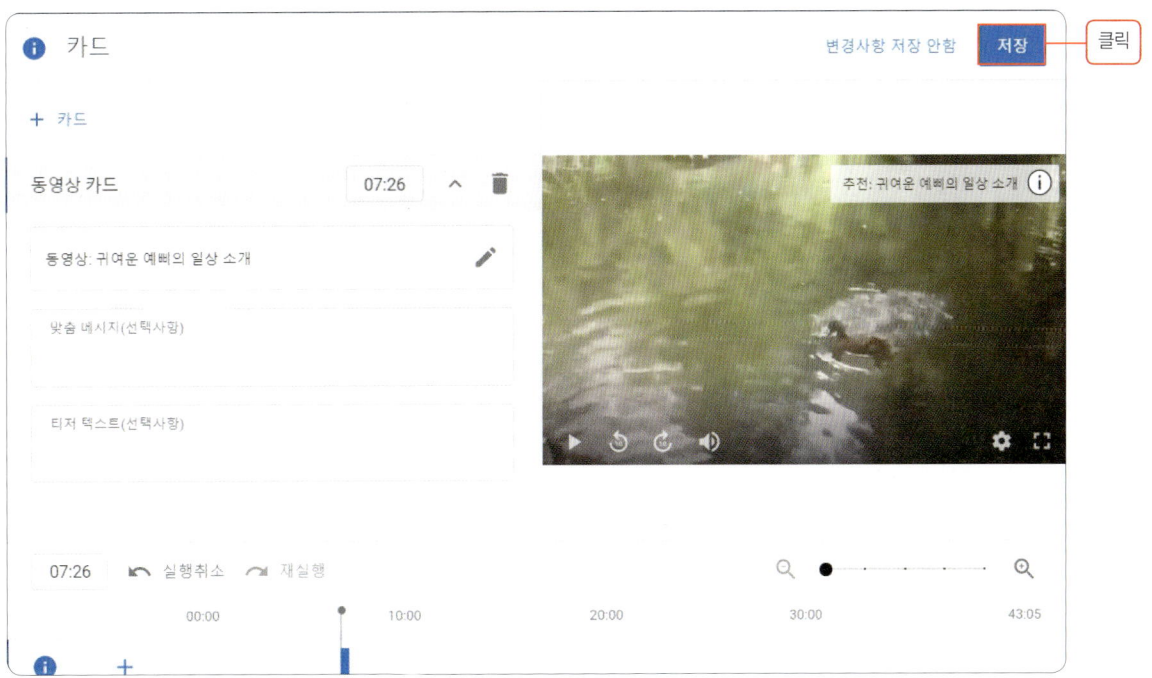

15 아래와 같은 화면으로 바뀌었지요? [다음]을 클릭하고 [저장]을 클릭해 업로드를 마칩니다.

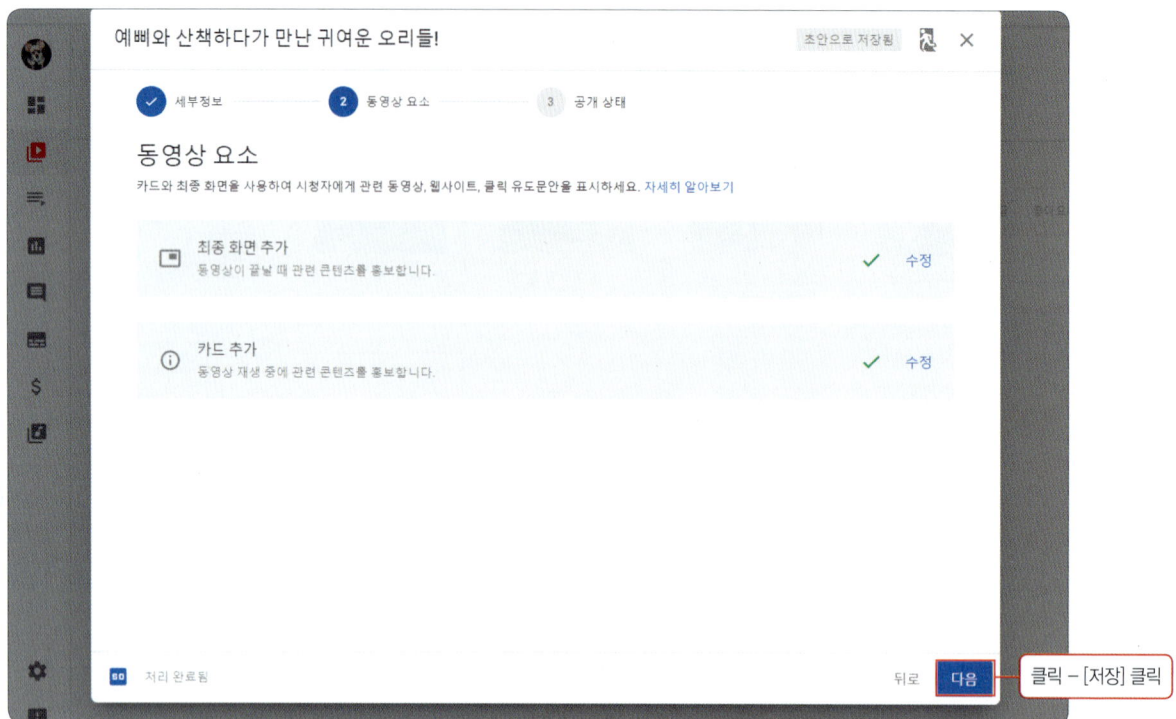

도전! 미션 해결

동영상을 유튜브에 업로드해 보기

미션 1 미리보기 이미지(섬네일) 만들어 보기

미션 2 유튜브에 내가 원하는 시간에 맞추어 업로드 되도록 예약 설정하기

미션 3 스마트폰으로 동영상 업로드해 보기

인기유튜브 크리에이터 제이제이에게 물어요!

제목과 섬네일을 만드는 노하우

Q 제목을 잘 작성하는 방법이 있다면 알려주세요!

A 제목은 영상을 시청자가 선택하거나 검색하는 데 매우 중요한 요소예요. 제목을 작성할 때는 영상과 관련이 있고 사람들이 관심을 가지고 있는 키워드를 이용해 문장 형식으로 입력해요. 궁금증을 갖게 하는 내용이면 관심을 끌기 좋아요. '제빠가 유튜브를 보다 놀란 이유는?'처럼 말이에요. 제목은 최대 100자까지 쓸 수 있지만 아래처럼 제목의 앞부분 일부만 섬네일과 함께 보이기 때문에 처음 20~30자를 신경 써서 작성하는 게 좋아요.

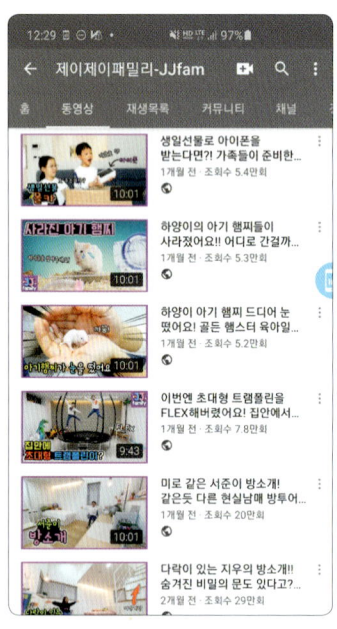

Q 설명에는 어떤 내용을 넣으면 될까요?

A 영상이 유튜브에서 검색이 잘 되게 하려면 제목만큼 설명도 잘 작성해야 해요. 제목에 사용한 중요한 키워드를 다시 한 번 이용해 자연스러운 문장이 되게 작성하세요. 영상과 관련 있는 다른 영상이나 재생목록도 넣어요. 영상에 사용한 배경음악이나 영상 자료에 대한 저작권 내용을 적는 것도 잊지 말고요.

Q 섬네일이 왜 중요한가요?

A 아무리 재미있는 영상을 만들어도 시청자가 내 영상을 선택하지 않는다면 아무 소용이 없겠지요? 여러분이 유튜브를 볼 때를 생각해 볼까요? 영상을 보려면 보통 아래에 추천된 영상들

중 미리보기(섬네일)를 먼저 보고 눈길이 가는 섬네일의 영상을 고르거나, 혹은 제목을 보고 영상을 고르지 않나요? 대부분의 사람들 역시 여러분처럼 그렇게 영상을 선택한답니다. 그래서 섬네일이 매우 중요한 거예요.

Q 어떻게 섬네일을 만드는 게 좋을까요?

A 섬네일을 보고 그 영상을 볼지 말지 판단하는데 몇 초나 걸릴까요? 아마 1초의 시간도 걸리지 않을 거예요. 그래서 한눈에 알아볼 수 있게 내용을 담는 것이 중요해요. 너무 많은 요소를 넣기보다는 간결하게 구성하는 게 좋겠죠. 글씨와 이미지가 같이 있을 때 사람들은 자기도 모르게 먼저 이미지를 봐요. 그러니 이미지를 이용해 섬네일을 만들고 글씨는 짧고 간결하게 추가해 주세요. 섬네일을 비슷한 스타일로 만드는 게 좋아요. 시청자가 내 영상의 섬네일만 봐도 '아, 이 섬네일은 OO채널의 영상이구나!' 하고 알 테니까요.

넷째 마당

반짝반짝 빛나도록 채널 운영하고 분석해요

앞서 유튜브에 업로드할 동영상 촬영, 편집 및 업로드까지 하나씩 단계를 밟아나가며 유튜브 크리에이터로서의 모습에 조금 더 다가갔습니다. 이젠 채널을 운영하고 분석하는 관문이 남았어요. 그럼 또 출발해 볼까요?

구독자를 부르는 채널 홈 화면을 꾸며요

얼마나 많은 사람들이 우리가 올린 동영상을 봐줄지 정말 기대된다!

맞아. 열심히 만든 영상이니까 조회수가 높게 나오면 좋겠어.

구독자 수가 많아지면 저절로 조회수가 높아질 텐데…. 선생님! 우리 채널을 어떻게 꾸며야 방문자를 구독자로 만들 수 있을까요?

이럴 땐 다른 채널을 참고하여 배워보는 것도 좋아요. 우리 한번 제이제이튜브 채널을 방문해 봐요. 동영상들이 어떻게 배치되어 있나요?

우리 채널과 다르게 동영상이 주제별로 묶여 있어요.

채널의 동영상을 종류별로 묶는다면, 방문자들이 우리 채널에서 원하는 정보를 찾을 때 더 쉽겠네요?

바로 그거예요. 우리 채널에 방문한 사람들이, 채널에 관심이나 호감을 느껴 구독 버튼을 누르도록 하는 게 중요해요. 우리 다음 페이지에서 차근차근 배워볼까요?

 **구독자 수가 많은 채널을 만드는 방법**

구독자가 많으면 좋은 점

여러분들은 다양한 이유로 유튜브를 시작했을 거예요. 이유는 저마다 다르지만, 많은 튜브 크리에이터들이 똑같이 기대하는 것이 하나 있지요. 바로, 사람들이 내 동영상을 보는 것이랍니다. 많은 사람들이 내 땀과 노력이 담긴 콘텐츠들을 보고 공감하거나, 재미를 느낀다면 유튜브 크리에이터로서의 내 기분은 어떨까요? 나아가 사람들이 내 영상을 꾸준히 보기 위해 구독 버튼까지 눌러 준다면? 편집할 때의 피로가 날아갈 정도로 정말 뿌듯할 거예요. 많은 이들이 내 채널을 구독하면 이 밖에도 좋은 점은 또 무엇이 있을까요? 바로 **많은 사람들과 소통할 수 있다는 것**이지요. 내 팬이 된 구독자들과 소통하다 보면 **내가 생각하지 못했던 좋은 아이디어를 얻을 수 있고, 이를 바탕으로 더 재미있는 콘텐츠를 제작**할 수 있게 된답니다. 그러다 보면 여러분의 채널은 더욱 풍성하고 다양한 내용으로 이루어질 뿐만 아니라 **많은 공감대를 얻을 수 있을 거예요.**

구독자 수를 늘리려면 어떻게 하나요

유튜브 구독자를 늘리는 일은 유튜브 크리에이터들에게 숙제와도 같은 일이에요. 내가 열심히 만든 영상을 더 많은 시청자들에게 보여주고 싶은 마음에 주위에 친구나, 가족, 친척들에게 구독을 부탁하기도 하지요. 물론 내가 아는 사람들을 대상으로 구독자를 늘리는 것도 좋은 방법이긴 하지만, 만나서 영상을 보라고 하는 것도 꽤나 많은 시간과 노력이 필요한 일이랍니다. 그렇다면 과연 어떻게 해야 내 채널에 방문한 사람들이 구독 버튼을 누르고, 내 채널을 자주 찾는 애청자로 만들 수 있을까요? 여기 구독자를 늘리는 몇 가지 방법들이 있어요.

① 흥미로운 영상과 섬네일 만들기

사람들은 본인이 원하는 정보를 얻기 위해 유익한 영상들을 시청해요. 뿐만 아니라, 재미 혹은 감동의 요소들이 들어간 영상 역시 웃고 울기도 하며 꾸준히 시청하지요. 따라서 **유튜브 크리에이터들은 어떤 콘텐츠가 사람들에게 재미, 감동, 정보를 선사할 수 있는지 꾸준히 고민하고 만드는 노력이 반드시 필요해요.** 사람들의 마음을 움직일 수 있는 영상을 만들기 위해 항상 노력해야 한다는 의미이지요. 이에 더해, 눈에 띄는 **미리보기 이미**

지, 즉 섬네일도 신경 써서 제작하는 것이 좋아요. 똑같은 내용이라도 섬네일에 따라 영상을 클릭하는 횟수가 달라지기 때문이에요. 모두의 호기심을 불러일으키는 섬네일을 만든다면 사람들이 그 동영상을 클릭할 확률이 매우 높아지지요. Week 07 203쪽에서 섬네일 만드는 방법에 대한 자세한 설명이 나와 있으니 참고해서 만들어 보아요.

② 채널 홈을 보기 좋게 꾸미기

내 채널에 방문한 사람들이 제일 처음 만나는 공간, 바로 '채널 홈'이지요? 채널 홈에서 볼 수 있는 **배너, 프로필, 채널 홈 레이아웃 등을 보기 좋게 구성해서 내 채널의 특성과 어떤 영상들이 있는지를 알려야 해요.** 또한 **영상을 주제별로 구분**하여 내 채널에 들어온 사람들이 원하는 정보를 쉽게 찾아볼 수 있도록 **재생목록을 만드는 것도 중요**해요. 그러면 사람들이 관심 갖는 주제를 쉽게 찾고 영상들을 보고, 또 구독 버튼도 누르게 되거든요

③ 메타데이터에 인기 있는 키워드를 입력하기

유튜브 사용자들에게 내가 업로드한 영상이 최대한 많이 노출될 수 있도록 메타데이터를 잘 입력해야 해요. **사람들이 많이 검색하는 키워드를 바탕으로 제목과 내용, 태그, 자막을 작성한다면 유튜브에서 내 채널의 동영상이 검색되고, 추천될 수 있답니다.**

④ 유튜브 스튜디오에서 나의 채널 분석하기

유튜브 스튜디오에 들어가면 조회수, 시청시간, 방문 경로 등을 확인할 수 있어요. 내 채널에 들어온 사람들이 어떤 영상에 관심을 보이는지, 또 어떤 방법으로 채널을 찾았는지에 대해 공부하다 보면 구독자를 늘리는 나만의 방법을 찾게 될 거예요.

내 채널 홈 화면에서 주목 받는 영상 설정하기

내 채널 홈에 들어온 방문자들에게 제일 처음 어떤 영상을 보여주고 싶은가요? 내 채널을 소개하고 추천하는 영상을 올려서 사람들이 내 채널에 관심을 갖고, 구독하고 싶게끔 만들면 좋겠지요? 지금부터 채널 홈에 처음 방문한 사람 또는 재방문한 구독자에게 보여줄 영상을 설정하는 방법을 알아보아요.

01 유튜브 시작 화면에서 [내 계정]-[내 채널]을 차례로 아이콘을 클릭하세요.

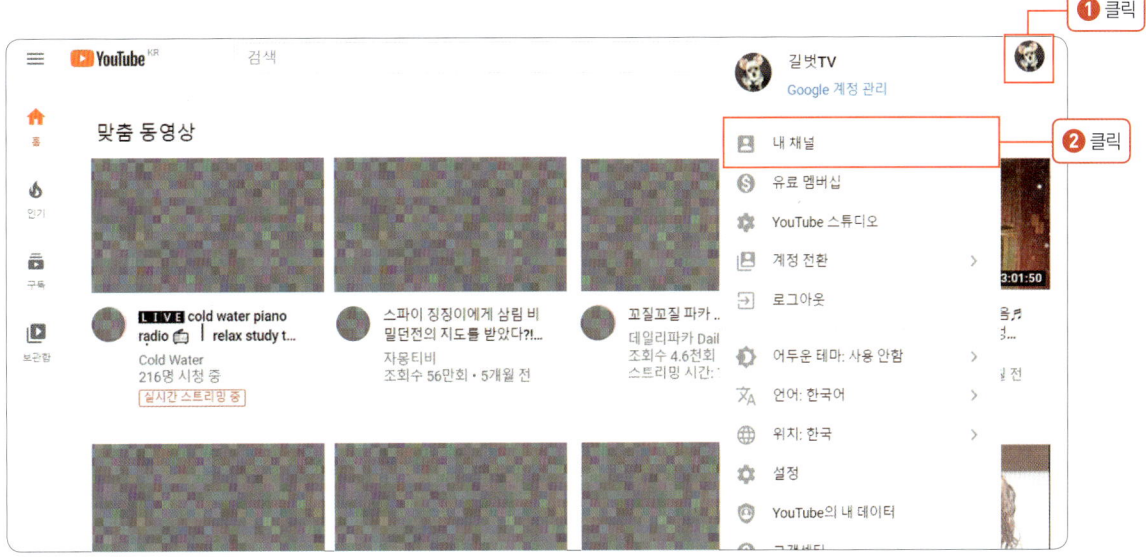

02 내 채널에서 [채널 맞춤설정]을 클릭하세요.

03 [채널 맞춤설정] 화면입니다. [레이아웃] 탭의 [주목 받는 동영상]에서는 [비구독자 대상 채널 트레일러]와 [재방문 구독자 대상 추천 동영상]을 추가할 수 있습니다. 먼저 [비구독자 대상 채널 트레일러]에 [추가]를 클릭하세요.

TipTalk ⓐ [비구독자 대상 채널 트레일러]는 내 채널을 구독하지 않은 사람이 채널을 방문했을 때 자동으로 재생되는 미리보기 영상을 설정하는 탭입니다. 그러므로 내 채널을 잘 드러낼 수 있고 인기 있는 영상으로 선택해야 합니다. 예고편을 따로 만들어서 내 채널을 홍보하는 것도 좋겠지요? ⓑ [재방문 구독자 대상 추천 동영상]은 재방문 구독자가 방문했을 때 가장 처음 어떤 영상을 보여줄지 콘텐츠를 추천하는 탭입니다. 내 채널의 구독자가 관심가질 만한 영상을 선택하는 것이 좋아요.

04 내가 올린 영상들이 나타나면 내 채널을 아직 구독하지 않은 방문자에게 소개할 영상을 하나 골라서 클릭하세요.

240

05 비구독자에게 보여줄 첫 소개 영상이 설정되었습니다. 다음으로 [재방문 구독자 대상 추천 동영상]의 [추가]를 클릭해 보세요.

06 아까와 같은 방법으로 내 채널 구독자에게 내 채널 홈에서 처음 보여줄 영상을 하나 선택하여 클릭해 보세요.

07 재방문 구독자에게 보여줄 추천 영상이 설정되었습니다. 오른쪽 상단에 파란색 [게시]를 클릭하세요.

08 이제 내 채널에 들어가면 내 채널에 첫 방문한 비구독자에게 보여줄 소개 영상이 올라온 것을 확인할 수 있습니다.

09 재방문 구독자가 내 채널에 방문하였을 때에는 이렇게 [재방문 구독자 대상 추천 동영상]이 추천 영상으로 홈에 나타나게 된답니다.

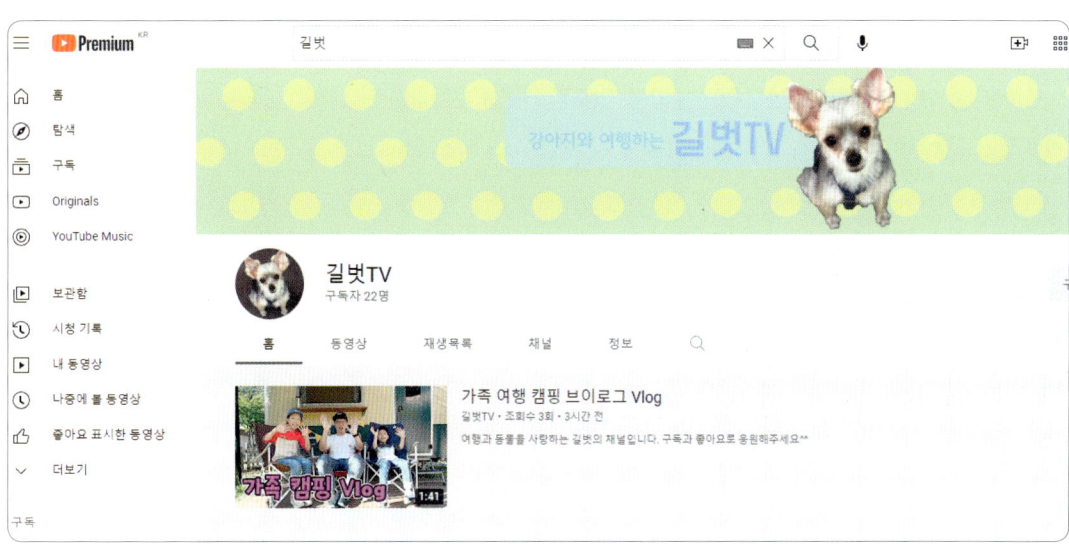

섹션 추가하여 채널 홈 화면 구성하기

내 채널 홈 화면에 내가 올린 영상들을 보기 좋게 정리하고 싶나요? 그럴 때에는, 내 채널의 방문자들이 채널 홈만 봐도 어떤 종류의 영상들이 있는지 한눈에 알 수 있도록 섹션을 추가하면 된답니다. 함께 다양한 주제의 섹션을 추가하는 방법을 알아보아요.

01 내 채널 홈 화면에 들어오면 아직은 어떠한 섹션도 추가되지 않아서 화면이 허전해 보입니다. 이제 나의 홈 화면에 내가 올린 영상을 보기 좋게 배치해 볼게요. [채널 맞춤설정]을 클릭하여 보세요.

02 채널 맞춤설정의 첫 화면인 [레이아웃] 탭에서 [섹션 추가]를 클릭하세요. [섹션 추가]에서는 내 채널의 홈에서 보여주고 싶은 영상들을 종류별로 선택해서 배치할 수 있답니다. 먼저 내 채널의 인기 영상을 앞쪽에 배치하기 위해 [인기 업로드] 항목을 추가해 볼게요.

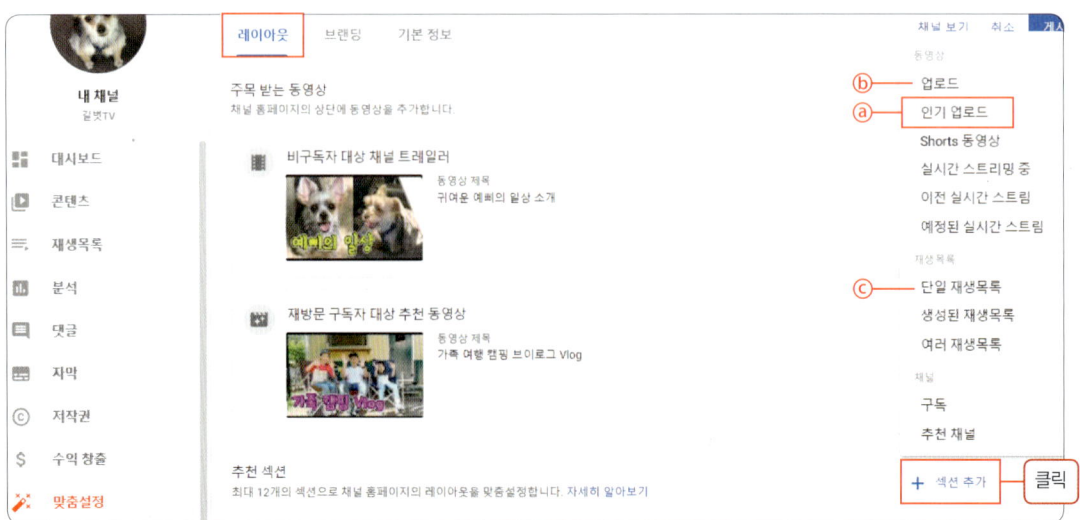

244

잠깐만요 항목 중에서 자주 사용하는 것

ⓐ **인기 업로드** : 조회 수가 가장 많은 인기 영상을 앞쪽으로 배치해 주는 항목입니다. 인기 영상을 제일 위쪽에서 보여주는 것이 내 채널 홍보에도 도움이 되겠죠?

ⓑ **업로드** : 최근에 업로드한 영상을 앞쪽으로 배치해주는 항목이에요. 새로 올린 영상을 시청자들이 바로 볼 수 있도록 해준답니다.

ⓒ **단일 재생목록** : 이 항목은 내가 선택한 재생 목록들을 차례대로 배치해 줍니다. 추천하고 싶은 주제별로 재생 목록을 묶어서 보여줄 수 있기 때문에 자주 사용된답니다.

03 화면 하단 [추천 섹션]에 [인기업로드] 영상 4개가 보기 좋게 배치된 것을 확인할 수 있어요.

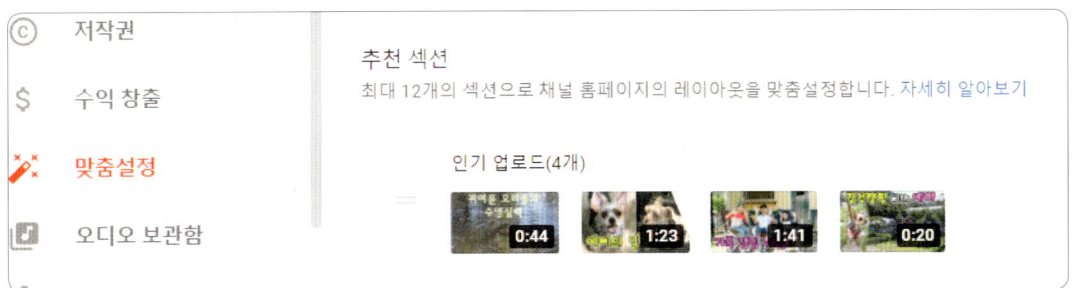

04 이번에는 여러분들이 최근에 올린 영상을 소개할 수 있도록 [업로드]를 선택해 볼까요?

05 [인기 업로드] 섹션 아래에 [업로드] 영상 4개가 나오도록 섹션이 추가되었어요.

06 [다음은 [단일 재생목록] 섹션을 추가하여 내가 원하는 재생 목록을 홈 화면에 배치해 보아요. [섹션 추가]에서 [단일 재생목록]을 선택하고 내 재생 목록 중 섹션 추가할 재생 목록을 선택하여 클릭하세요.

07 내가 선택한 재생 목록이 섹션에 추가 되었습니다.

08 이제 내 채널에 들어오면 홈에 내가 올린 다양한 영상들이 보기 좋게 배치되었습니다.

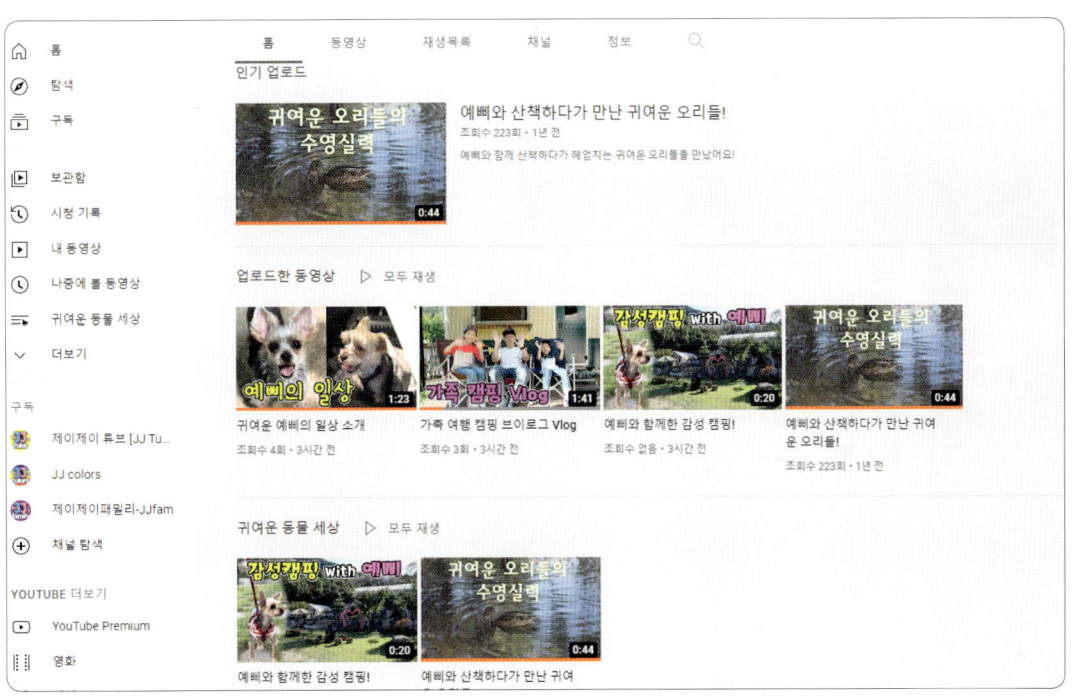

09 이번에는 섹션 추가에서 채널을 추천해 보겠습니다. [섹션 추가]에서 제일 아래쪽에 [추천 채널]을 클릭해보세요.

10 [Section title]에 내 추천 채널에 대한 설명을 입력하고 검색 창에 추천하고 싶은 채널을 검색하여 찾아보세요. 원하는 채널에 체크 표시한 후 [완료]를 클릭하세요.

11 여러 개의 채널을 추가할 수 있기 때문에 만약 내가 새롭게 개설한 채널이나 또는 홍보하고 싶은 다른 사람의 채널을 추가하면 내 채널의 구독자들을 새로운 채널로 초대하는 효과를 볼 수 있답니다.

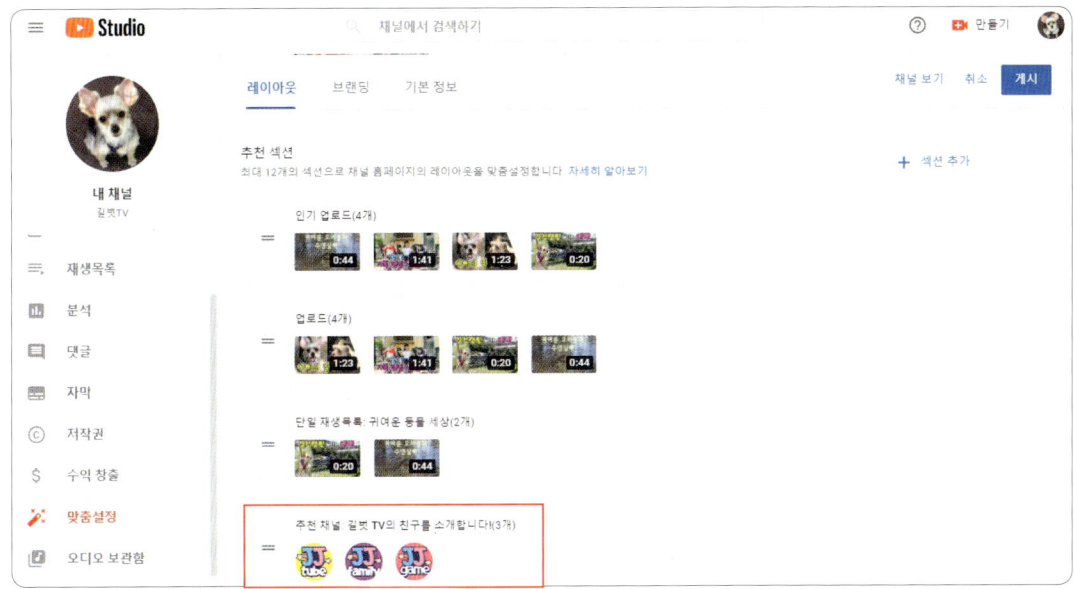

12 나의 구독한 채널을 내 채널에서 소개하고 싶다면 [섹션 추가]에서 아래쪽에 [구독]을 클릭해보세요. 내가 구독한 채널도 홈 화면에서 볼 수 있어요.

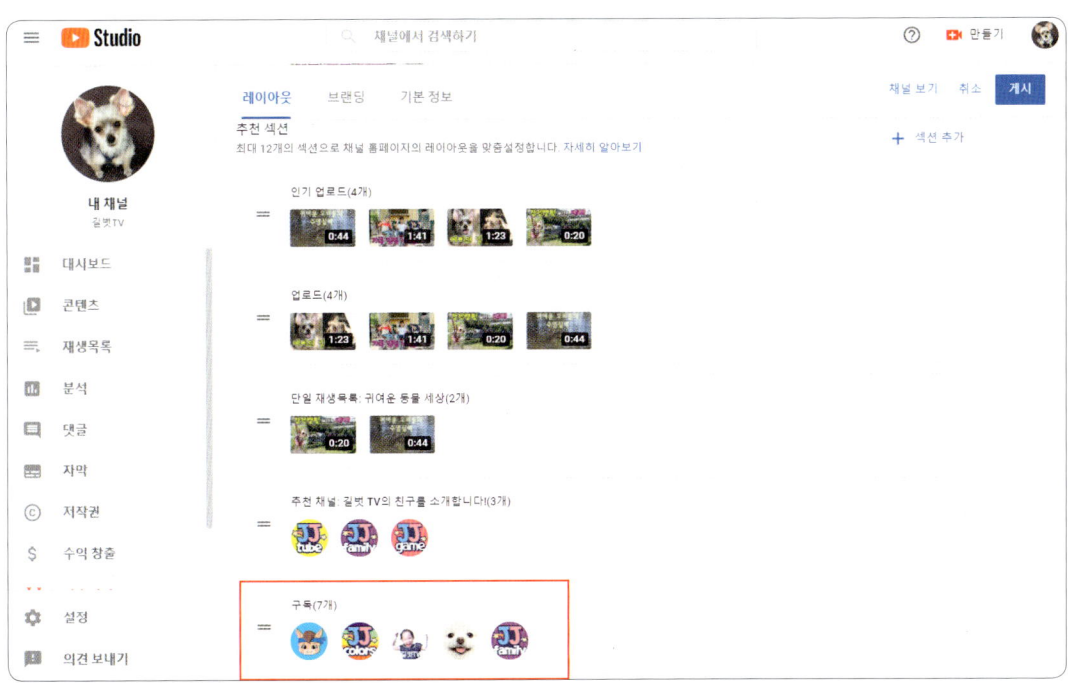

무작정 따라하기 35 추천 채널 설정하기

유튜브 채널 홈에서 다른 채널의 영상을 홍보하기 위해 '추천 채널'을 설정할 수 있어요. 내가 좋아하는 채널을 사람들에게 추천할 때 이용할 수 있는 기능이랍니다.

01 내 채널의 홈 화면 오른쪽에 추천 채널을 설정해 보겠습니다. 추천 채널의 [채널 추가]를 클릭하세요.

02 추천하고 싶은 채널의 URL을 복사해서 붙여 넣고 [추가]를 클릭합니다. 제목도 변경할 수 있으니 원하는 제목으로 설정한 뒤 [완료]를 클릭하세요.

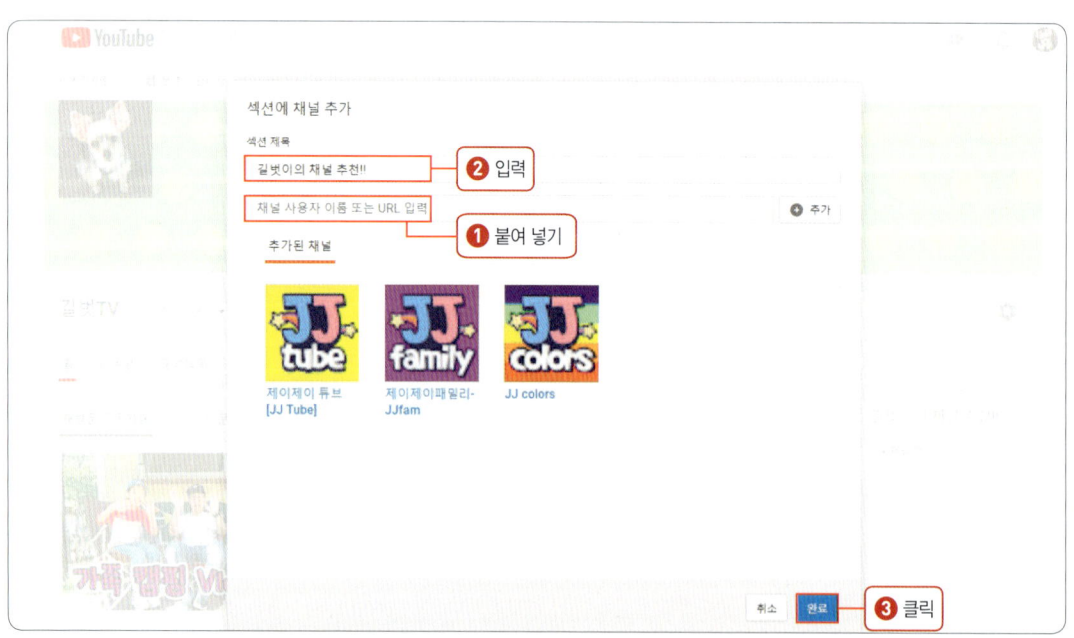

03 추천 채널 목록이 생겼습니다.

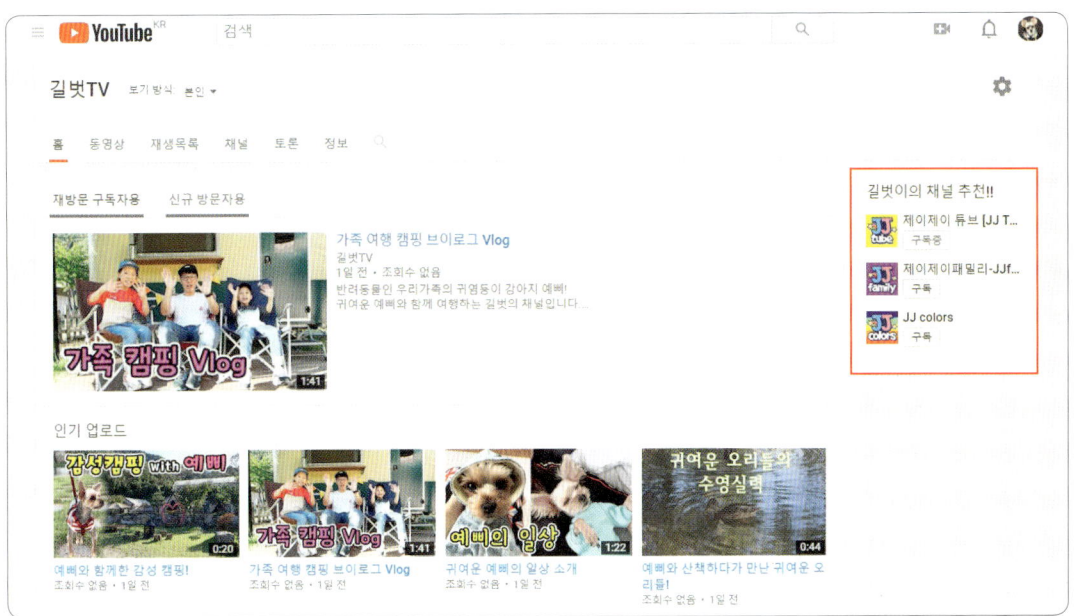

도전! 미션 해결

내 채널 홈 화면을 구성해 보기

미션 1 채널 홈에서 [비구독자 대상 채널 트레일러]와 [재방문 구독자 대상 추천 동영상]을 설정해 보세요.

미션 2 내 채널의 특성에 맞는 다양한 섹션을 추가해 보세요.

미션 3 내 채널과 관련 있는 채널과 내가 소개하고 싶은 채널을 [추천 채널]로 설정해 보세요.

인기유튜버 제이제이에게 물어요!
구독자를 부르는 채널을 만드는 노하우

Q 채널 구독자를 늘리기 위한 노하우가 있나요?

A 유튜브 채널을 만들면서 영상 주제를 정하는 것만큼 중요한 것이 있는데요. 바로 내 채널의 주 시청자층을 정하는 거예요. 내 영상을 보고 좋아할 사람들의 나이, 성별, 관심사 등을 구체적으로 생각하는 거죠. 채널을 막 만들었을 때는 시청자의 범위를 최대한 자세하게 정하고 영상을 만드는 게 좋아요. 단순히 '강아지를 좋아하는 시청자' 보다는 '초등학교 4~6학년 여학생 중 귀여운 강아지를 좋아해서 집에서 키우고 싶은 시청자'처럼 정해 보는 거죠. 그러면 영상을 기획할 때, 영상에 쓰이는 배경음악의 분위기, 자막 스타일, 섬네일에 쓰이는 글씨체 등 많은 부분이 명확해질 거예요. 그렇게 시청자 층이 확실한 영상이 여러 개 모이면 어느 순간 구독자가 쑥쑥 늘어가는 기쁨을 느끼게 될 거예요.

Q 사람들이 보고 싶어 하는 영상과 내가 만들고 싶은 영상 중에서 어떤 게 좋은가요?

A 영상 콘텐츠를 만들다 보면 내가 볼 때는 재미있는데 사람들의 반응은 그렇지 않은 경우가 있을 거예요. 반대로, 별 기대도 하지 않은 영상이 오히려 좋은 반응이 있는 경우도 있고요. 채널에 영상을 막 올리기 시작했을 때는 내가 열심히 만든 영상의 반응이 별로라면 계속 콘텐츠를 만들고 싶지 않을 거예요. 그러니 처음엔 내가 올린 영상 중 반응이 좋은 영상들의 공통점을 잘 분석해서 비슷한 주제로 영상을 만들어 보세요. 그렇게 채널이 구독자가 조금씩 늘어나고 팬들도 생겼을 때 내가 찍고 싶은 영상을 올리면 사람들이 더욱 남다르게 봐 줄 거예요.

Q 시청자들의 구독과 좋아요 추천이 필요한가요?

A 영상에서 시청자에게 구독을 해달라고 말을 하는 경우와 아닌 경우 채널 구독자가 늘어나는 정도가 크게 차이가 난다는 유튜브 자료가 있어요. 영상 촬영 중 꼭 내 채널을 구독하고 영상의 '좋아요'도 눌러 달라고 시청자들에게 부탁하세요. 처음에는 어색하고 촬영 중 깜빡하고 잊고 넘어갈 때도 있지만 나중에는 자연스럽게 될 거예요.

또한, 영상의 설명란에 구독을 할 수 있는 링크를 넣어보세요.
여기서 꿀팁! 채널의 주소를 넣으면 시청자가 링크를 이용해 내 채널 페이지로 이동할 수 있습니다. 채널 주소의 형식은 다음과 같아요.

📺 https://www.youtube.com/channel/UCjCuOPvrszelJihOSYD9qbA

채널 주소에 ?sub_confirmation=1을 추가하면 바로 구독할 수 있는 창이 만들어지는 링크가 열립니다.

📺 https://www.youtube.com/channel/UCjCuOPvrszelJihOSYD9qbA?sub_confirmation=1

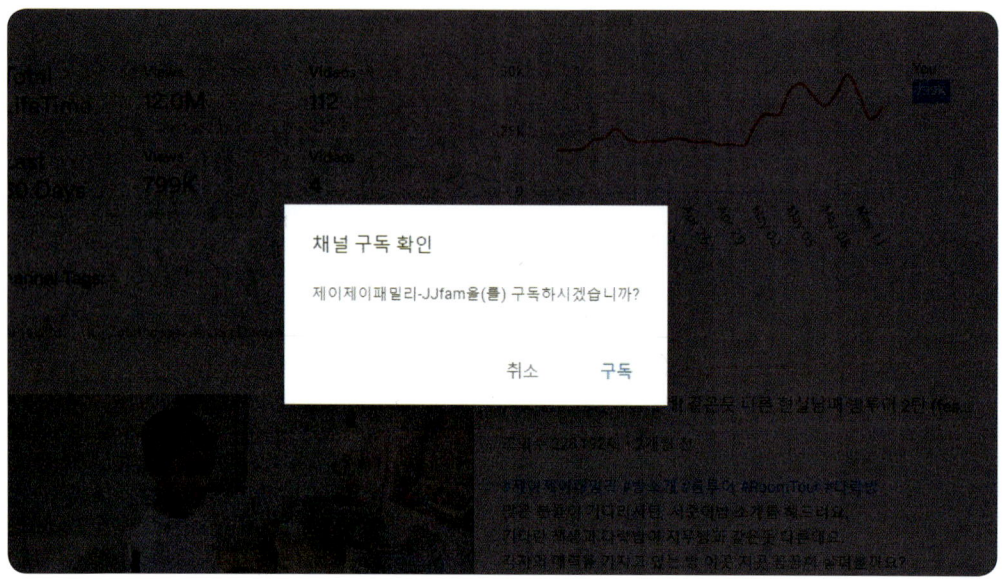

그런데 위 링크 주소는 길이가 길어서 불편해요. 그래서 인터넷 주소를 줄여주는 사이트를 이용하면 좋아요. 그래서 가장 많이 사용하는 'bitly.com'이란 사이트를 소개할게요.

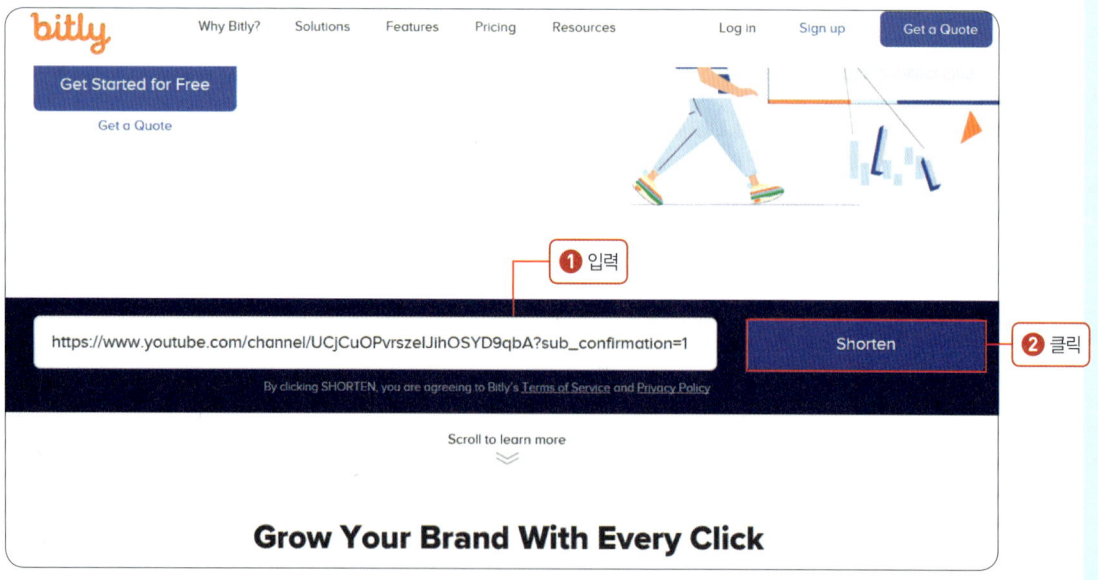

▶ bitly.com 사이트 홈 화면

① www.bitly.com으로 들어갑니다.

② 아래 입력란에 채널 구독 링크를 넣고 옆에 [Shorten]을 누릅니다.

③ 아래에 짧은 주소가 만들어졌네요. [Copy]를 눌러 저장한 후 원하는 곳에 붙여넣기하면 짧아진 인터넷 주소를 사용할 수 있습니다.

- **적용 전** : https://www.youtube.com/channel/UCjCuOPvrszeIJihOSYD9qbA?sub_confirmation=1
- **적용 후** : https://bit.ly/2LmBA1O

스타가 되는 디딤돌, 유튜브 스튜디오로 분석해요

우리 채널에 구독자가 별로 없어서 고민이야.

구독자 수가 왜 이렇게 잘 늘지 않을까?

그러게. 선생님! 어떻게 해야 구독자 수가 늘까요? 고민이에요.

구독자 수를 늘리려는 전략을 고민 중이군요! 그 전에 구독자 수가 늘지 않는 원인이 무엇인지 채널을 분석하는 게 먼저이지요. 바로 유튜브 스튜디오라는 시스템을 통해서요.

유튜브 스튜디오? 그게 뭔가요?

여러분이 유튜브 채널을 잘 꾸려나갈 수 있도록 자료를 제공해 주는 시스템이에요. 그중 대시보드는 채널을 한눈에 분석할 수 있는 여러 가지 자료가 있어서 유용하답니다.

선생님 말씀을 들으니 유튜브 스튜디오에 대해서 더욱 알고 싶어졌어요!

그럼, 유튜브 스튜디오 중에서도 가장 핵심이라고 할 수 있는 대시보드에 대해 먼저 알아볼까요?

YouTube 스튜디오와 친해지기

유튜브(YouTube) 스튜디오는 유튜브 채널을 운영할 때 필요한 여러 가지 기능을 갖춘 시스템이에요. 여기에서 동영상을 업로드할 수 있을 뿐만 아니라, 내 채널 및 업로드한 동영상을 관리하고 분석까지 할 수 있답니다. 유튜브 스튜디오의 각 메뉴를 보며 어떻게 관리하고 분석할 수 있는지 간단히 알아볼까요?

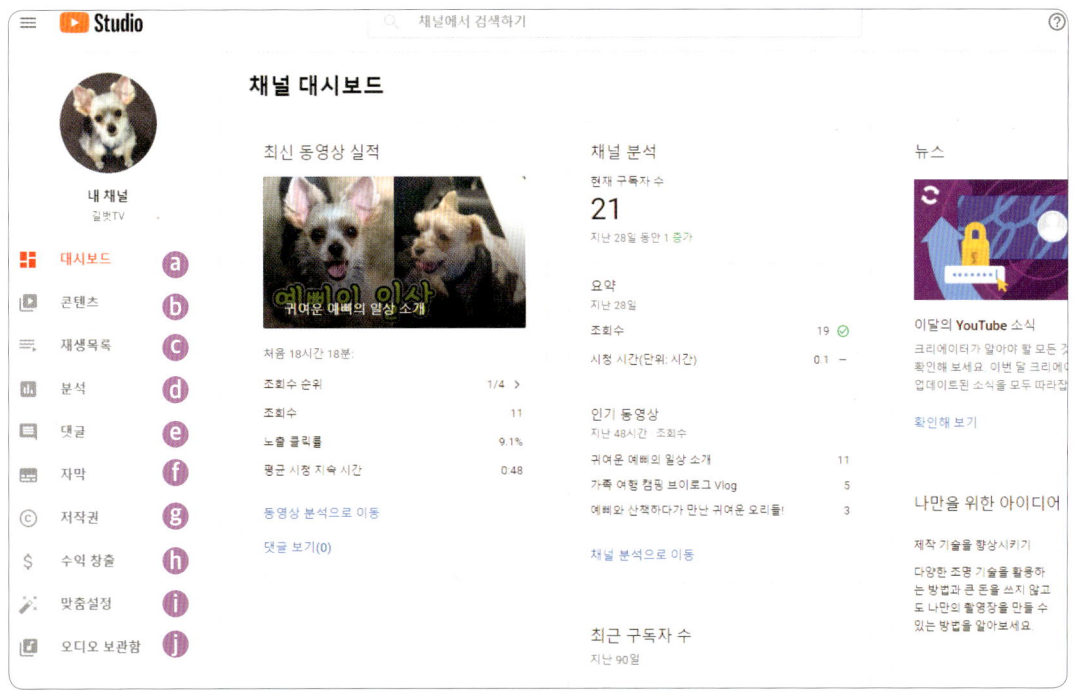

- ⓐ **대시보드** : 내가 가장 최근에 업로드 한 동영상의 자세한 내용과 채널 분석 내용을 요약해서 볼 수 있는 곳이랍니다. 최근 업로드 된 동영상을 분석하는 화면이나 댓글 화면으로 넘어갈 수 있고, 채널 분석 화면으로도 넘어갈 수 있어요.
- ⓑ **콘텐츠** : 내 채널에 있는 모든 동영상을 한번에 관리하고 확인할 수 있는 공간이에요. 각 동영상의 공개 상태, 조회수 및 댓글 현황 등을 확인하거나 세부정보를 변경할 수 있습니다.
- ⓒ **재생목록** : 주제별로 동영상을 묶어 관리할 수 있어서, 채널 방문자들이 원하는 영상을 쉽게 찾아볼 수 있도록 할 수 있어요.
- ⓓ **분석** : 지난 28일 동안의 조회수, 구독자 수, 시청자 수 등을 그래프로 분석할 수 있어요.
- ⓔ **댓글** : 게시된 댓글을 볼 수 있는 공간입니다. 검토 대기 중인 댓글과 스팸일 수 있는 댓글도 확인할 수 있어요.

- **ⓕ 자막** : 보통 편집 과정에서 영상에 직접 자막을 넣으니 잘 사용하지 않지만 해외 시청자를 위한 외국어 자막을 넣고 싶은 경우에 사용해요.
- **ⓖ 저작권** : 다른 사람이 내 동영상에 저작권 침해를 신고한 내용이 나와요.
- **ⓗ 수익 창출** : 영상을 통해 광고수익을 얻고 싶고, 유튜브에서 정한 기준을 만족하는 경우에 사용이 가능해요.
- **ⓘ 맞춤설정** : 내 채널에 방문한 사람들이 내가 올린 영상들 중 어떤 영상을 어떤 순서로 시청할지 내가 배치할 수 있고, 채널의 프로필 및 배너, 워터마크 등을 편집할 수 있어요. 기억이 잘 나지 않는 친구는 week06, week07을 다시 확인해 보세요.
- **ⓙ 오디오 보관함** : 영상 편집에 활용할 수 있는 각종 음원이 탑재된 공간이에요.

유튜브에서는 유튜브 스튜디오를 제공하여 운영자가 채널을 잘 분석하여 운영하는 데 도움을 주고 있어요. 즉, 채널 관리자로서의 나의 역할이 중요한 곳이라고 할 수 있지요.

채널 분석을 한눈에! 대시보드 메뉴 살펴보기

앞서 우리는 **채널을 운영할 때 필요한 여러 가지 기능을 갖춘 시스템**이 **유튜브 스튜디오**라고 배웠어요. 그 중 **대시보드**는 유튜브 스튜디오의 대장이라고 할 수 있어요. **내 채널의 지금 상태를 한눈에 분석할 수 있는 화면**이거든요. 어떤 자료가 제공되기에 한눈에 분석할 수 있는지 한번 살펴볼까요?

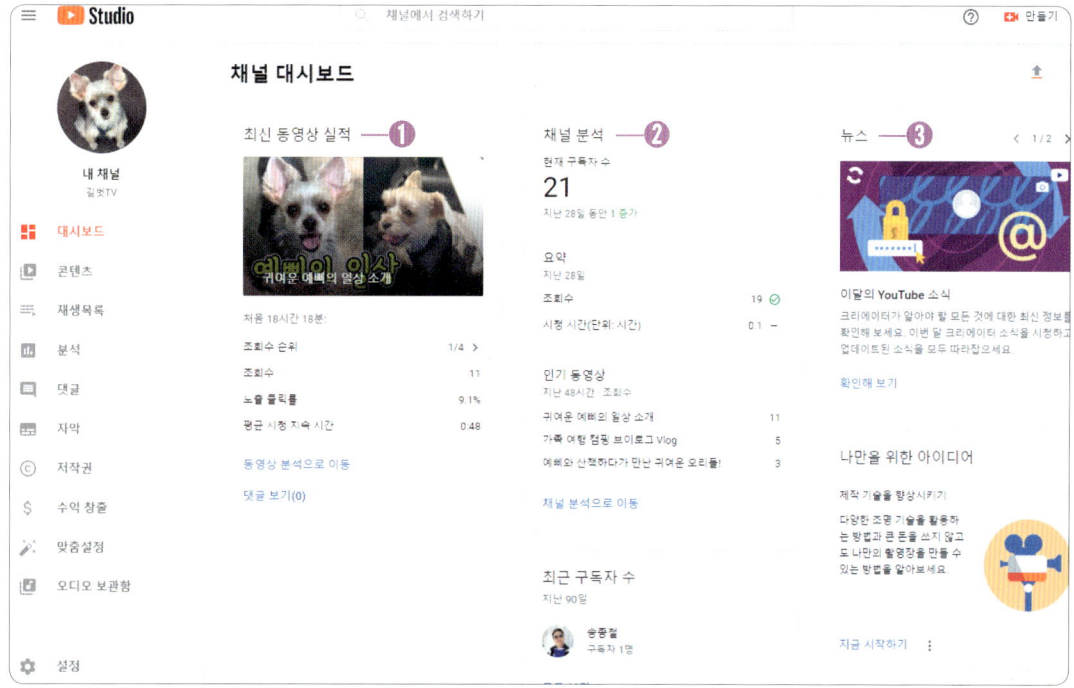

❶ 최신 동영상 실적

ⓐ **조회수 순위, 조회수** : 이 동영상이 내가 올린 동영상 중 조회수로 몇 위인지, 또 이 동영상의 조회수는 얼마인지 구체적으로 알려줘요.

ⓑ **평균 시청 지속 시간** : 아마 이 동영상을 끝까지 보지 않는 사람들도 있을 거예요. 그래서 사람들이 이 동영상을 한 번 클릭했을 때, 보통 얼마의 시간동안 이 동영상을 보는지 알려줘요.

ⓒ **노출 클릭률** : 동영상의 섬네일을 보고 사람들이 보는 클릭하는 정도를 숫자로 나타냈어요. 위 그림에서 9.1%로 되어 있지요? 100명 중 9명이 클릭했다는 의미랍니다.

ⓓ **평균 시청 시간** : 이 동영상을 총 몇 시간 동안 시청했는지 알려줍니다.

ⓔ 동영상 분석으로 이동 : 클릭하면 이 동영상을 분석한 내용이 그래프로 제공됩니다.

ⓕ 댓글 보기(숫자) : 이 동영상이 달린 댓글의 수를 확인할 수 있어요. 클릭하면 내용이 무엇인지도 알 수 있지요.

❷ 채널 분석

ⓐ 현재 구독자 수 : 지금 나의 채널에 구독 버튼을 누른 사람이 몇 명인지 알려줘요.

ⓑ 조회수 : 최근 28일 동안 동영상 조회가 몇 회나 됐는지 알려줘요.

ⓒ 시청 시간 : 최근 28일 동안 몇 시간 동안 동영상을 시청했는지 알려줘요.

ⓓ 인기 동영상 : 지난 2일(48시간) 동안 인기 있었던 영상이 무엇인지 알려줘요.

ⓔ 동영상 분석으로 이동 : 동영상의 구독 패턴을 분석할 수 있어요.

❸ 뉴스

유튜브 크리에이터들이 알아야 뉴스를 내용을 제공합니다.

 **트래픽 소스를 통해 동영상의 인기 분석하기**

지금부터 여러 가지 기능으로 동영상을 분석해 볼 거예요. 그중, 가장 중요한 것이 바로 이 트래픽 소스입니다. **트래픽 소스란, 사람들이 어떤 경로로 내 동영상을 시청하게 되었는지 알려주는 공간**이에요. 어디에서, 어떤 검색어를 입력하여 내 동영상을 시청하게 되었는지 알 수 있지요. 다음 장부터 여러 가지 메뉴를 다룰 건데, 그중 트래픽 소스를 분석해야 하는 메뉴가 있어요. 그 때 아래와 같은 그래프를 자주 보게 될 거예요. 미리 대비하기 위해 그래프에 등장하는 단어의 의미를 알아볼까요?

❶ **채널 페이지** : 내 채널 이외에 다른 채널 페이지를 통해서, 혹은 내 채널과 비슷한 주제 채널 페이지를 통해서 동영상을 조회한 자료 및 수치를 나타내요. 이 자료의 조회수가 높을수록 내 채널에 매력을 느껴 조회한 사람이나 구독한 사람들이 많은 것입니다.

❷ **직접 입력 또는 알 수 없음** : 유튜브의 동영상의 제목을 직접 검색했거나 알 수 없는 경로로 동영상을 조회한 경우의 자료와 수치입니다.

❸ **YouTube 검색** : 유튜브 검색란에 키워드를 검색하여 동영상을 조회한 자료 및 수치입니다. 이 자료의 조회수가 높다면 제목, 설명, 태그를 잘 달았다고 할 수 있겠지요.

위 세 가지 자료를 가지고 동영상을 분석하기 위해선, 노출수와 노출 클릭률의 의미를 알고 있어야 해요.

❹ **노출수** : 영상의 섬네일이 유튜브에서 시청자들에게 몇 번이나 표시되었는지 알 수 있어요. 즉 다른 영상에서 내 영상을 추천한 횟수를 알 수 있답니다. 내 영상의 시청자 반응이 좋다면 많은 영상에 추천이 되겠죠?

❺ **노출 클릭률** : 영상의 섬네일이 시청자들에게 표시되었을 때 얼마나 클릭했는지 % 비율로 알 수 있어요. 만약 수치가 높다면 영상의 제목이나 섬네일을 보고 조회를 많이 했음을 알 수 있어요. 낮다면 영상의 제목이나 섬네일을 사람들이 이해하기 쉽거나 좋아하는 것으로 바꿔야 해요.

무작정 따라하기 36 유튜브 스튜디오 [대시보드] 메뉴 살펴보기

유튜브 구독자 수를 늘리기 위해서는 먼저, 내 채널의 어떤 영상들이 인기가 있는지, 언제 조회가 많이 되는지, 댓글이 얼마나 달리는지 등의 자료를 확인해 사람들의 관심을 살펴보아야 해요. 동영상 분석에 필요한 모든 정보를 한눈에 확인할 수 있는 대시보드에 대해 알아보아요.

01 유튜브 홈 화면에서 [내 계정]을 클릭하고 [YouTube 스튜디오]를 클릭하여 들어가요.

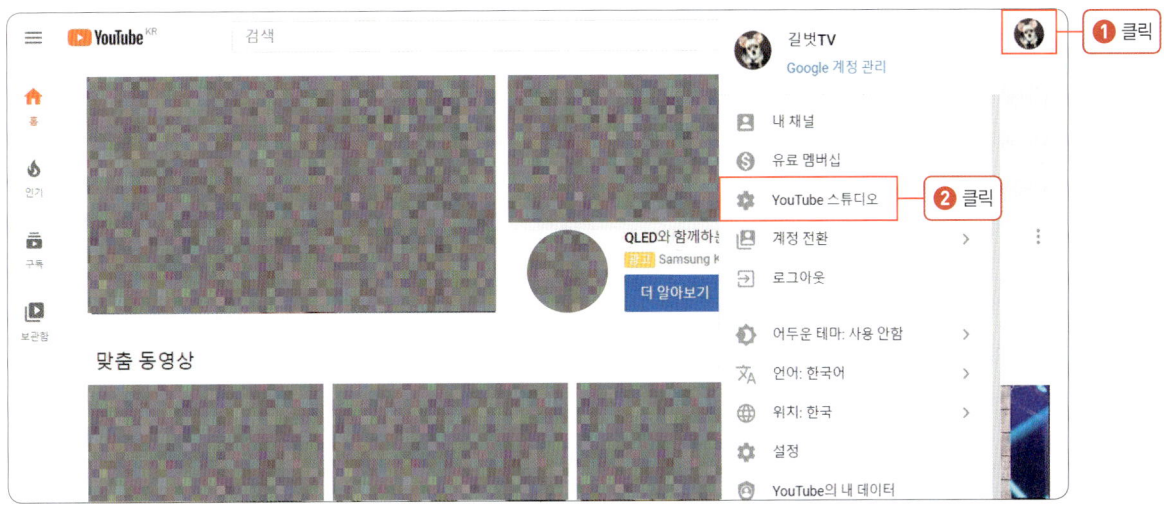

02 처음에 '채널 대시보드' 화면이 나타납니다. 대시보드에서는 다양한 정보를 통해 나의 채널이 얼마나 인기가 많은지 알 수 있어요. 그중 [최신 동영상 실적] 항목 아래의 파란색 글씨의 [동영상 분석으로 이동]을 클릭합니다.

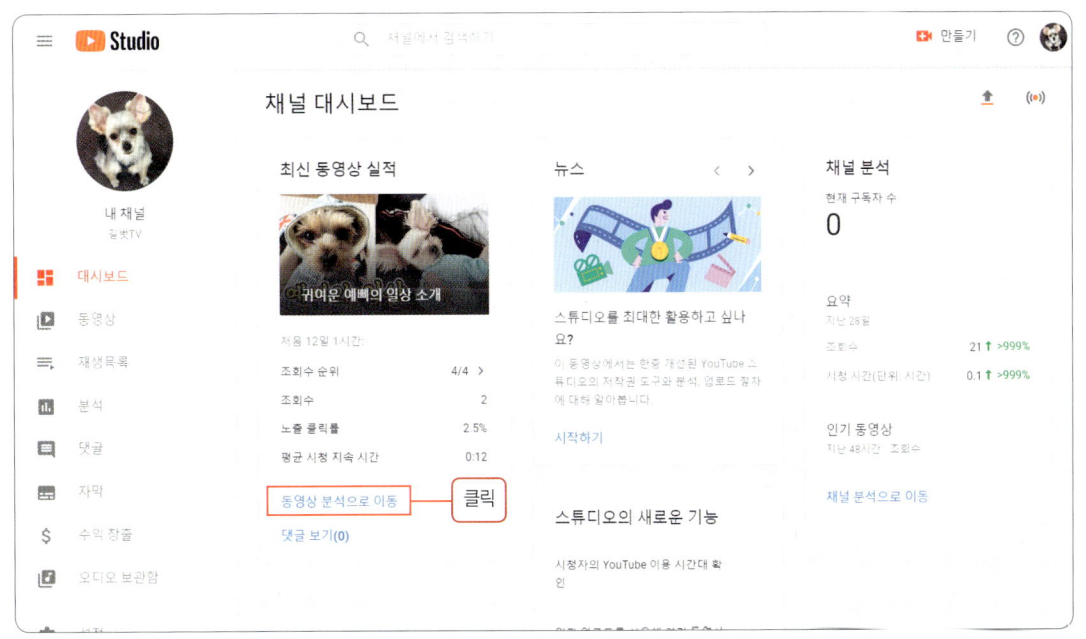

03 '동영상 분석'에는 [개요], [도달범위], [참여도], [시청자층] 메뉴가 있어요. 이 중 [개요]에는 어떤 자료가 있는지 확인해 볼까요? 그래프 밑에 [더보기]를 클릭해 보세요!

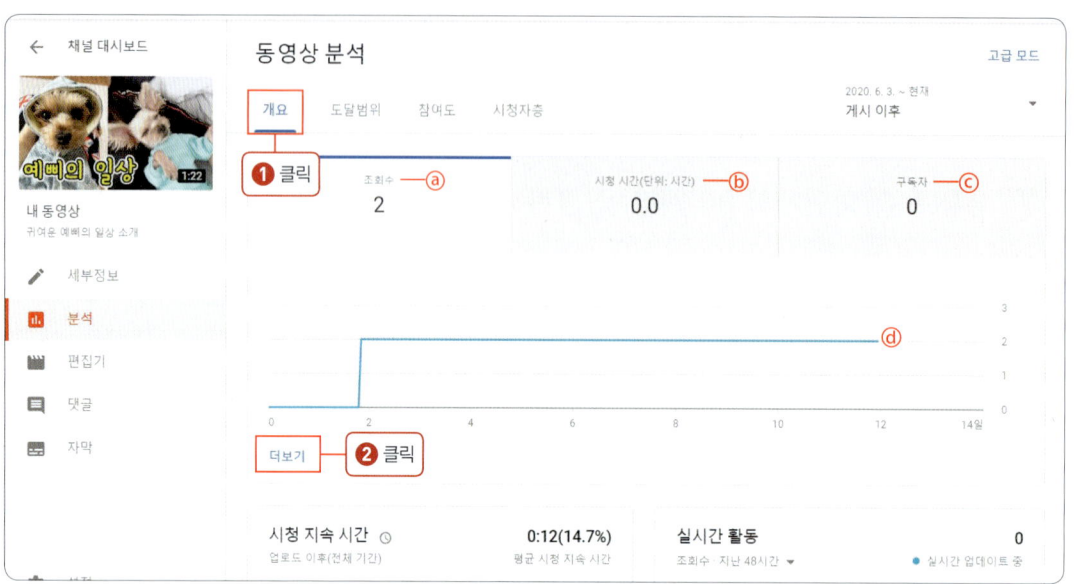

> **잠깐만요** **[개요] 알아보기**
>
> ⓐ **조회수** : 동영상이 게시된 이후 총 조회수
> ⓑ **시청 시간** : 동영상이 게시된 이후 총 시청 시간
> ⓒ **구독자** : 동영상이 게시된 이후 변동된 구독자 수
> ⓓ **청록색 꺾은선 그래프** : 7일 동안 조회수가 얼마나 느는지 알려주는 꺾은선 그래프

> **잠깐만요** **그래프에 마우스를 갖다 대면 알 수 있는 정보**
>
> 그래프의 경사가 높다면 조회수가 급격히 증가한다고 볼 수 있고, 경사가 완만하다면 조회수가 천천히 증가한다고 볼 수 있지요. 그래프에 마우스를 갖다 대어 보세요. 청록색 선에 마우스를 갖다 대면, 언제 조회수가 늘었는지 시시각각 변하는 숫자로 알 수 있어요. 즉 언제, 얼마나 증가했는지 알 수 있죠.

04 영상에 대해 보다 자세히 알려주는 그래프와 표가 보여요. 노출수에 비하여 조회수가 얼마나 나왔는지, 노출 클릭률은 몇 %인지 등을 확인합니다. [동영상별 조회수] 옆의 ▼를 클릭해 볼까요?

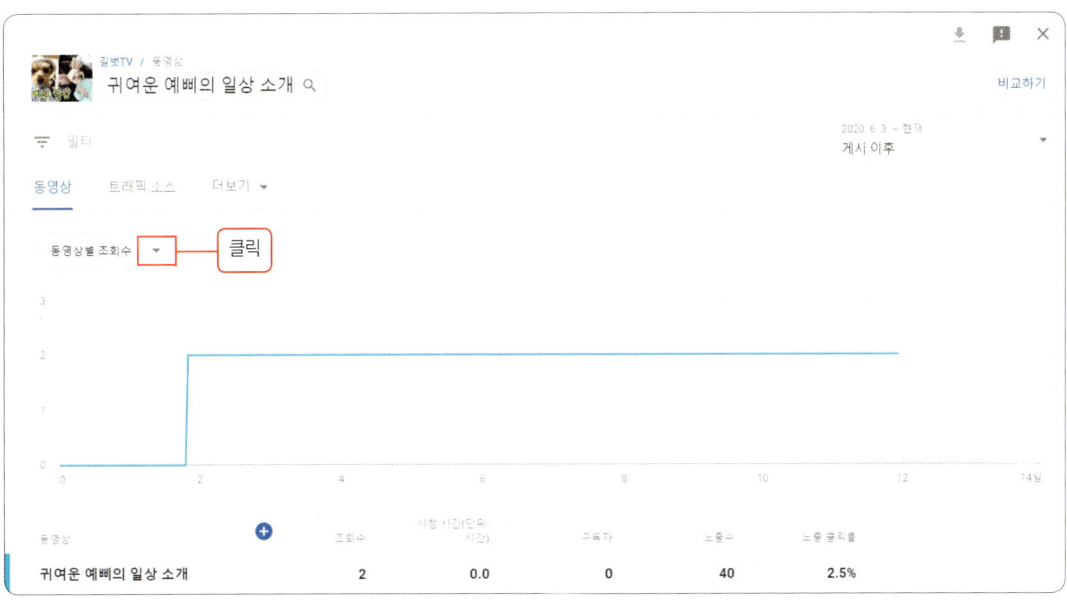

05 다른 주제를 선택하면 그와 관련된 그래프도 확인할 수 있어요.

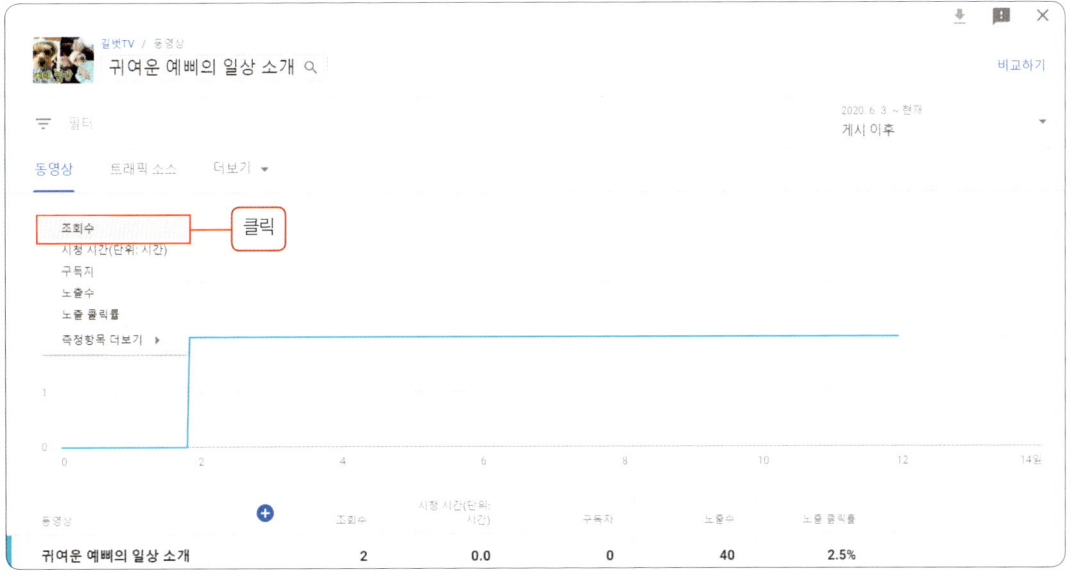

06 그중에서도 제일 아래의 [측정항목 더보기]를 클릭하면 메뉴에 나오지 않은 자료들에 줄이 그어져 있지요? 알고 싶은 자료를 클릭하면 줄이 없어지고 메뉴에 추가되어 그래프로 확인해 볼 수 있답니다.

07 두 번째 탭인 [트래픽 소스]를 클릭해 볼까요? 이 자료는 동영상을 조회한 사람들이 어떤 경로로 찾아서 동영상을 시청했는지 그래프와 수치로 알려주고 있어요. 아래 주제별로 나열된 자료의 □에 체크 표시를 하면 그 자료가 그래프로 나타납니다. 자료 분석을 마쳤다면, 오른쪽 위의 ×를 눌러 종료합니다.

08 스크롤을 내려 더 자세한 내용을 알아보세요

> **잠깐만요** **트래픽 소스 구성요소 살펴보기**
>
> ⓐ **시청 지속 시간** : 이 동영상을 시청하기 시작했을 경우 얼마나 오랫동안 시청 지속했는지 시간으로 알려주기해요.
> ⓑ **좋아요(싫어요 대비)** : 좋아요를 누른 사람이 몇 %인지 확인할 수 있어요. 반대로 싫어요를 누르면 수치가 내려갑니다.
> ⓒ **실시간 활동** : 지난 48시간 동안의 동영상 조회수입니다.

09 [도달범위] 탭에서도 역시 노출수, 노출 클릭률, 조회수를 확인할 수 있고, 노출수가 꺾은선 그래프로 표시됩니다.

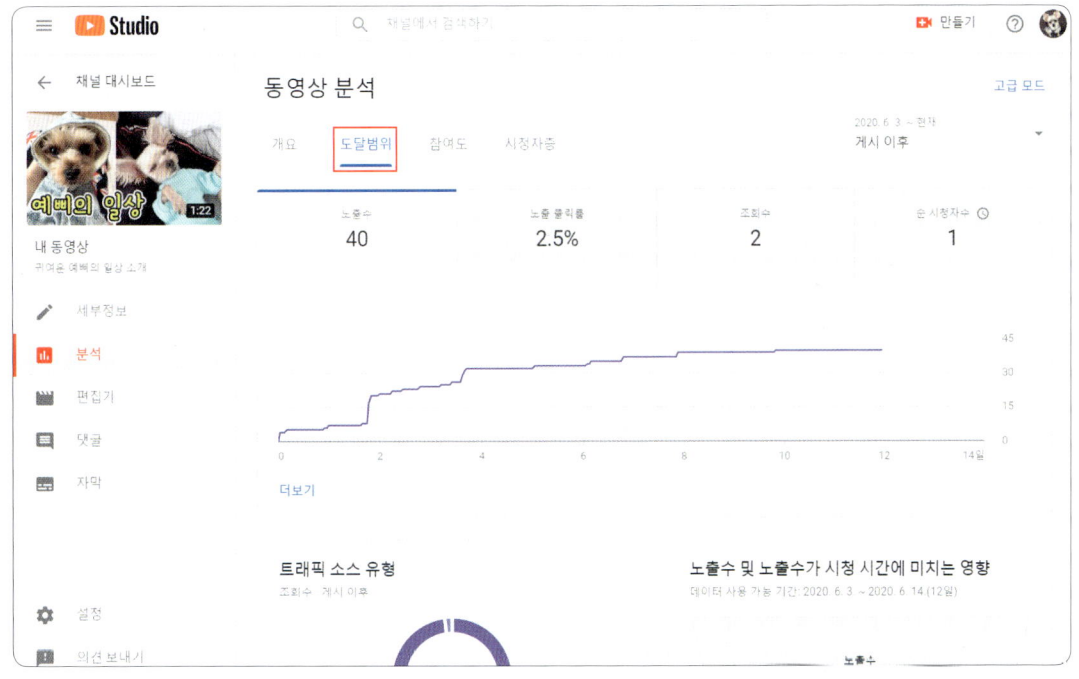

10 [참여도] 탭에서는 시청 시간과 평균 시청 지속 시간을 확인할 수 있어요.

> **잠깐만요** **'평균시청 지속시간'이란?**
>
> 여러분은 유튜브 동영상을 볼 때 무조건 끝까지 보는 편인가요? 동영상을 보다가 중간에 학원 수업을 들어야 하는 경우에는 보던 동영상을 어떻게 해야 할까요? 끄는 게 맞겠지요. 이처럼 사람들 대부분은 시간이 부족하거나, 영상 내용이 관심 없을 경우 동영상을 끝까지 보지 못하는 경우가 있어요. 따라서 동영상을 한 번 재생시켰을 경우 얼마나 지속적으로 시청하는지 시간을 재어 보는 거예요. 평균시청 지속시간이 높은 동영상의 주제는 사람들이 관심을 많이 갖는 주제라는 것을 생각해 다음 동영상을 만들 때 참고하면 좋겠지요?

11 [시청자층] 탭을 클릭하면 순 시청자수, 시청자당 평균 조회수 등을 알 수 있어요.

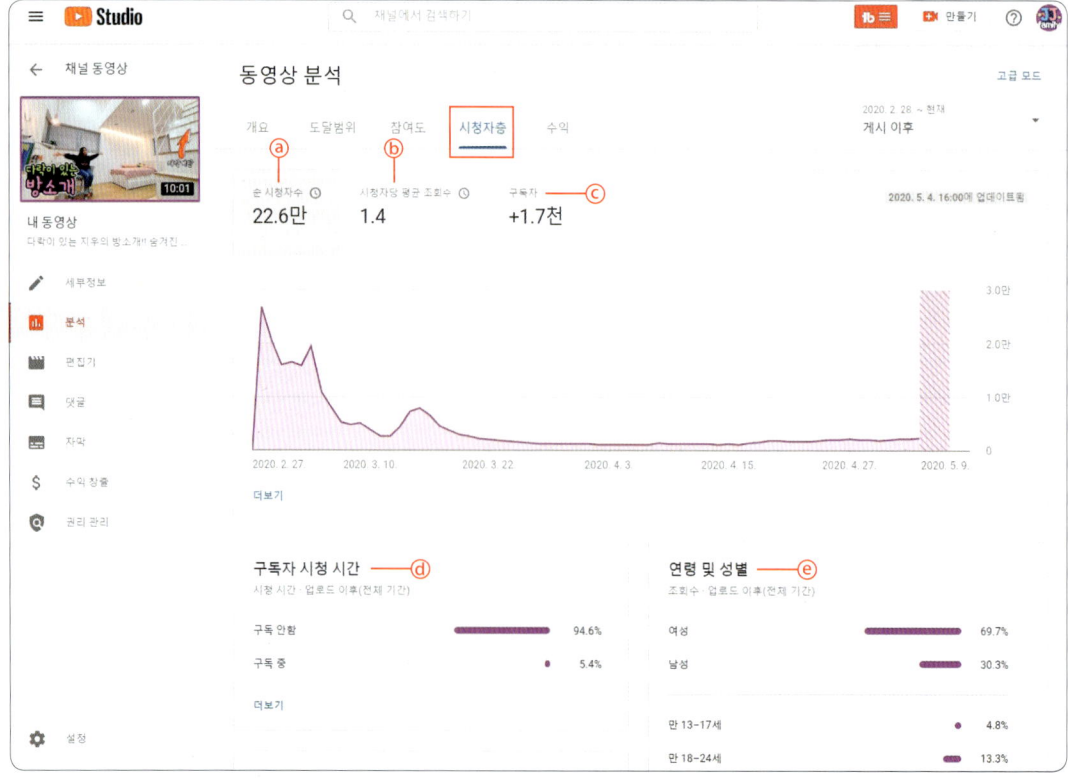

268

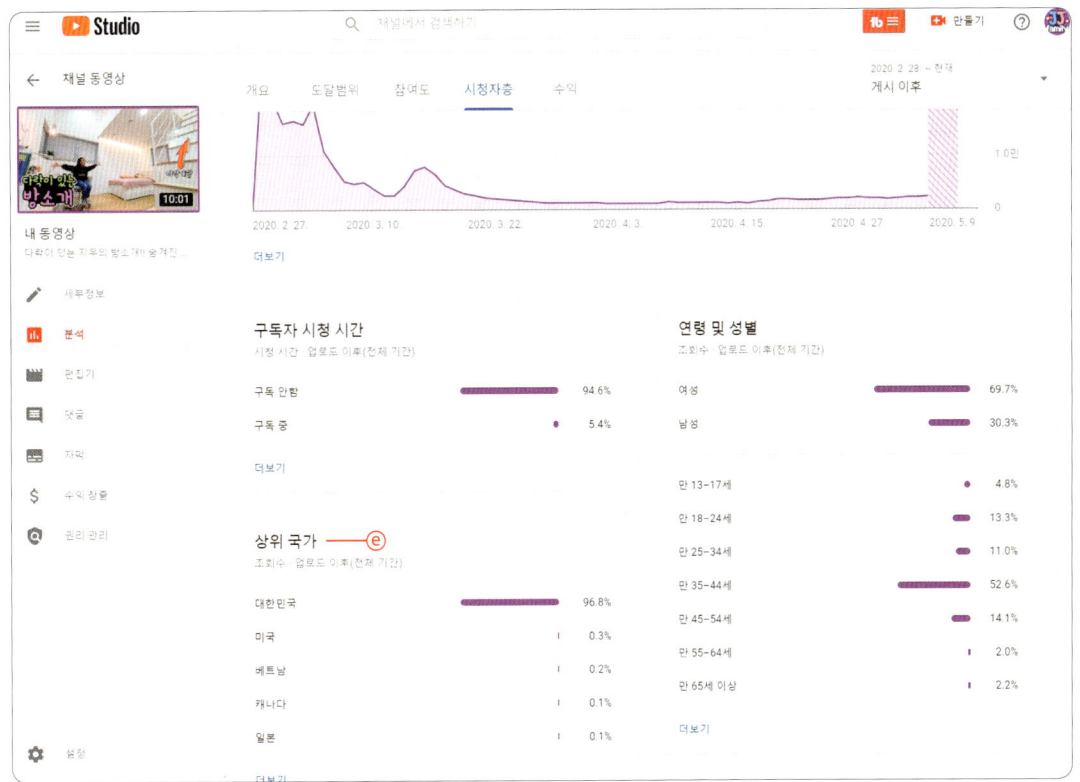

> **잠깐만요** [시청자층] 메뉴에서 확인할 수 있는 항목
>
> ⓐ **순 시청자수** : 선택한 기간 내에 내 콘텐츠를 시청한 추정 시청자 수
> ⓑ **시청자당 평균 조회수** : 선택한 기간 내에 시청자가 특정 동영상을 시청한 평균 횟수
> ⓒ **구독자** : 동영상이 게시된 이후 동영상을 시청한 사용자 중에서 변동된 총 구독자 수
> ⓓ **구독자 시청 시간** : 구독자와 비구독자의 평균 시청시간
> ⓔ **연령 및 성별, 상위 국가** : 콘텐츠를 시청한 사용자의 성별과 연령, 국가

12 왼쪽 위의 [대시보드]를 클릭하면 유튜브 스튜디오의 첫 화면, 즉 대시보드 메뉴로 돌아옵니다.

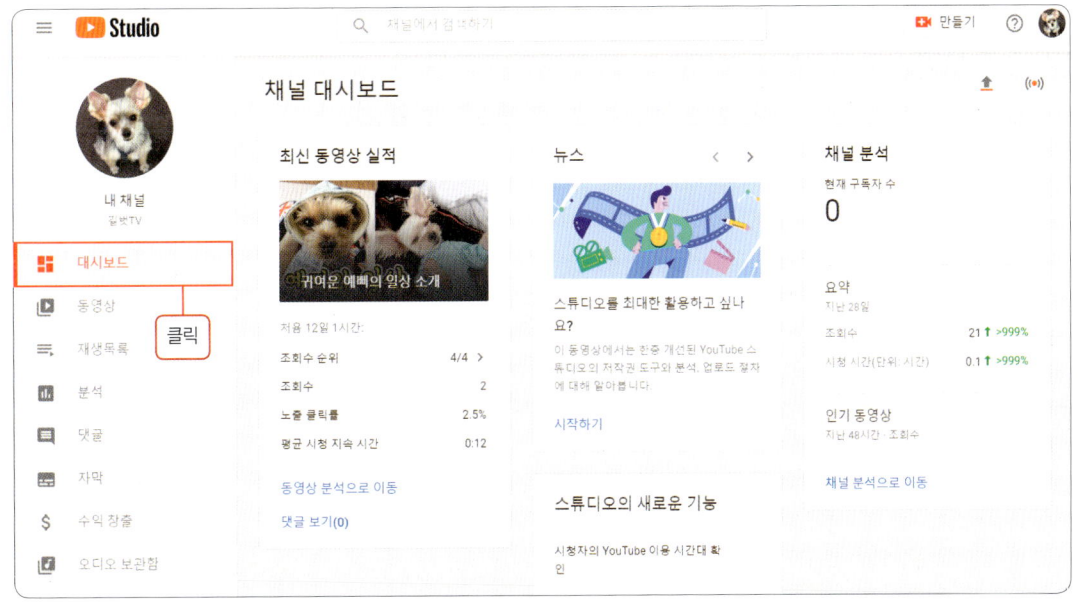

유튜브 스튜디오 [분석] 메뉴 살펴보기

구독자 수를 늘리기 위해선, 내가 가장 최근에 올린 동영상에 대한 분석뿐만 아니라 내 채널의 전체적인 상황을 분석이 필요하지요. 유튜브 스튜디오의 [분석] 메뉴로 들어가 그래프로 확인해 봅시다.

01 유튜브 스튜디오에서 왼쪽의 [분석]을 클릭합니다. 처음에 등장하는 화면 윗 부분에서 지난 28일 동안 채널의 조회수가 몇 회인지 알 수 있고, 그 아랫 부분에서는 조회수, 시청 시간, 늘어난 구독자 수를 알 수 있습니다.

02 청록색 꺾은선 그래프에 마우스를 갖다 대면, 해당 날짜의 내 채널 동영상들 전체의 조회수가 숫자로 나타나요. 그리고 오른쪽 [실시간] 메뉴의 첫 숫자는 내 채널의 지난 48시간(2일) 동안의 조회수입니다. 그 아래 막대그래프에 마우스를 갖다 대면 동영상 조회를 언제, 얼마나 했는지 알 수 있어요.

TipTalk 유튜브 크리에이터로서 본인이 올린 동영상이 조회수가 높길 바라는 것은 모두가 한 마음일 거예요. 언제 조회수가 급격하게 증가했는지 분석하는 것은 조회수를 높이기 위한 전략을 위해 필요한 작업이지요. 그래프를 보고 어느 요일에 동영상을 업로드하면 좋을까 고민하며 전략을 짜 보아요.

03 스크롤을 내려 아랫 부분을 보면 지난 28일 동안의 인기 동영상 세 가지의 순위, 평균시청 지속시간, 조회수를 확인할 수 있습니다.

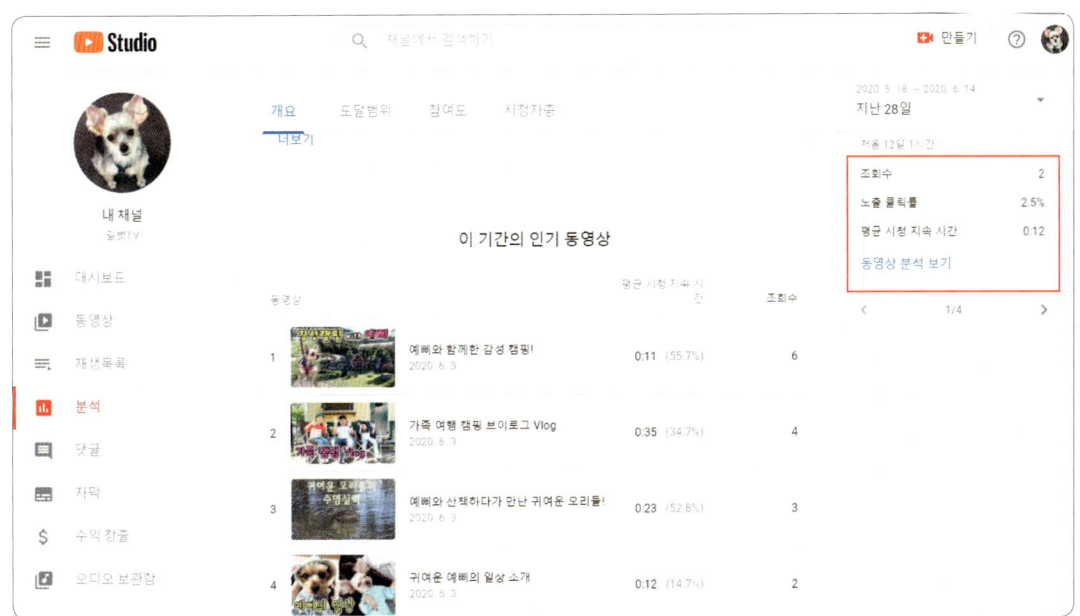

TipTalk 내가 최근에 올린 동영상은 조회수가 낮을 가능성이 높습니다. 가장 최근에 올렸으니 사람들이 볼 시간이 부족하니까요. 하지만 내 채널의 구독자가 늘어나거나, 많은 사람들이 원하는 내용의 동영상을 올리면 최근에 올린 영상이 대부분 조회수가 가장 좋습니다.

TipTalk 인기 동영상을 하나씩 클릭하면 각 동영상 설정 화면의 [분석] 메뉴로 넘어갑니다. 263쪽 무작정 따라하기36의 **03~11**번을 참고하여 이 동영상의 그래프를 분석해 보아요.

인기유튜버 제이제이에게 물어요!
내 채널을 분석하는 노하우

Q 제빠는 영상을 어떻게 분석하나요?

A **영상을 공개하면 실시간으로 조회수를 보면서 시청자들의 반응을 살펴요**. 채널 평균 조회수에 비해 반응이 어떤지 유심히 살피죠. 반응이 예상과 다르게 낮게 나올 때는 제목을 수정하거나 미리 준비한 다른 섬네일로 바꾸는 경우도 있어요.

공개한지 하루 이상이 지난 영상은 동영상별 분석에서 시청 지속 시간을 분석해요. 보통의 그래프는 처음과 끝에서 기울기가 크게 감소하니 그 부분을 빼고 분석하세요. 그래프가 줄어들거나 증가하는 부분을 찾아 해당하는 부분의 영상을 다시 보면서 시청자들이 어떤 부분을 관심 있게 보거나 건너뛰기(Skip)를 하는지 찾으려고 노력해요.

그리고 **비슷한 길이의 다른 영상과 '평균 시청 지속 시간', '평균 조회율'을 비교해요.** 내 영상이 다른 영상에 추천이 되는 중요한 요소이기 때문에 평균 시청 지속 시간이 길어지도록 영상을 만드는데 많은 노력을 한답니다.

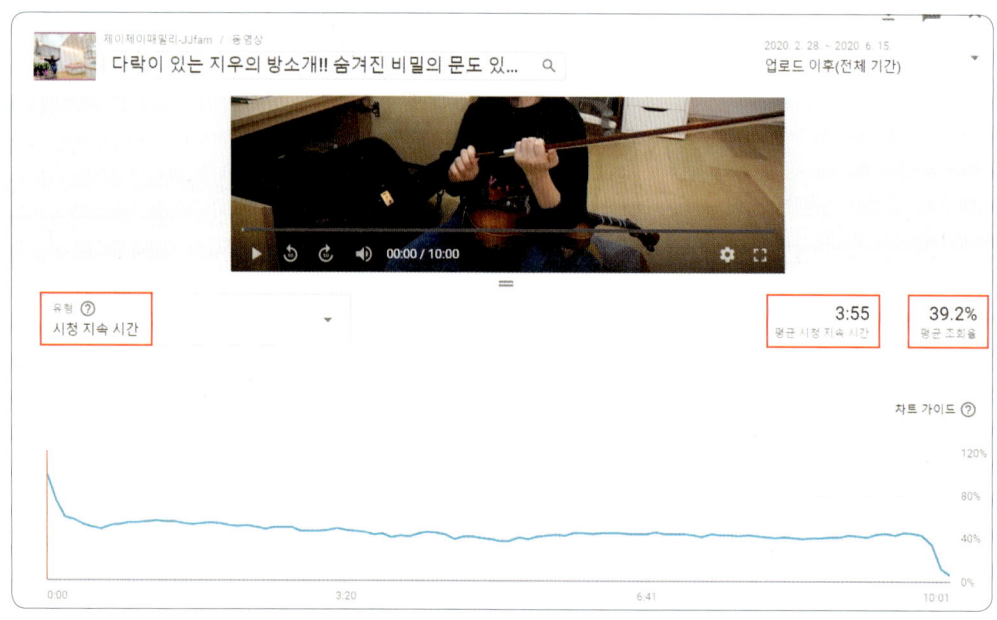

실시간 조회수 분석을 이용해서 지금 채널에서 가장 관심을 받는 영상을 분석해요. 조회 순위가 높았는데 내려갔거나, 낮았는데 올라간 영상들을 분석하면서 원인을 찾아서 새로운 영상 기획에 반영해요.

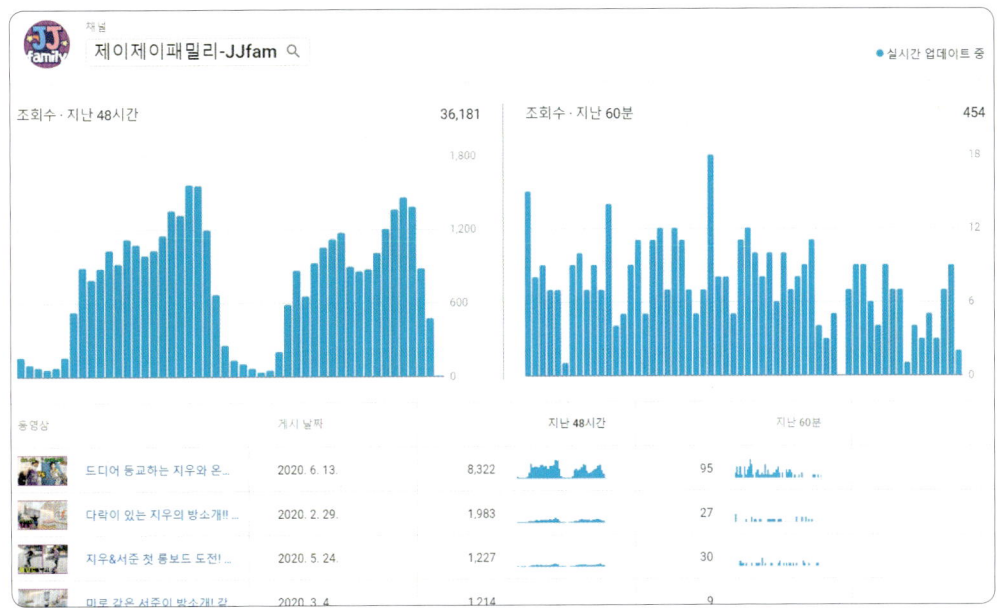

그리고 **영상 각각의 트래픽 소스를 분석해요.** 어떤 소스에서 가장 조회수가 많이 나오는지, 어떤 채널의 영상에서 추천을 받았는지 등을 자세하게 분석해서 다음 영상을 기획할 때 반영합니다.

WEEK 10 나는 똑똑이 유튜브 크리에이터! 전략을 짜고 적용해 봐요

 어제 우리 채널의 유튜브 스튜디오에 들어가 봤어?

 응! 대시보드를 확인하니, 예삐 관련 동영상이 인기가 많던걸?

 정말? 그럼 예삐와 관련된 영상을 많이 올려야겠다.

 좋은 생각이야. 참! 우리가 가장 최근에 올린 오리 동영상의 트래픽 소스 봤어?

 응! 노출수는 낮은데, 노출 클릭률은 높더라!

 그럼 오리 동영상의 섬네일은 매력적이지만, 태그를 적절한 단어로 더 달아야 한다는 의미네! 어디에서 추가로 태그를 더 달 수 있을까?

여러분, 정말 똘똘하군요! 동영상을 분석하고 그 내용을 바탕으로 태그를 추가적으로 더 달겠다는 전략을 짜다니!

 고맙습니다, 선생님! 그런데 이미 업로드한 동영상에 태그를 추가적으로 더 달 수 있나요?

물론이지요. 바로 유튜브 스튜디오의 [동영상] 메뉴를 통해서 말이죠! 그 외의 메뉴들에 대해서도 알아볼까요?

[동영상] 메뉴 살펴보기

유튜브 스튜디오에서 [동영상] 메뉴에 대해 알아보아요. 여기에서는 내가 업로드하거나 작성중인 모든 동영상의 상황을 한 화면에서 살펴볼 수 있어요. 각 동영상들의 어떤 항목이 보이는지 확인해 볼까요.

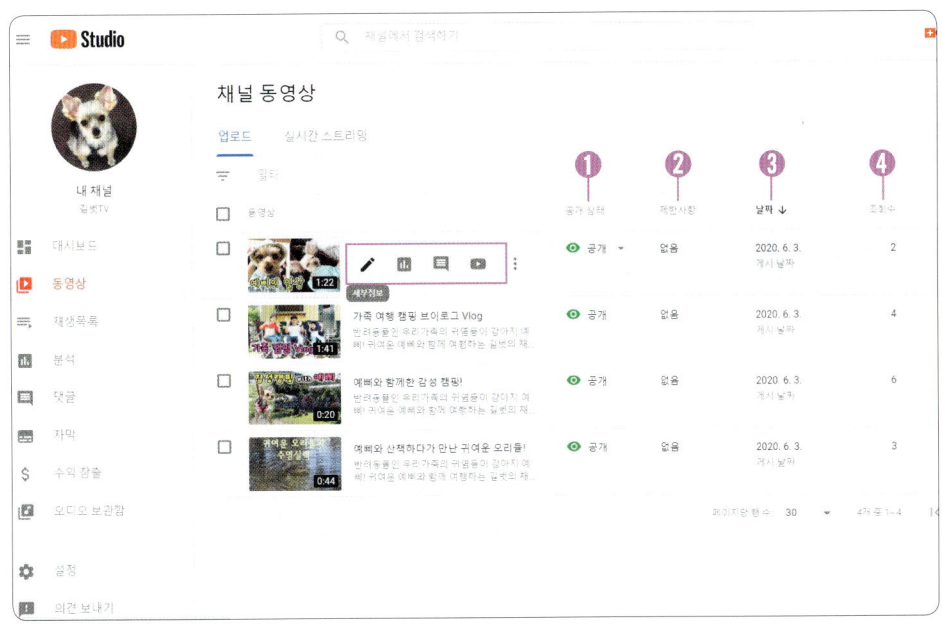

❶ **공개 상태** : 각 동영상이 공개, 일부공개, 비공개 중 무엇인지 알 수 있어요.

❷ **제한사항** : 음악, 사진, 영상 등이 저작권에 침해 되었는지 알 수 있어요.

❸ **날짜** : 동영상이 게시된 날짜를 알 수 있어요.

❹ 그 밖에도 조회수, 댓글 수, 좋아요 수(싫어요 수 대비)를 알 수 있어요.

동영상에 마우스를 갖다 대면 위 사진처럼 제목이 아이콘 모음으로 바뀌어요. 각 로고를 클릭하면 다음과 같은 기능을 할 수 있는 화면으로 바뀐답니다.

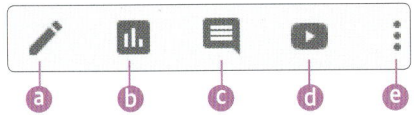

ⓐ **세부정보** : 제목, 설명, 섬네일 화면, 최종화면 및 카드 등 동영상의 세부정보를 변경할 수 있어요.

ⓑ **분석** : 시간대별 동영상의 조회수, 시청시간 등을 그래프로 확인할 수 있어요.

ⓒ **댓글** : 해당 동영상에 달린 댓글을 확인할 수 있어요.

ⓓ **YouTube에서 보기** : 유튜브 스튜디오가 아니라 유튜브에서 동영상을 재생할 수 있어요.

ⓔ **옵션** : 이 로고를 클릭하면 [제목 및 설명 수정], [공유할 링크 복사하기], [홍보하기], [다운로드], [완전 삭제] 이 5가지 메뉴 중 선택할 수 있어요.

이제부터 위 기능을 어떻게 이용하는지 살펴볼까요?

동영상 설정 화면의 메뉴들

앞서 우리는, 유튜브 스튜디오의 [동영상] 메뉴로 들어가 아이콘 모음을 클릭하여 동영상의 설정 내용을 변경할 수 있다고 배웠어요. 그중에서도 [세부정보], [분석], [댓글] 이 세 가지 중 하나를 클릭하면 동영상의 세부정보부터 자막까지 여러 가지를 설정할 수 있는 메뉴가 왼쪽에 등장하는 화면으로 바뀌는 것을 확인할 수 있어요. 이 화면을 **동영상 설정 화면**이라고 해요. 아래 사진은 동영상의 [세부정보]를 클릭했을 때의 동영상 설정 화면이에요. 화면 왼쪽에 이 동영상의 [세부정보], [분석], [편집기], [댓글], [자막]이 다섯 가지의 메뉴가 생기는 것을 볼 수 있지요?

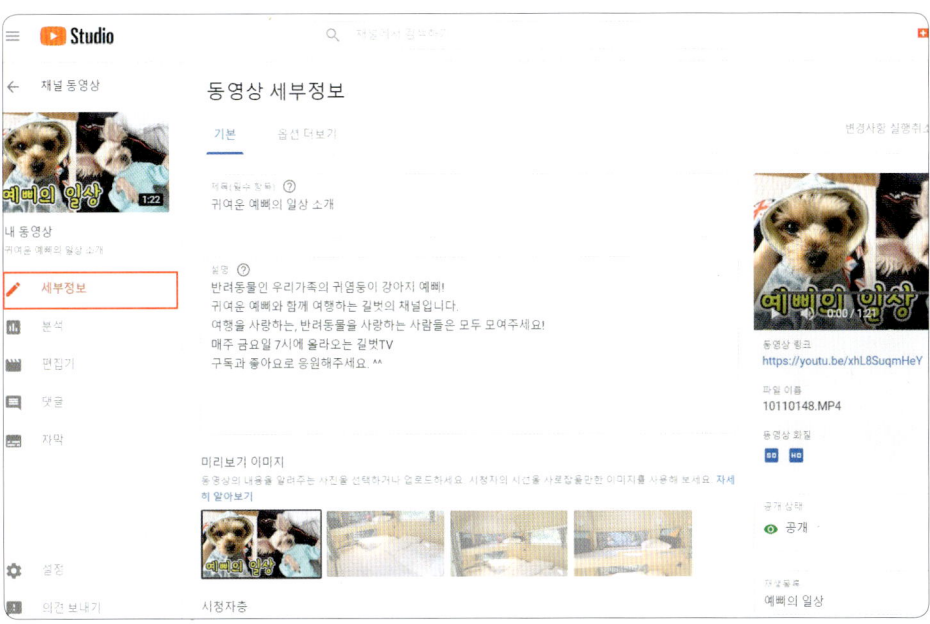

동영상 설정 화면 왼쪽의 [세부정보], [분석], [댓글] 메뉴들을 하나씩 클릭하면, 유튜브 스튜디오의 [동영상] 메뉴에서 [세부정보], [분석], [댓글]을 클릭했을 때와 같은 화면이 등장해요. 즉, 서로 유튜브 스튜디오 안에서 서로 연동되기 때문에 여러분이 들어가기 편리한 방법으로 들어가서 설정할 수 있답니다. 다만 음악, 최종화면, 블러 처리 등 동영상을 편집하는 [편집기] 메뉴와, 동영상의 자막을 설정하는 [자막] 메뉴는 꼭 이 동영상 설정 화면으로 들어와야만 볼 수 있어요.

> **TipTalk** 유튜브 스튜디오의 [대시보드] 메뉴에서 최신 동영상 분석 내용 중 파란색 글씨의 [동영상 분석으로 이동] 이나 [댓글]을 클릭해도 동영상 설정 화면으로 넘어가요.

[세부정보] 메뉴 살펴보기

[세부정보] 메뉴에서는 동영상을 업로드할 때, 설정해 두었던 최종 화면, 카드 등을 편집할 수 있어요. 뿐만 아니라 댓글 공개 상태 여부까지 변경할 수 있답니다.

01 왼쪽에서 [동영상] 메뉴를 클릭합니다.

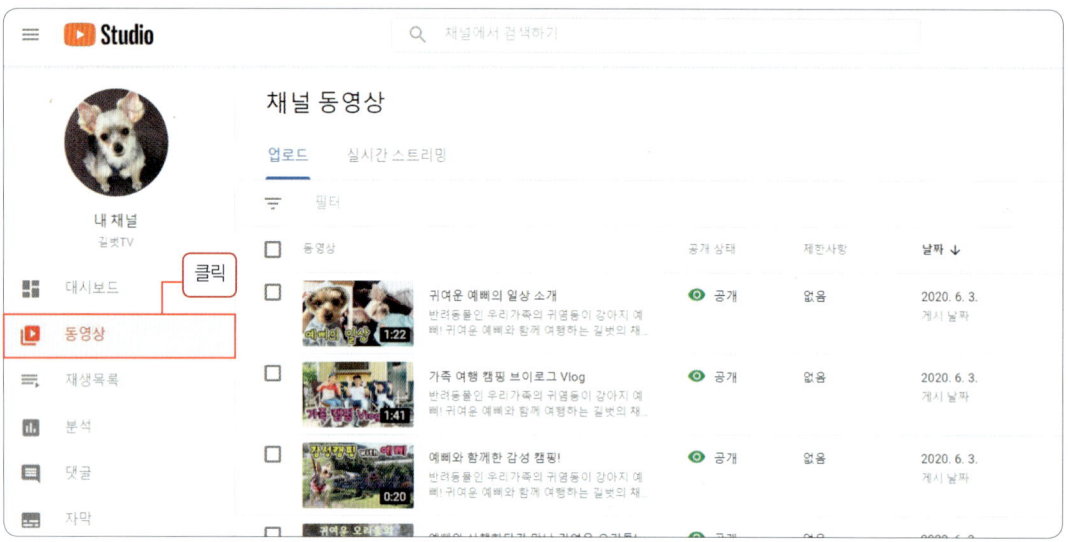

02 제목에 마우스를 갖다 대고 ✏를 클릭합니다.

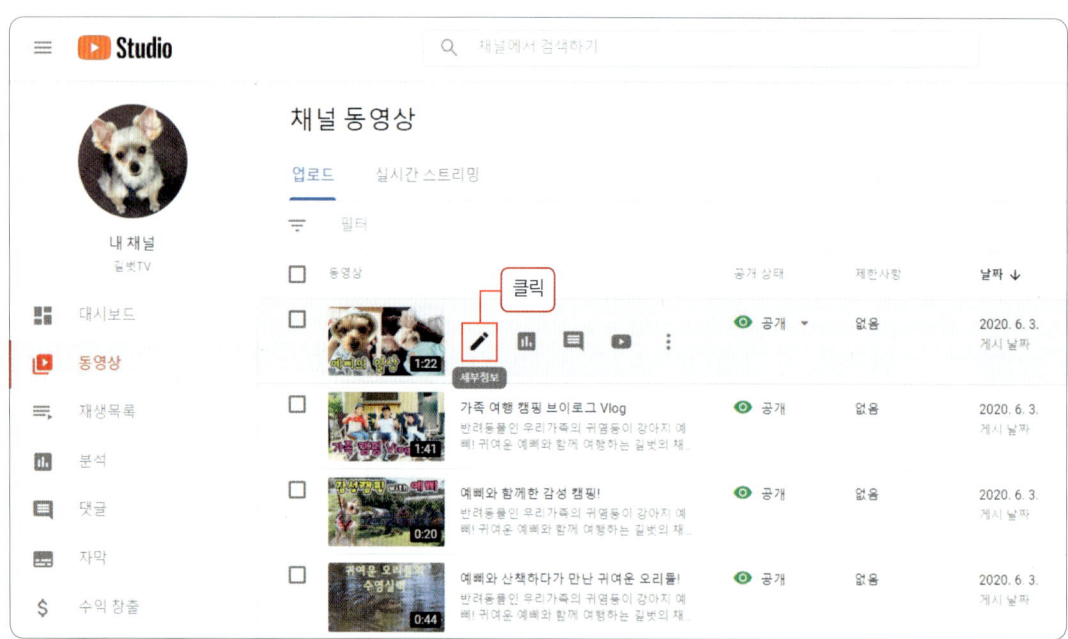

03 [세부정보]로 들어오면 위에 [기본]과 [옵션 더보기] 탭이 있어요. 먼저 [기본]을 살펴볼까요? 동영상을 업로드할 때 작성했던 제목, 설명이 보여요. 여기에서는 제목과 설명을 다시 수정할 수 있어요.

TipTalk 노출수가 낮게 나올 경우에는 제목과 설명을 수정하는 게 좋아요.

04 미리보기 이미지 역시 수정할 수 있어요. 미리보기 이미지에 마우스를 갖다 대면 생기는 을 클릭합니다.

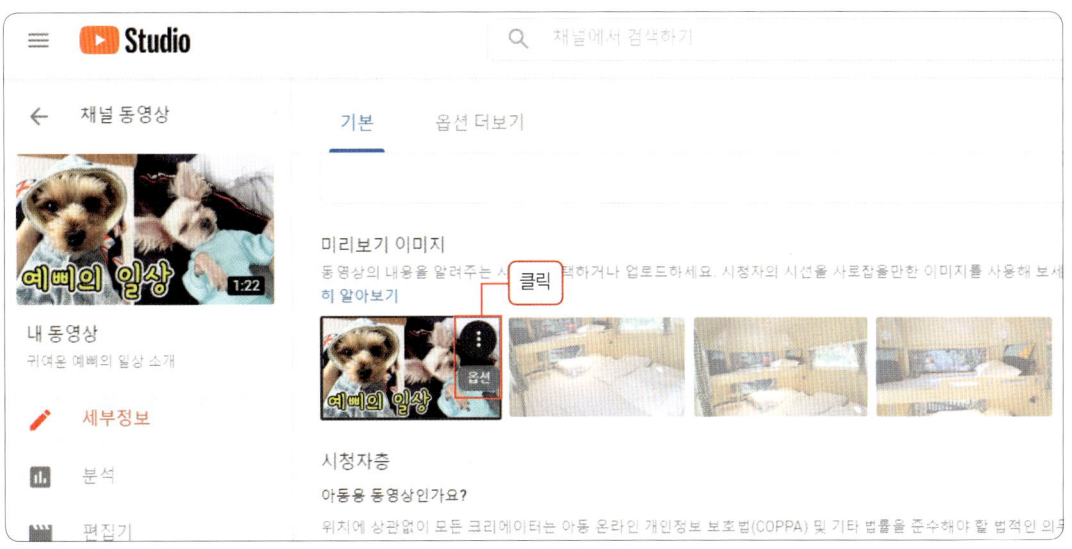

05 [변경]을 클릭합니다.

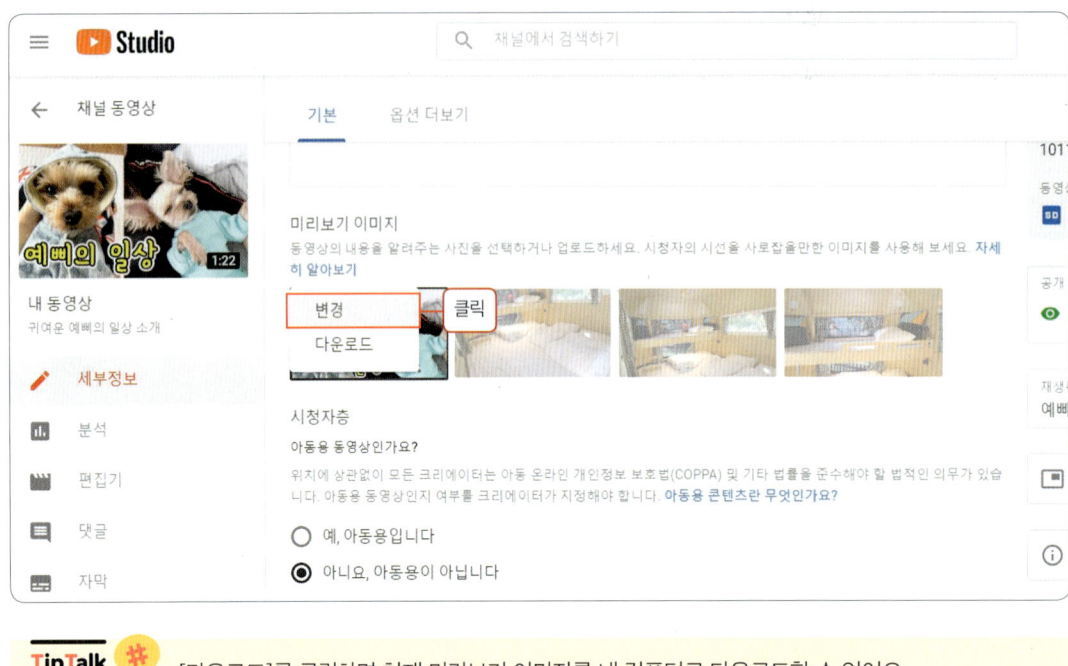

> TipTalk [다운로드]를 클릭하면 현재 미리보기 이미지를 내 컴퓨터로 다운로드할 수 있어요.

06 변경할 미리보기 이미지가 있는 폴더에서 파일을 선택하고 [열기]를 클릭합니다.

07 또한 [시청자층]을 변경하거나, 앞서 세운 전략을 바탕으로 [태그] 내용을 추가할 수 있어요.

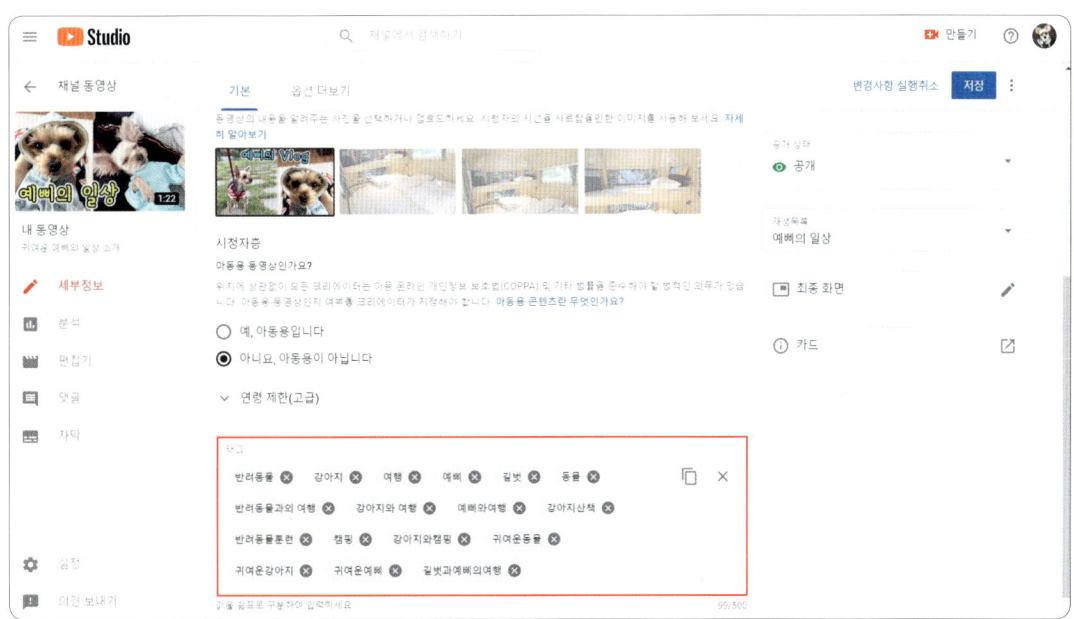

08 [공개 상태]를 클릭하여 상태를 수정할 수 있어요. [재생목록]도 원하는 목록을 클릭하여 수정할 수도 있답니다. 중복 체크도 가능해요.

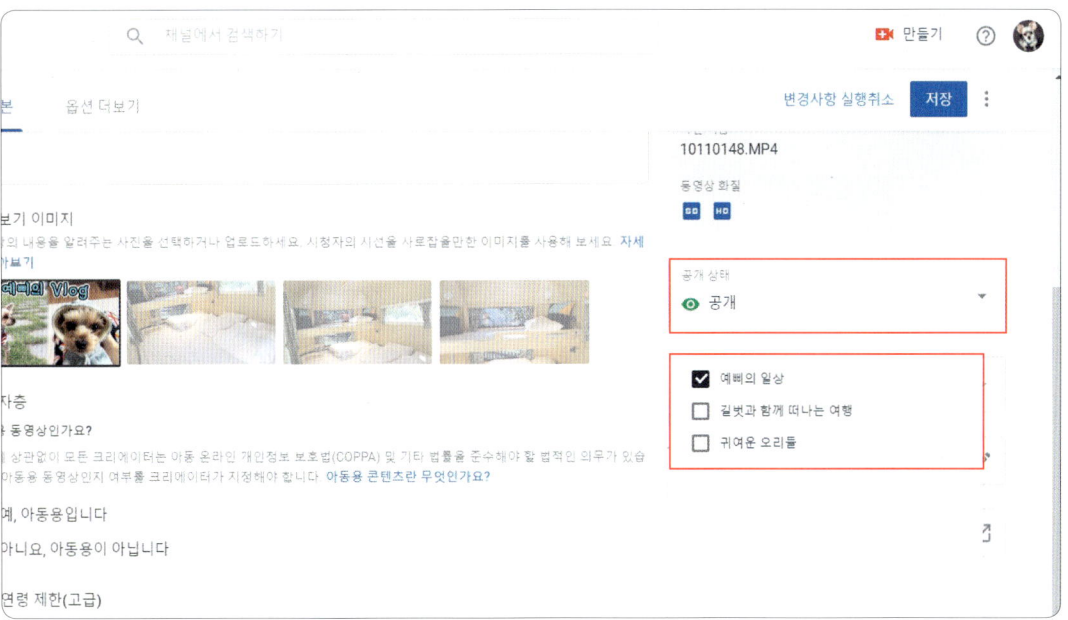

09 동영상을 업로드할 때, 최종 화면과 카드를 넣지 못했다면 여기에서 추가로 넣거나 수정할 수 있어요. 오른쪽 아래의 [최종 화면]과 [카드]를 클릭하여 동영상을 편집해 봅니다.

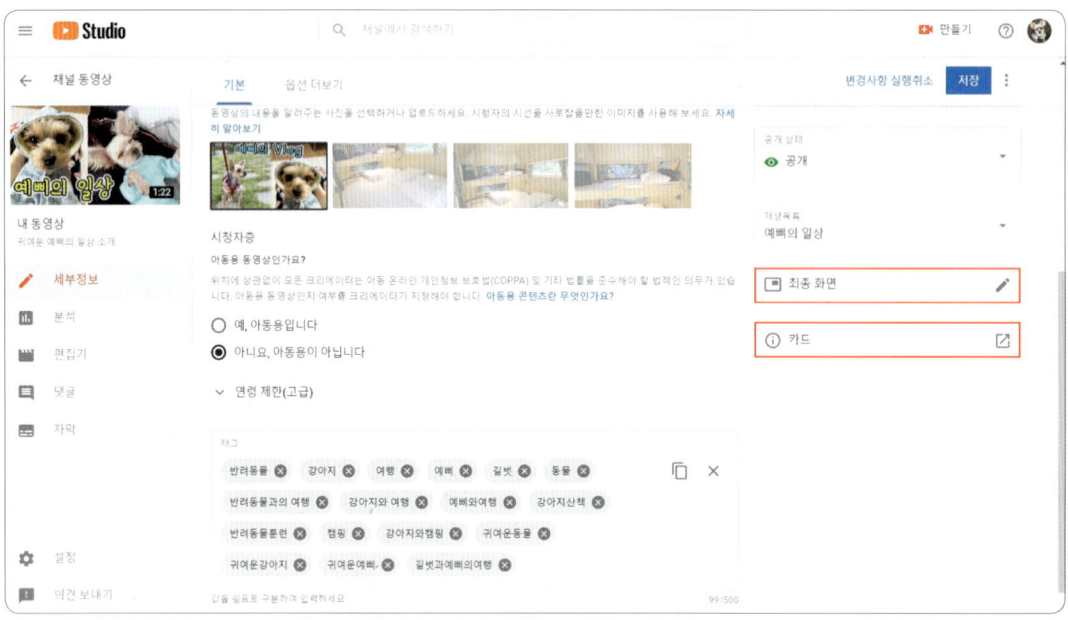

10 [카드 추가]는 이 화면 안에서 편집하지 않고 새로운 크롬 탭에서 편집해요. 편집이 완료되면 크롬 탭의 [닫기]를 눌러 종료합니다.

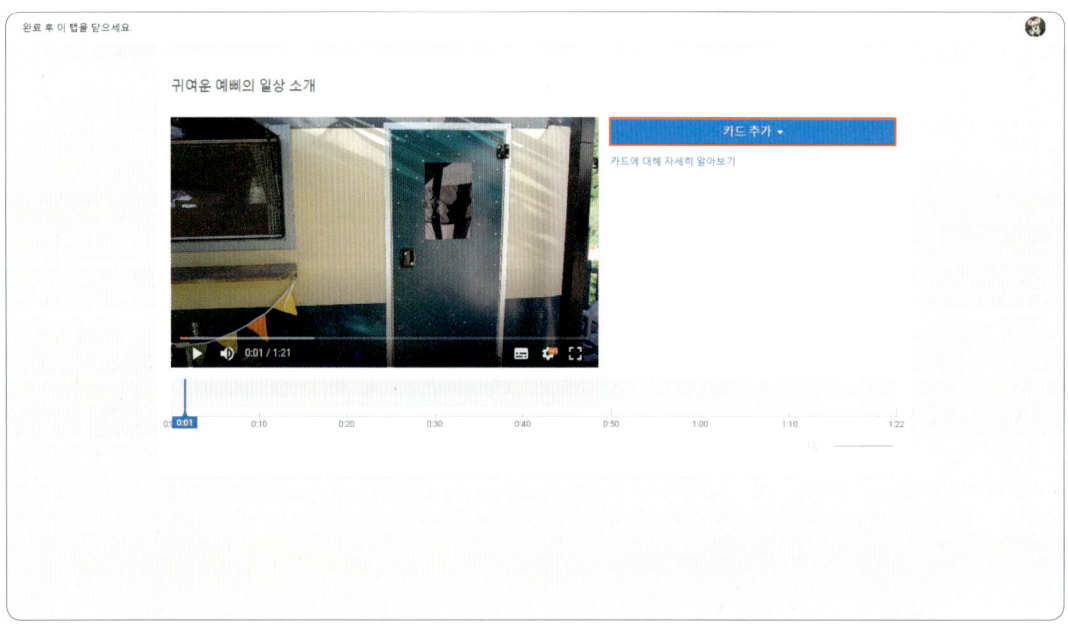

282

11 이번에는 [옵션 더보기] 탭을 클릭합니다.

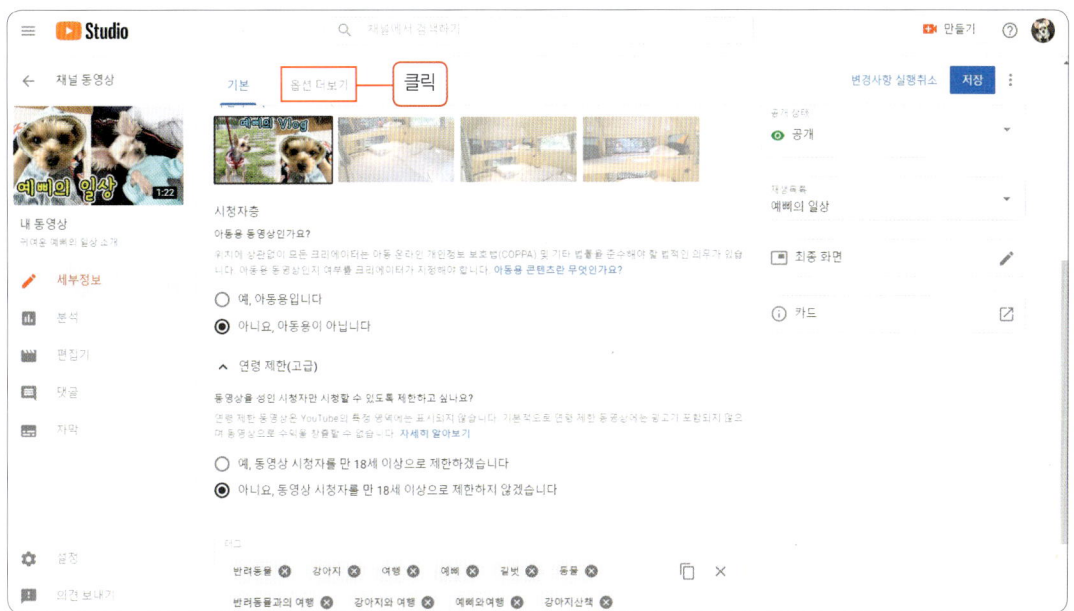

12 스크롤을 내리면 [댓글 및 평가]가 [모든 댓글 허용]으로 설정되어 있어요. 이상하거나 부정적인 댓글이 달려 걱정된다면 동영상별로 다시 설정할 수 있답니다. ▼를 클릭하세요.

TipTalk 동영상 전체의 댓글 설정은 286쪽을 참고하세요.

13 댓글 공개 상태의 네 가지의 메뉴 중 원하는 메뉴를 클릭합니다. 설정이 다 완료됐다면 오른쪽 위의 파란색 [저장]을 클릭해요.

TipTalk 만약 지금까지 변경된 사항을 취소하고 싶다면 [변경사항 실행취소]를 클릭합니다.

[동영상] 메뉴의 기타 기능 살펴보기

[대시보드] 메뉴에서는 최근에 업로드 한 동영상만 분석할 수 있었고, [분석] 메뉴에서는 인기 동영상 세 가지만 분석할 수 있었어요. 하지만, [동영상] 메뉴에서는 모든 동영상들을 각각 분석할 수 있답니다. 뿐만 아니라 각 동영상의 댓글을 확인할 수도 있고 동영상의 제목도 수정할 수 있어요. 다양한 기능들에 대해 알아볼까요?

01 유튜브 스튜디오의 [동영상] 메뉴에 들어옵니다. 제목에 마우스를 갖다 대고 📊을 클릭하세요.

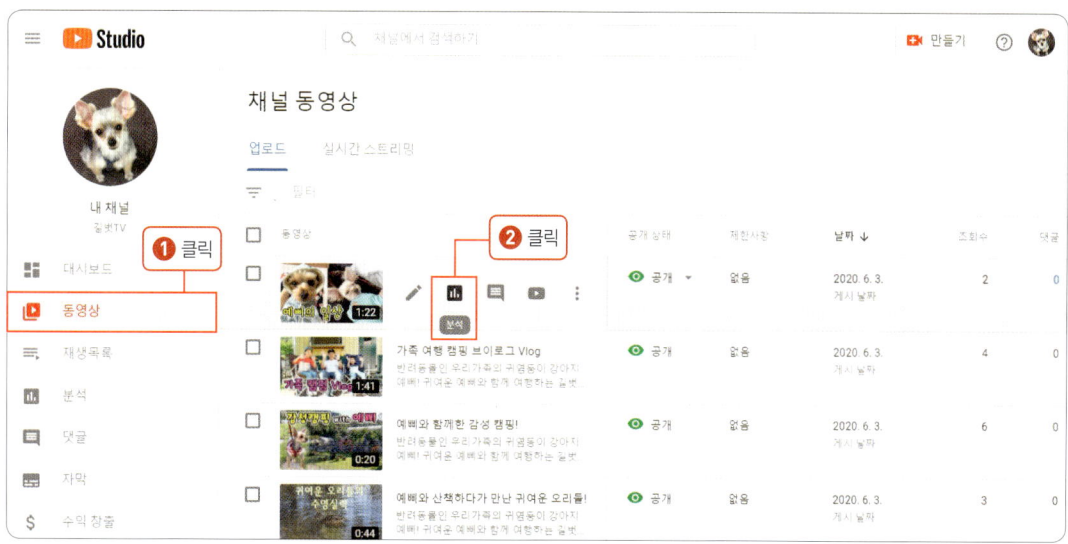

02 264쪽 무작정 따라하기36의 **03~11**번을 참고하여 이 동영상의 그래프를 분석하세요. 분석이 끝났으면 [채널 동영상]을 클릭합니다.

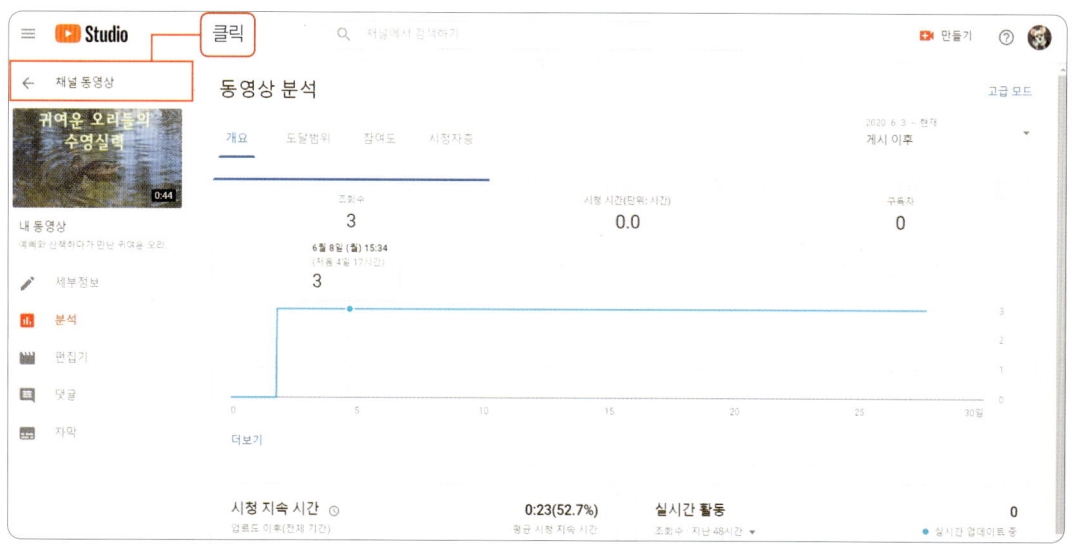

03 [댓글]을 클릭하면 각 동영상의 댓글을 확인할 수 있어요. 동영상에 어떤 댓글이 달렸는지, 그 댓글의 '좋아요', '싫어요', '하트수'까지 확인할 수 있답니다. 을 클릭하면 댓글 설정 메뉴가 보여요. 설정을 완료했다면 [채널 동영상]을 클릭합니다.

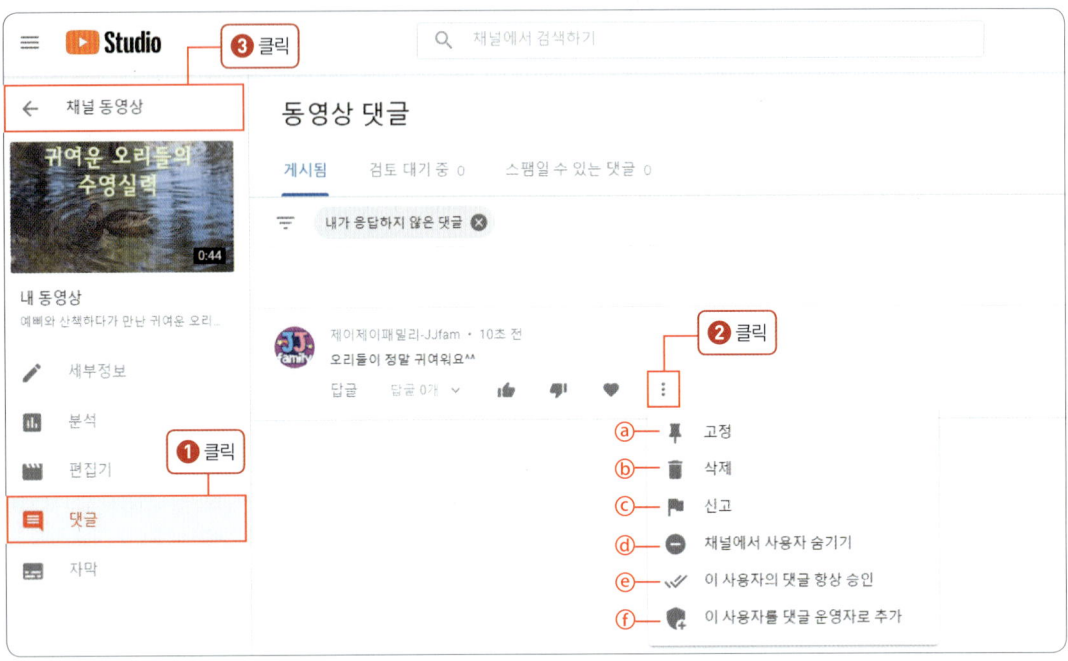

 동영상에 달린 댓글 설정하기

ⓐ **고정** : 이 댓글을 정렬기준과 상관없이 가장 위에 보이도록 할 수 있습니다.
ⓑ **삭제** : 이 댓글을 삭제합니다.
ⓒ **신고** : 이 댓글을 신고해요.
ⓓ **채널에서 사용자 숨기기** : 특정 사용자가 댓글을 채널의 모든 영상에서 숨기고 댓글을 더 이상 게시할 수 없게 됩니다. 사용자에게 알림이 가진 않으며 설정에서 차단을 해제할 수도 있습니다. 설정을 해제하더라도 이전 댓글은 계속 숨겨지며 새로운 댓글만 표시됩니다.
ⓔ **이 사용자의 댓글 항상 승인** : [세부정보]에서 [댓글 공개 상태]를 설정할 때 [부적절할 수 있는 댓글은 검토를 위해 보류] 혹은 [검토를 위해 모든 댓글 보류]를 댓글을 설정한 경우, 내가 댓글을 승인해야 다른 사람들이 볼 수 있어요. 하지만 이 사용자의 댓글은 내가 따로 승인하지 않아도 다른 사람들이 볼 수 있습니다.
ⓕ **이 사용자를 댓글 운영자로 추가** : 댓글이 많이 달릴 경우, 관리하기가 어려울 때가 있습니다. 이때, 이 댓글을 단 사용자를 댓글 운영자로 추가할 수 있어요.

04 ▶는 유튜브 스튜디오가 아니라 유튜브에서 동영상을 재생시키고 싶을 때 클릭하는 기능입니다.

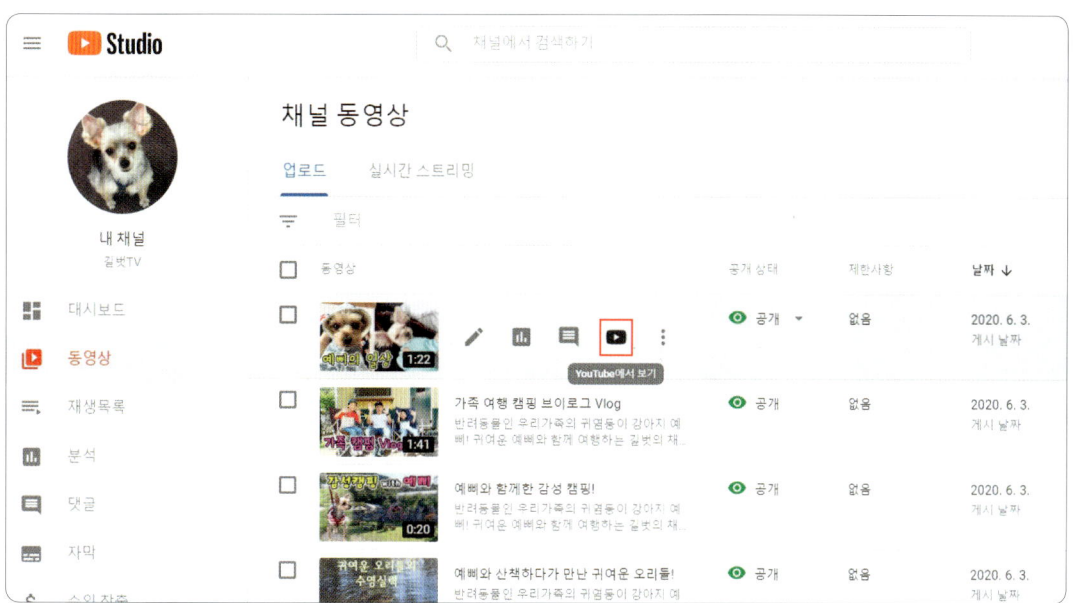

05 ⋮를 클릭한 후 [제목 및 설명 수정]을 클릭하면 바로 제목과 설명을 수정할 수 있는 창이 나타나서 편리하게 바꿀 수 있습니다. [다운로드]는 이 영상을 다운받아야 할 때 사용합니다. 실수로 컴퓨터에 있는 동영상을 삭제하였을 경우 사용한다면 좋겠죠? [다운로드]를 클릭하면 내 PC의 [다운로드] 폴더에 다운됩니다.

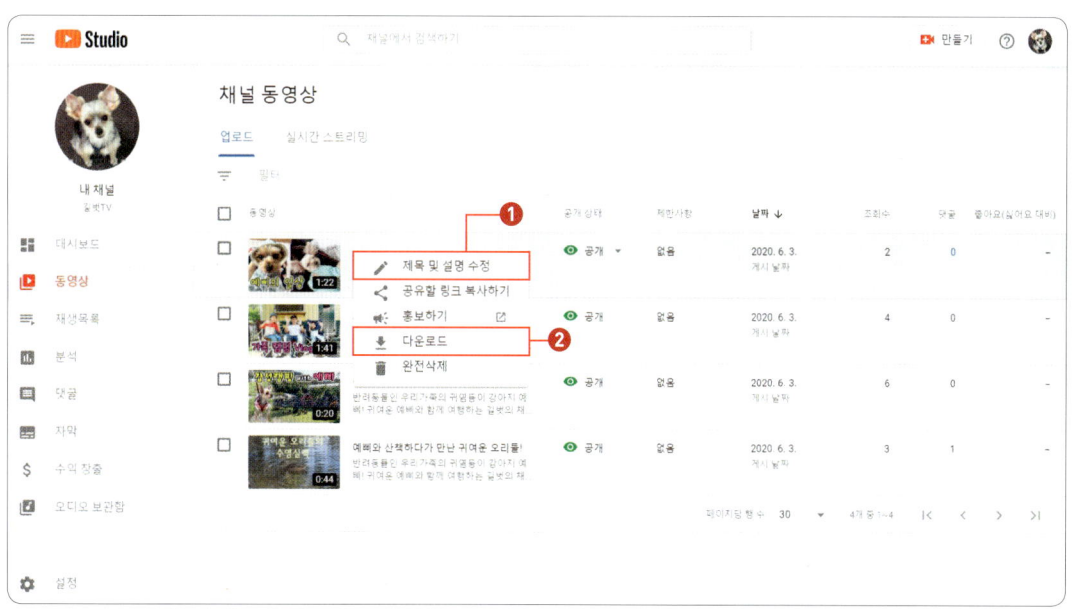

TipTalk 참고로 영상을 업로드할 때 해상도와 상관없이 다운로드 파일의 최대 해상도는 1280*720입니다.

06 [완전삭제]는 동영상 목록에서 그 동영상을 삭제하고 싶을 경우에 사용합니다. [완전삭제]를 클릭하면 아래처럼 창이 뜨고 '삭제된 동영상은 되돌릴 수 없음을 알고 삭제합니다.' 왼쪽의 □에 체크 표시를 해야 [완전삭제]를 클릭하여 삭제할 수 있습니다.

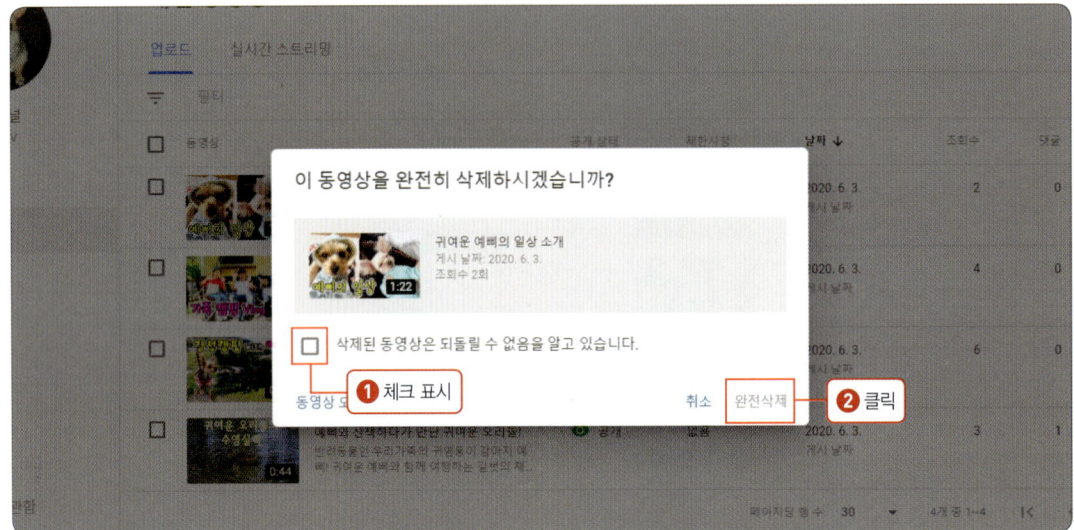

[재생목록] 메뉴 살펴보기

유독 조회수가 높은 동영상들로만 이루어진 재생목록이 있다면, 그 재생목록 주제와 관련된 영상을 제작하는 것도 하나의 전략이 되겠지요? 유튜브 스튜디오의 [재생목록] 메뉴 활용 방법에 대해 알아보고 여기에도 나의 전략을 적용해 보세요.

01 이번에는 유튜브 스튜디오의 [동영상] 아래에 있는 [재생목록] 메뉴를 알아보기 위해 클릭합니다.

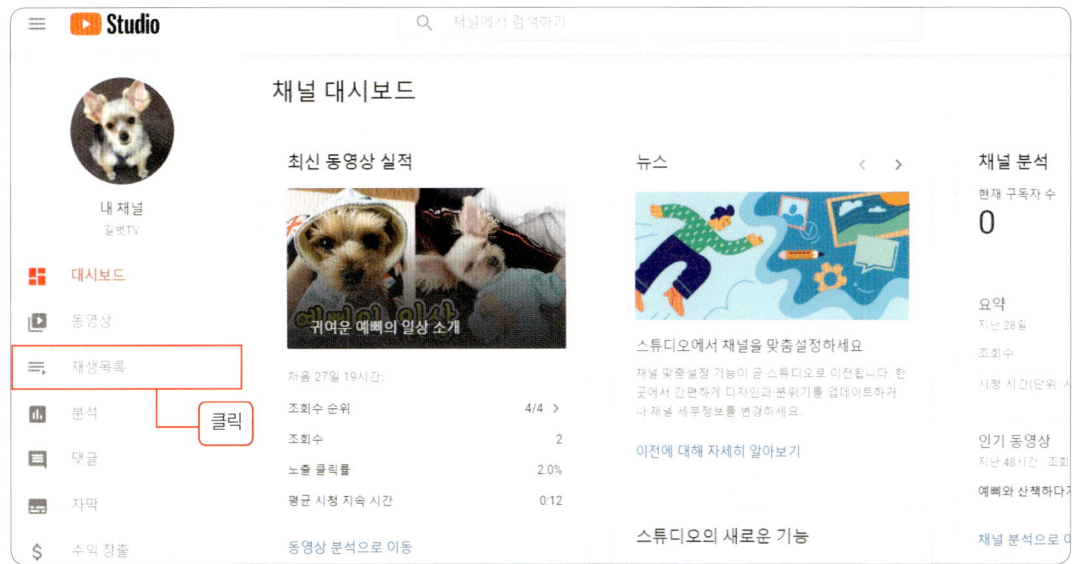

02 내가 만든 재생목록이 담겨있는 새로운 크롬 탭이 생겨요. 여기서 [수정]을 클릭하면 재생목록을 수정할 수 있는 다양한 기능을 활용할 수 있어요. 재생목록 하나를 골라 옆의 [수정]을 클릭하세요.

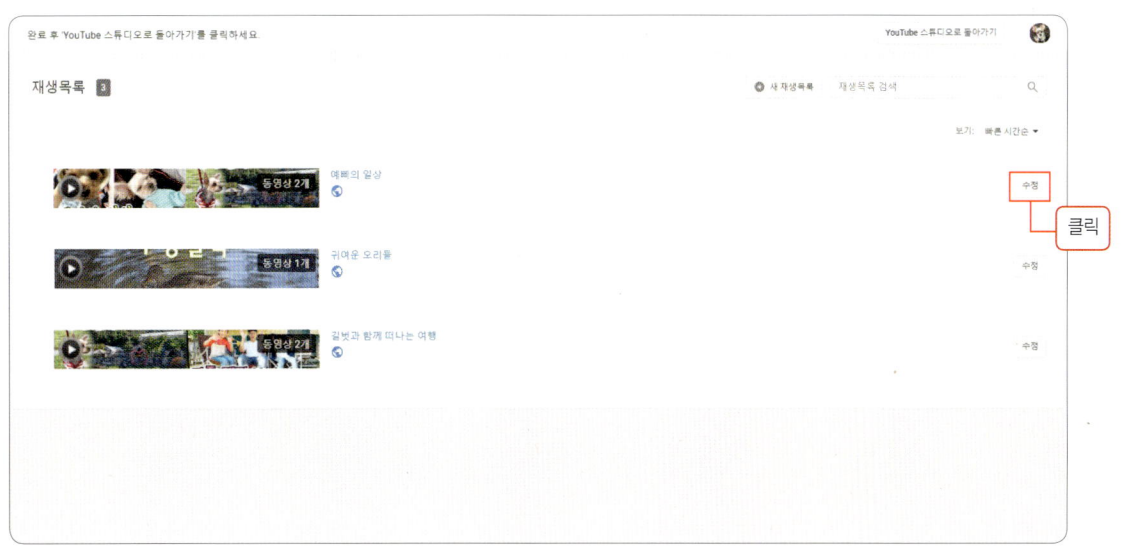

03 재생목록의 제목과 설명 옆의 ✏️를 클릭하면 내용을 수정할 수 있어요.

04 [공개]를 클릭하면 공개 범위를 [공개], [일부 공개], [비공개] 중 선택할 수 있습니다.

05 [공유]를 클릭하면 아래처럼 다양한 SNS 로고가 등장하여 클릭하면 재생목록을 공유할 수 있게 되어 있어요.

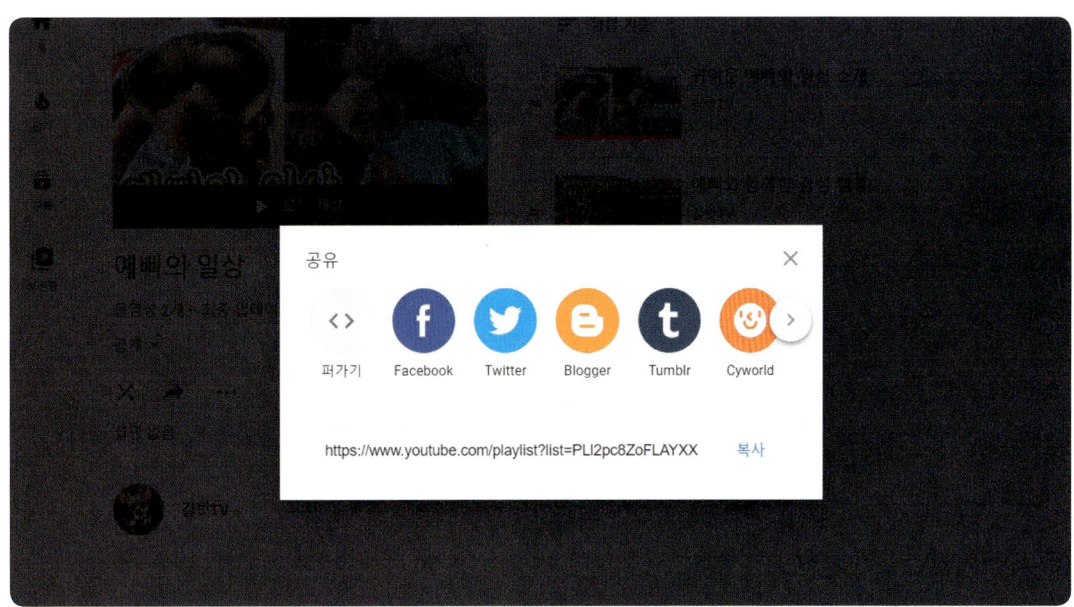

TipTalk 여러분이 갖고 있는 또 다른 SNS 계정이 있다면 SNS 팔로워 혹은 친구들에게 재생목록을 공유하는 것도 조회수나 구독자 수를 늘릴 수 있는 하나의 방법이에요.

06 옆에 있는 ⋯를 클릭하면 다양한 메뉴가 생깁니다.

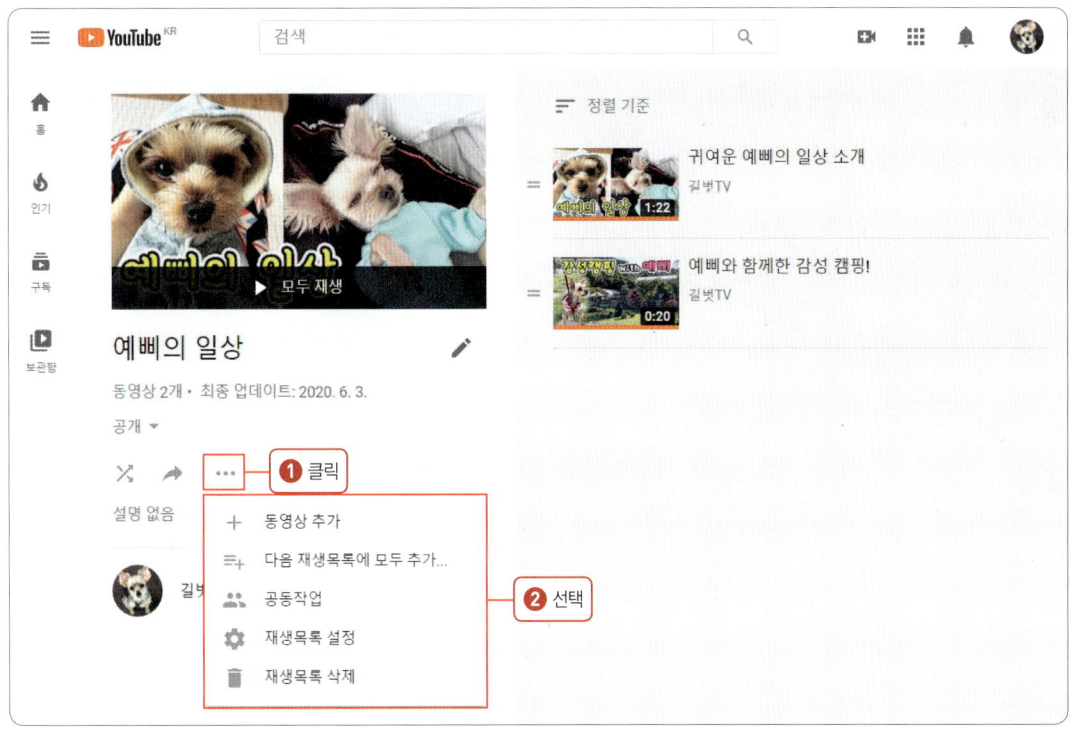

07 이 중 [재생목록 삭제]를 클릭하면 재생목록을 삭제하면 되돌릴 수 없다는 메시지가 떠요. 삭제하고 싶다면 [삭제]를 클릭합니다.

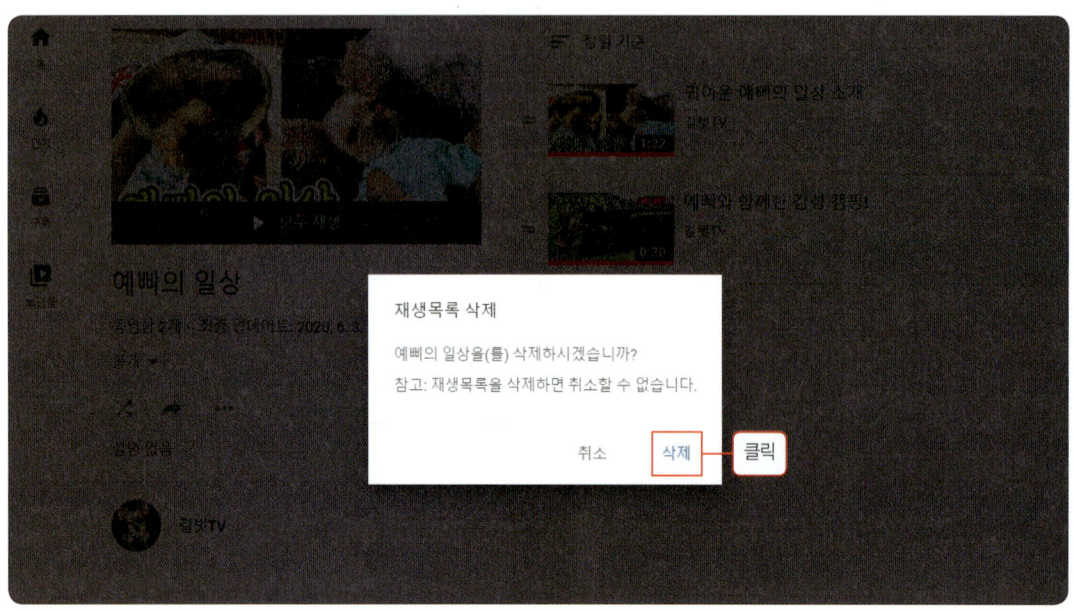

08 06번에서 [다음 재생목록에서 모두 추가..]를 클릭하면 [나중에 볼 동영상]과 내가 만든 재생목록이 나와요. ☐에 체크 표시하면 따로 [저장]을 클릭하지 않고 바로 추가가 되니 신중히 체크하세요.

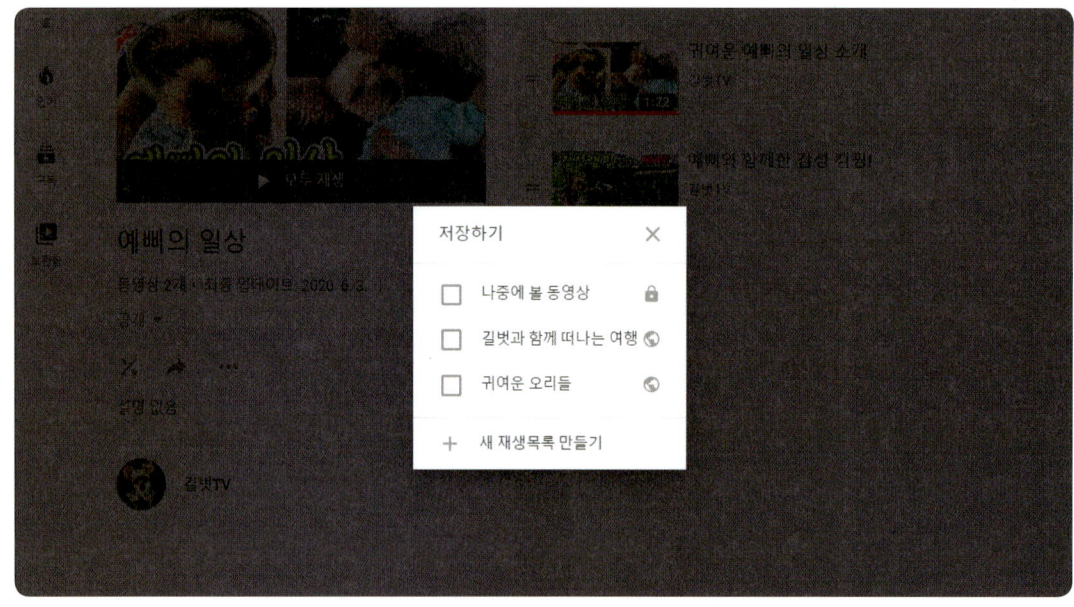

09 [새 재생목록 만들기]를 클릭하면 재생목록 이름과 공개 범위를 작성하여 새로운 재생목록을 만들 수 있어요.

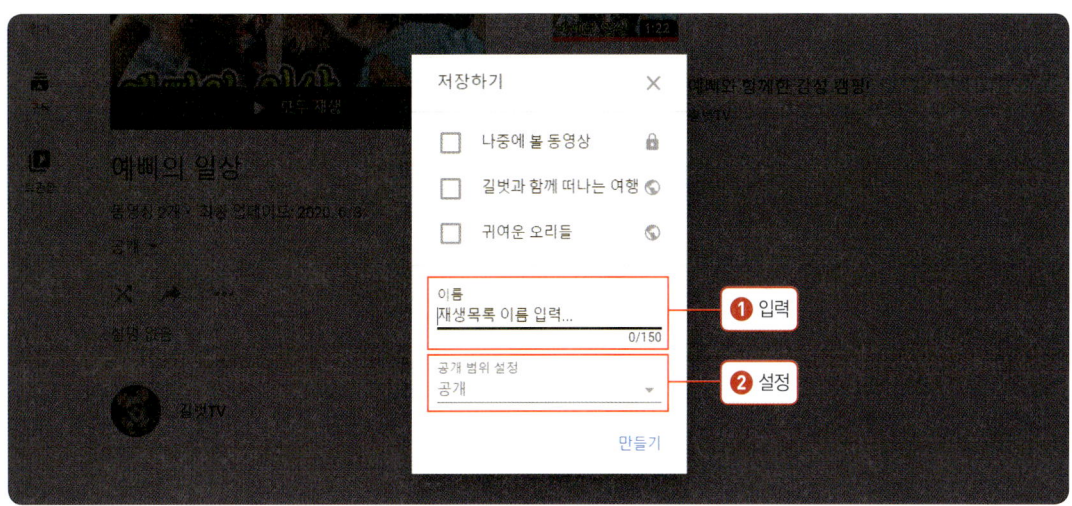

잠깐만요 | 유튜브 스튜디오 [재생목록] 첫 화면에서 새 재생목록 만들기

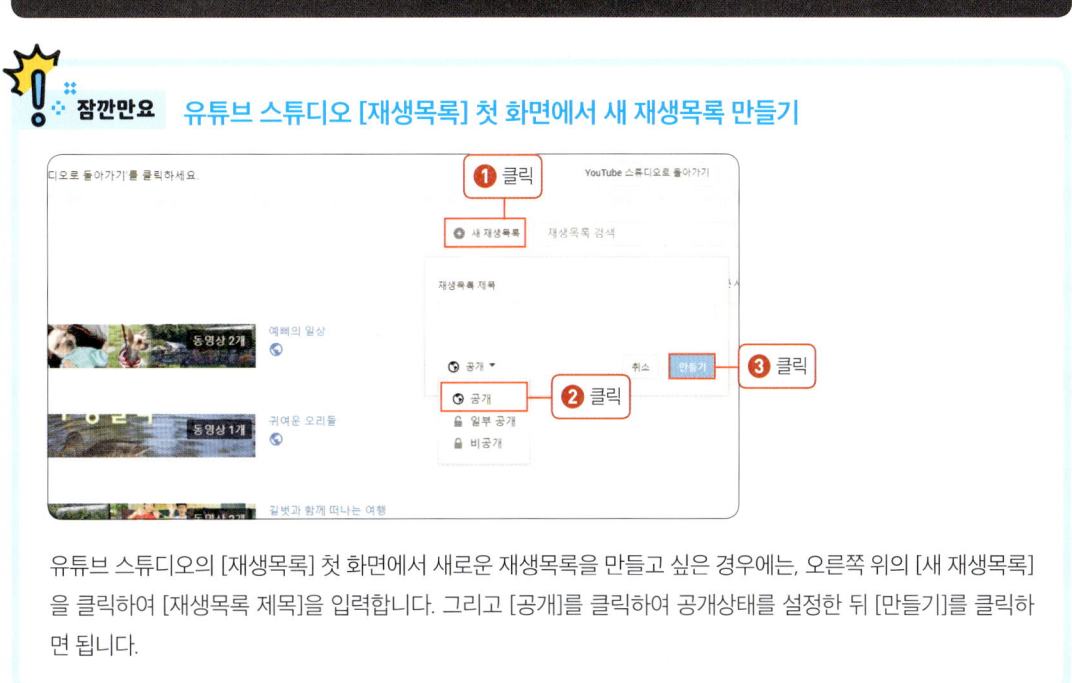

유튜브 스튜디오의 [재생목록] 첫 화면에서 새로운 재생목록을 만들고 싶은 경우에는, 오른쪽 위의 [새 재생목록]을 클릭하여 [재생목록 제목]을 입력합니다. 그리고 [공개]를 클릭하여 공개상태를 설정한 뒤 [만들기]를 클릭하면 됩니다.

10 재생목록에 동영상을 추가해 볼까요? 이번에는 ⋯를 클릭하여 [동영상 추가]를 클릭합니다.

11 추가하고 싶은 동영상을 선택한 뒤 [동영상 추가]를 클릭하면 완성!

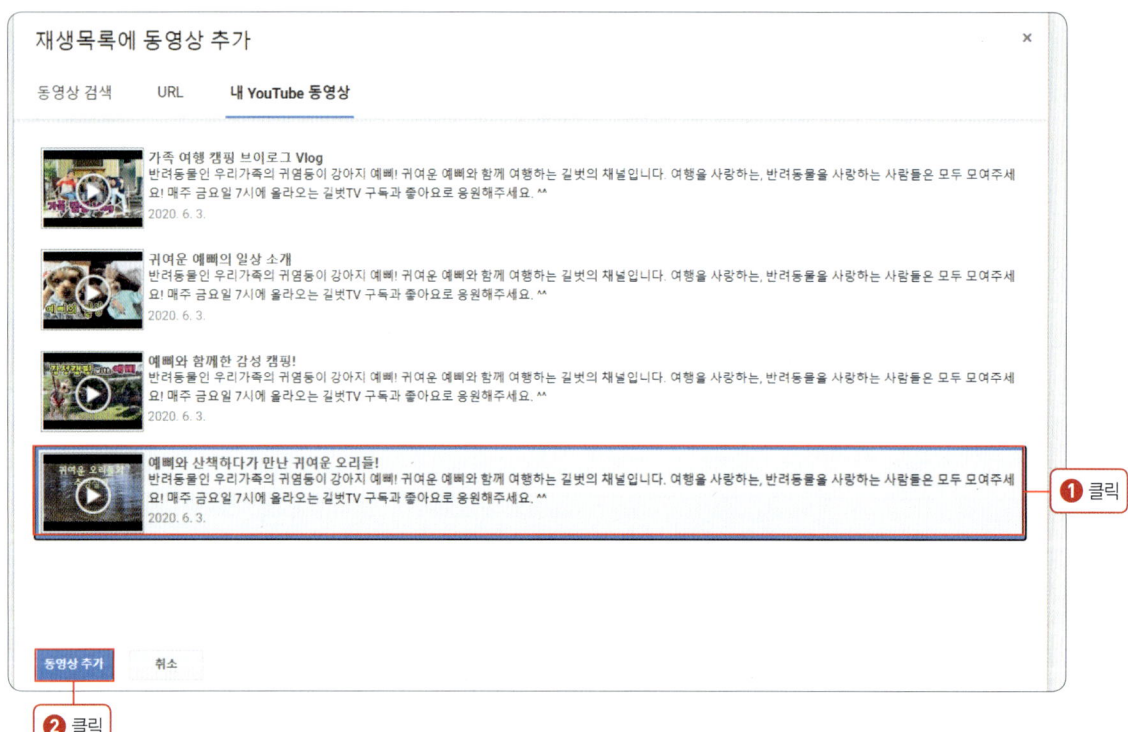

스마트폰으로 유튜브 스튜디오 활용하기

유튜브 스튜디오를 통해 내 채널을 관리할 수 있는 방법에 대해 배웠어요. 하지만 컴퓨터로만 유튜브 스튜디오를 활용할 수 있는 게 아니랍니다. 바로 스마트폰으로도 유튜브 스튜디오에 접속하여 내 채널을 관리할 수 있어요!

〉유튜브 앱과 유튜브 스튜디오 앱 〈

유튜브 앱과 유튜브 스튜디오 앱에서 할 수 있는 기능이 달라서 동영상 업로드할 때에는 둘 다 다운받는 게 좋아요.

유튜브 앱	기능	유튜브 스튜디오 앱
○	다른 채널 영상 시청	×
○	내 영상 업로드	×
○	영상 제목, 설명, 태그 적기	○
×	섬네일 업로드	○
×	분석 확인	○

01 유튜브 스튜디오 앱을 다운받고 들어가면 제일 먼저 [대시보드] 화면이 뜹니다.

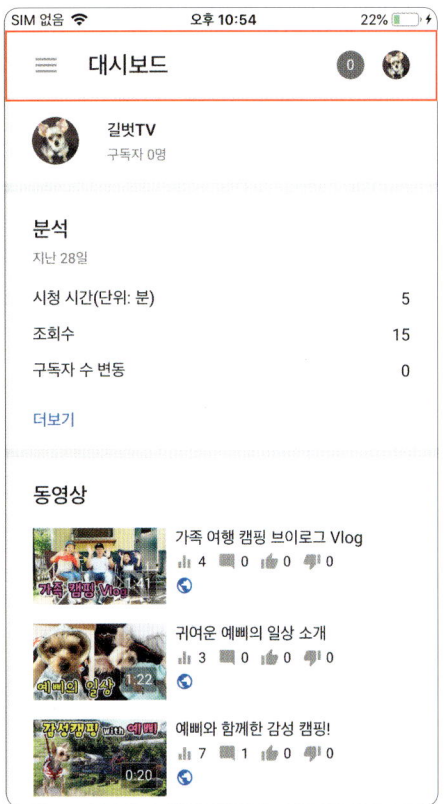

02 컴퓨터로 확인했던 것처럼 [분석]의 [더보기]를 탭하면 [개요], [트래픽], [시청자] 등을 확인하며 실시간 조회수, 시청 시간, 노출수 및 노출 클릭률 등을 확인할 수 있습니다.

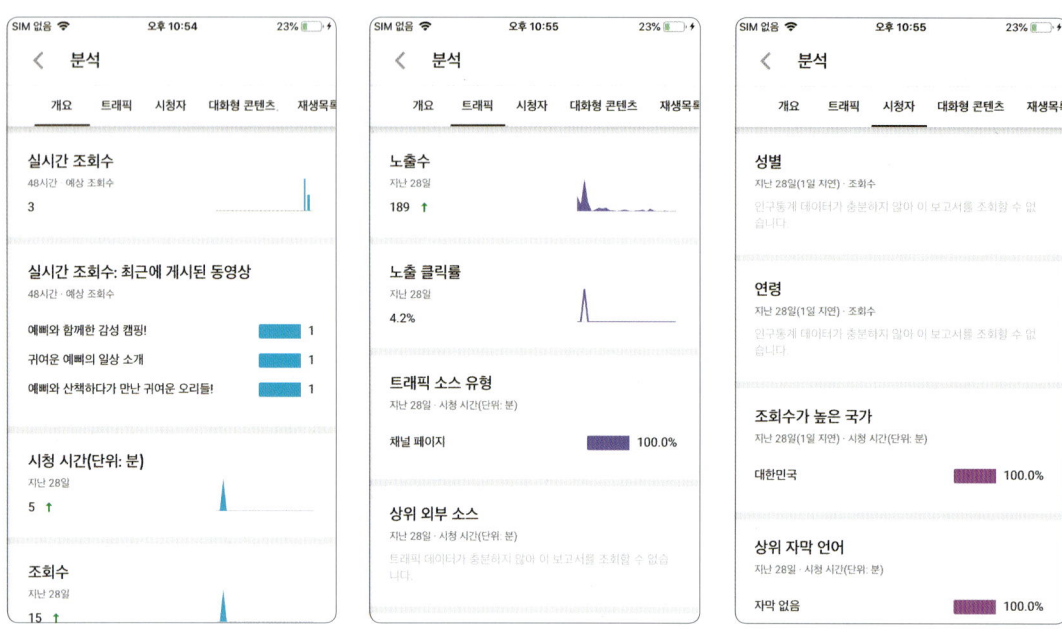

03 대시보드에서 영상과 댓글까지 확인할 수 있습니다. 동영상 목록 아래에 있는 [더보기]를 탭하면 내가 업로드한 동영상을 전체적으로 확인할 수 있어요. [메뉴]를 탭하세요.

04 [동영상] 메뉴를 탭하여 들어가도 마찬가지로 내가 업로드한 동영상 전체를 확인할 수 있습니다. 동영상 하나하나 분석 내용을 보고 싶을 때에는 동영상을 탭합니다.

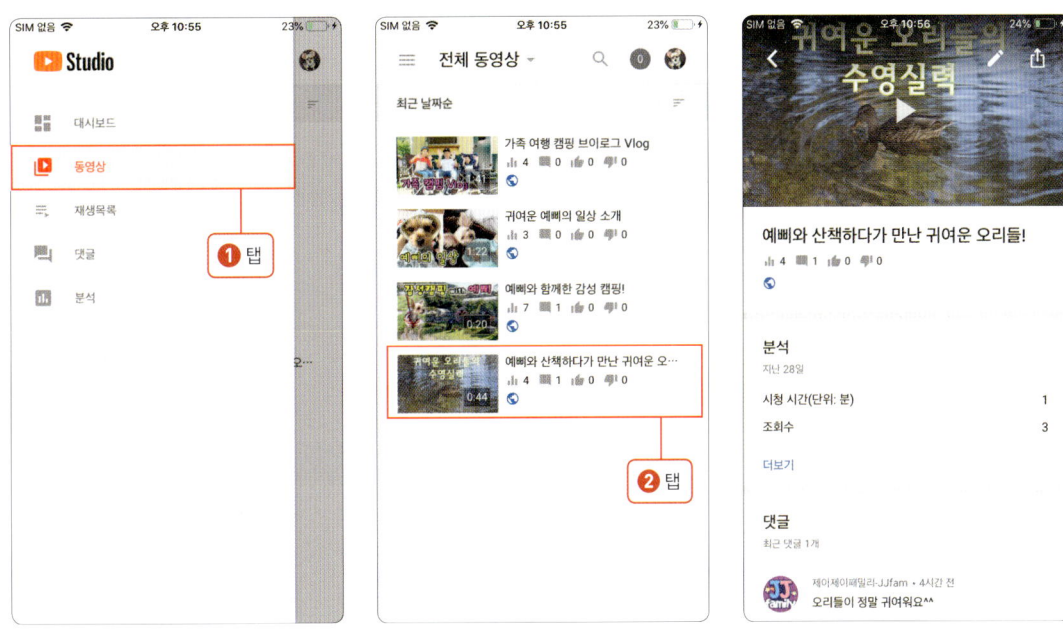

05 [재생목록] 메뉴를 탭하면 내가 만든 재생목록을 확인할 수 있습니다. [재생목록] 중 하나를 골라 탭해 보세요.

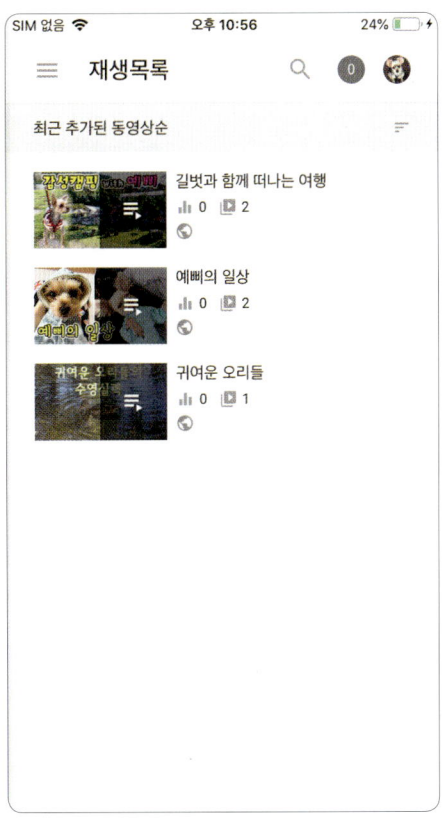

06 재생목록 화면 위쪽의 ✏️를 탭하면 재생목록의 이름을 바꿀 수 있습니다.

 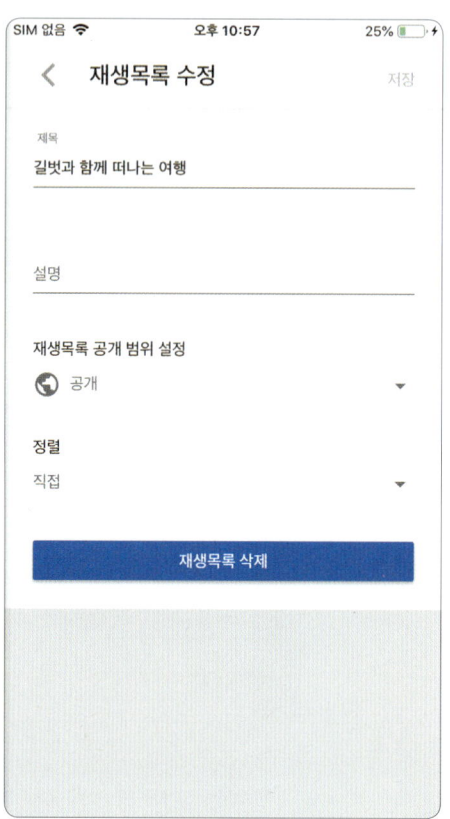

07 위의 📤를 클릭하면 재생목록을 메시지, 메일, 카카오톡 등으로 내보내 홍보할 수 있습니다.

08 [댓글] 메뉴로 가면 동영상에 게시된 모든 댓글을 확인할 수 있습니다.

찾아보기

ㄱ~ㄷ

가로 텍스트 상자	173
가운데 정렬	174
개인 정보 보호	40
거치대	58
격자선	62
공개 상태	185, 197, 275
공개 설정	216, 220
공유	122, 291
구글 계정	35, 161
구독	26, 30
구독자 수	237, 260
글자색	141
노출 클릭률	259, 262
녹음	33, 146
눈높이 앵글	64
뉴스	260
대비	110
대시보드	257
댓글	257, 260, 284
도형 서식	171
동영상 업로드	184
동영상 촬영	60
동일 조건 변경 허락	122

ㄹ~ㅂ

라이선스	196
레이어	83, 124, 133
로우 앵글	65
리버스	108
마스크	131
맞춤 이름 사용	45
메타데이터	183
모자이크	134
미디어	83
미디어 편집	126
미러리스 카메라	71
미리보기 이미지	193, 201, 203
반사판	68
밝기	110
배경 서식	169
배경음악	117
배너	159, 168, 166
보관함	26, 30
보이스피싱	40
분석	257
비네트	113
비영리	122

ㅅ~ㅊ

사각 앵글	65
사진 넣기	175
삼각대	58
상세 볼륨	111
섬네일	201, 203
세부정보	278
섹션 추가	244
속도	107
손글씨 기능	144
수익 창출	258
스마트폰 손전등	67
스티커	135
시청 기록	26
시청 시간	260, 264
시청자층	189, 194, 281
신규 방문자	240
아웃 애니메이션	130
알림	28, 30
알파	132
액션캠	71
양쪽 정렬	174
업로드	33, 192
에셋스토어	83, 93, 94, 116
영상 삭제	90
예고 영상	239
예약	217
오디오	83, 114
오디오 보관함	258
오른쪽 정렬	174
오버레이	133, 136
완전삭제	288
왼쪽 정렬	174
워터마크	83
유튜브 스튜디오	295
음성 기능	146
음성 변조	112
이미지 업로드	176
이퀄라이저	111
인 애니메이션	128
인기 동영상	260
자막	258
자연광	66
잔향효과	112
장면 전환 효과	92, 103
재방문 구독자용	240
재생목록	257, 289
저작권	121
저작물	121
전화번호 인증	37
정지화면 분할 및 삽입	99
조정	110
조회수	260, 264
채널 URL	249
채널 맞춤설정	46, 179, 190, 239
채널 설정	188
채널 유지	33
채널 홈	238
채도	110
초상권	59
최종 화면	221, 223

ㅋ~ㅎ

카드	221, 223, 281
카테고리	187
캠코더	71
캡처	82
크롬 브라우저	19
크리에이터	17
클립 그래픽	106
타임라인 막대	83
탁상용 스탠드	67
탐색	30
텍스트	137
트래픽 소스	261
트림/분할	95, 97, 126
평균 시청 시간	260
표준 YouTube 라이선스	186
프레임레이트	150
프로필	159, 160, 164
프로필 사진	161, 165
프리미엄	116
필터	109
핑거링	58
하이 앵글	64
해상도	150
형광등	67
화면 분할	126
화면 비율 설정	82
화면비	63
회전/미러링	109, 126
효과음	114

유튜브 크리에이터
무작정 따라하기
완독 인증서

_____ 초등학교 _____ 반 _____ 번

이름 _____

위 학생은 <초등학생을 위한 유튜브 크리에이터 무작정 따라하기>를 성실하게 이수하였기에 이 인증서를 수여합니다.

년   월   일

(주)도서출판 길벗